ROGER PEVERELLI, REGGY DE FENIKS,
WALTER CAPELLMANN

REINVENTING CUSTOMER ENGAGEMENT – KUNDENBEZIEHUNGEN NEU ERFINDEN

Bibliografische Information der Deutschen Nationalbibliothek
Die Deutsche Nationalbibliothek verzeichnet diese Publikation in der Deutschen Nationalbibliografie; detaillierte bibliografische Daten sind im Internet über **http://d-nb.de** abrufbar.

Für Fragen und Anregungen:
info@finanzbuchverlag.de

1. Auflage 2018

ein Imprint der Münchner Verlagsgruppe GmbH
Nymphenburger Straße 86
D-80636 München
Tel.: 089 651285-0
Fax: 089 652096

Übersetzung: Almuth Braun
Redaktion: Anne Horsten
Korrektorat: Silvia Kinkel
Umschlaggestaltung: Isabella Dorsch, München
Satz: Satzwerk Huber, Germering
Druck: Firmengruppe APPL, aprinta Druck, Wemding
Printed in Germany

ISBN Print 978-3-95972-093-9
ISBN E-Book (PDF) 978-3-96092-162-2
ISBN E-Book (EPUB, Mobi) 978-3-96092-163-9

Weitere Informationen zum Verlag finden Sie unter
www.finanzbuchverlag.de
Beachten Sie auch unsere weiteren Verlage unter www.m-vg.de

ROGER PEVERELLI, REGGY DE FENIKS,
WALTER CAPELLMANN

REINVENTING CUSTOMER ENGAGEMENT – KUNDENBEZIEHUNGEN NEU ERFINDEN

DAS NÄCHSTE LEVEL DES DIGITALEN WANDELS VON BANKEN UND VERSICHERUNGEN

FBV

Seite 14

Seite 40

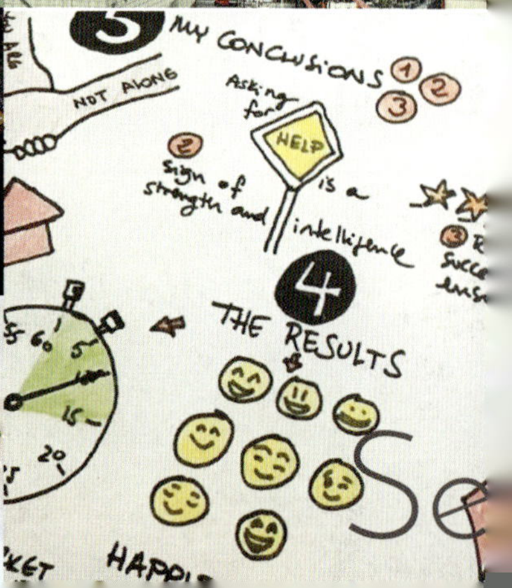

INHALT

DANKSAGUNG

Dieses Buch wäre ohne die Unterstützung zahlreicher Geschäftspartner und Kollegen nicht möglich gewesen, die sich die Zeit genommen haben, die Zukunft der Finanzdienstleistungen mit uns zu diskutieren und/oder ihre Ansichten geäußert haben. Insbesondere möchten wir folgenden Personen danken:

- Adrian Gore, CEO, Discovery
- Ainsli van Onselen, Director of Women's Markets, Inclusion and Diversity, Westpac
- Almudena Román, CEO, ING Direct Spanien
- Amir Tabakovic, Director Business Development, BigML
- Andrew Brem, Chief Digital Officer, Aviva
- Andrew Rear, CEO, Munich Re Digital Partners
- Andries van Luijk, Managing Director, Evi Van Lanschot Bankiers
- Augusto Diaz-Leante, Senior Vice President Life, Munich Re Spain, Portugal & Latin America
- Benoit Legrand, Head of Fintech, ING Group
- Boulos Massoud, Senior Vice President Aftersales, Al Tayer Motors
- Carmen Ramírez, Head of Channel Partners, Western Europe PayPal
- Chris Skinner, Chairman, The Financial Club
- Christian Miccoli, vormals CEO und Board Member, CheBanca!
- Daniel Schreiber, CEO, Lemonade
- David Urbano, Mobile Banking Director, CaixaBank
- Deepak Sharma, Head of Digital Initiatives, Kotak Mahindra Bank
- Dennis Martensen, Founder, x.ai
- Didem Dincer Başar, Executive Vice President, Digital Banking, Garanti Bank
- Diederick van Thiel, Co-Founder und CEO, AdviceRobo
- Egbert Deekeling, Senior Partner, Deekeling Arndt Advisors

- Eduard de Wilde, Director Digital, VODW
- Elena Ford, Vice President Global Dealer and Customer Experience, Ford Motor Company
- Enric Casi, vormals CEO, MANGO
- Fahrad Irani, vormals CEO, Retail Banking Group, Mashreq Bank
- Gustaf Agartson, Founder und CEO, BIMA
- Hans van der Noordaa, CEO, Delta Lloyd
- Hans-Peter Schwintowski, Professor, Humboldt-Universität, Berlin
- Heinz Süess, Head of Digital Technology Architecture, Credit Suisse
- Henry Mason, Managing Direcor, Trendwatching.com
- Irene van den Brink, Director Business Development, InShared
- Javier Mas, Marketing Director, CaixaBank
- Javier Montes Pita, Executive Director, Clients and Experience, ING Direct Spanien
- Jessica Niewierra, Director Digital Development and Interaction, ABN AMRO Retail
- Jin Kang Zwicky, Vice President, Experience Design, OCBC Bank
- Jörg Richtsfeld, Head of Allianz Ventures
- Jorge Ruiz, Global Head, Digital Acceleration, Citi
- Kittinan Anuphan, Founder und CEO, Claim Di
- Lars Redeligx, CCO, Brussels Airlines
- Leanne Kemp, Founder und CEO, Everledger
- Lee Ng, COO, LumenLab, MetLife
- Lionel Guicherd-Callin, verantwortlich für »Works with Nest« Programm, NestLabs
- Maarten den Haartog, Project Manager, »Share a Porsche«
- Magnus Jern, President, DMI
- Maria Gracheva, CEO, Yandex Money
- Mark Wraa-Hansen, Head of MobilePay, Danske Bank
- Markus Pertlwieser, Chief Digital Officer, Private, Wealth and Commercial Clients, Deutsche Bank
- Martin Gräfer, Chairman of the Board, Die Bayerische
- Matthias Kröner, CEO, Fidor Bank
- Maurizio Poletto, Managing Director und Head of Design, BeeOne Innovation Lab, Erste Group
- Michal Panowicz, Deputy Head Digital Banking, Nordea
- Michel van der Wal, Creative Director, VODW
- Miguel Carvalho, vormals Board Member, ActivoBank
- Minh Q. Tran, General Partner, AXA Strategic Ventures
- Mircea Mihaescu, COO, Moven Bank
- Moseh Tamir, Global Head of Digital Transformation, Generali
- Neal Cross, Chief Innovation Officer, DBS Bank
- Nick Jue, CEO, ING DiBa
- Oliver Hughes, CEO, Tinkoff Bank
- Oliver Werneyer, Consumer Technology Manager, Swiss Re Life Capital
- Patricia Gialloreto, Senior Director Consumer and Shopper Insights, EMEA VFC
- Patrick van Heerde, Head of eBusiness, Manulife Asia
- Peter Maas, Professor Insurance Management, Sankt Gallen University
- Pol Navarro, Digital Innovation and Transformation Director, TSB
- Priit Peerens, Head of Baltic Banking, Swedbank
- Ralph Hamers, CEO, ING Group
- Raphael Krivine, General Manager und Creator, AXA Bank Soon
- Richard Eldridge, CEO, Lenddo
- Richard Sheng, Director of Branding and Corporate Communication, Ping An Group

- Rob Langezaal, CCO, SNS Bank
- Roberto Felici, Head of Market Management, Allianz Italy
- Roberto Ferrari, General Manager, CheBanca!
- Sabrina Peng, President, Alipay International
- Scott Walchek, Founder und CEO, Trōv
- Steven Mendel, Founder und CEO, Bought By Many
- Tayfun Kucuk, Chief Technology Officer, Odeabank
- Theo Bouts, Global Head of Life and Health, Allianz SE
- Tilman Hengevoss, Head of Public Affairs, EMEA Zurich Insurance Company
- Tom Blomfield, CEO, Mondo
- Tom de Waard, Global Digital Experience Director, Danone
- Nutricia Early Life Nutrition
- Uğur Tozşekerli, CEO, AEGON Turkey
- Vernon Hill, Chairman und Founder, Metro Bank
- Vikram Krishna, Head of Group Marketing and Customer Experience, Emirates NBD
- Vincent Boon, Chief Community Officer, Telefónica Standing on Giants
- Vladislav Solodkiy, CEO, Life. SREDA VC
- Xavier Tuduri, CEO of ServiZurich, Zurich Insurance Company
- Yoni Assia, CEO, eToro

Viele Personen haben hinter den Kulissen zum Gelingen dieses Buchs beigetragen: Unsere Kollegen und Kolleginnen Beate van Dongen Crombags, Clarissa van Tuyl van Serooskerke, Charlotte Eterman-Buys, Conny Dorrestijn, Deborah Wietzes, Dominique Fortuyn, Eveline van Enk, Fleur de Groot, Floor Guikers, Friedrich Pétré, Jos Nederpel, Marcel van Brenk, Marcella Heilijgers, Marion Leguit, Marijke Verhoef, Marise Goedhart, Mark Hoskam, Marvin Gommans, Maton Sonnemans, Michael Klazema, Nick Jetten, Nienke Gruppelaar, Patrick Ruijs, Pascalle Teuwsen, Richard Kamst, Ronald de Kimpe, Sietske Sebregts, Simon Anthonis, Suzanne Legtenberg, Suzanne van Triest, Veerle de Kerf, Walter Capellmann, Robin Hagen und Carli Mollema.

Unsere ehemaligen Kollegen und Kolleginnen Arne Arens, Bart Buurma, Bertina Bos, Isolde Schram (vor allem für ihre Ansichten zum Thema Unternehmenszweck), Peter de Boer (für seine Gedanken über kreative Strategie), Rachelle van der Linden, Reinier Evers, Remco Wilting (für seinen Beitrag über die Datennutzung) und Victoria Palomino Yasinetskaya.

Außerdem geht unser Dank an Alexis Normand (Withings), Andrew Muncer, Iulia Balan und Suzanne Duncan (State Street Corporation), Angie Kozleski (Ford Motor Company), Annika Klesen (Commerzbank), Beatriz Lara Bartolomé (Imersivo), Brenkt Kokoskin (Philips), Cayetana Pablos Llona und Pilar Troncoso Conli (Yaap), Chika Muto (Neoplus 610 for Emmanuelle Moureaux Architectur + Design), Claire LaRocca (Everledger), Daniëlle Schouten (Porsche), Craig Thomas und Egmont Philips (ING Group), Daria Scagliola und Stijn Brakkee (Fotografen), Darya Ermolina (Tinkoff Bank), Edwin van Raalte (Rabobank), Ellen van Beek und Anne Hendriksen (Figlo), Enrico Pollino und Marcella Frati (EMF Group), Erik Gomes und Sophie Jansen (Haans Advocaten), Evgeniya Arnautova (Yandex.Money), Faisal Raza Mahboob (Al Rajhi Bank), Felicity Hudson und Lindsay Feben (Discovery), Georgina Adcock (Map and Page for Westpac), Gérard van Kalmthout, Hande Erkent Yildiz (Sakik Sabanci Museum), Huda Ismail (Mashreq Bank), Ilaria Piga Serra (DMI), Jamie Macgregor (Celent), Jasmijn van Koetsveld, Elise Lansu, Ymke Sie, Tijntje Louwers, Anna Tol, Mariska van der Heijden, Mels de Feniks, Richard de Feniks, Yvonne de Feniks, Zoë de Feniks, Joaquín Cusí (Ginsa), Joe Liang (Ping An), Jordi Guaus Guerrero und Sergi Soria Puig (CaixaBank), Kasper Sylvest Olsen und Pete Kjærgaard Kriegbaum (Danske Bank), Luc Schamhart (Salesforce.com), Marcel Schaar (Fotograf), Margarth Verbakel (The M.C. Escher Company), Marta Pettenuzzo (M&C Saatchi), Marta Soler (MANGO), Mathilda Ström (BIMA), Meindert Flikkema (VU University Amsterdam), Oleg Karaev (Life. SREDA), Olivier Crespin (DBS Bank), Pamela Hsieh, Christin Wang und Yang Xinyun (Alipay), Pascal Jorritsma (Iventions event architects), Peter Vervest (Erasmus Universität, Rotterdam), Petru Petrut und Traian Traicu (BRD Groupe Société Générale), Pieter Vanderbeeken und Wencke Lemmes (Brussels Airlines), Raymond van Es (ChipIn), Rebecca Churt und Vance Loiselle (TrueMotion), Rob Okhuijsen, Ruud Baan (Fotograf), Sam Rudnick (eToro), Sonia Hason (Mediobanca), Stefanie Syman (x.ai), Tim Williams und Jada Simone (YR Group), Valerie Moar (Scottish Widows), Julia Steinmetz (Generali), Christoph Blumenthal (Deutsche Bank), Danielle Dias Coutinho (Allianz) und Yee Hui Tsin (TBWA Kuala Lumpur). Einen großen Dank Ihnen allen!

Zum Schluss möchten wir noch Sara Taheri und Martin Liu von LID Publishing sowie Georg Hodolitsch und Bettina Goschin von der Münchner Verlagsgruppe für ihre Unterstützung und ihre Geduld danken; Caroline Li für ihre hervorragende Designarbeit, Michel van der Wal für die Covergestaltung und Luisa Cheshire. Unser besonderer Dank geht an Irene van den Brink, Margot van Beusekom, Gabi Gross und Dietmar Diegel für mehrfache Durchsicht. Und zu guter Letzt wollen wir Ymke, Mariska und Martina für ihre grenzenlose Unterstützung danken!

VORWORT

»Niemand steht morgens auf und freut sich darauf, seine Finanzen zu regeln«, sagte ein junger Gründer kürzlich auf der »Startupnight« in Berlin. Das ist keine neue Erkenntnis. Von einer Zeit, in der es eine Freude war, eine Rechnung zu bezahlen oder eine Finanzierung zu beantragen, habe ich nie gehört.

Die Attraktivität von Bankprodukten hängt schon immer an dem Zweck, den die Menschen verfolgen: finanziell für das Alter vorzusorgen, ein Haus oder eine Wohnung zu kaufen, ein Unternehmen zu gründen oder zu führen.

Mit der Digitalisierung haben die Banken und Versicherer die Riesenchance, ihren Kunden wieder näher kommen – gezwungenermaßen. Aber Druck, Not und Furcht sind seit jeher mächtige und legitime Triebfedern für Veränderungen.

Was das heißt? Stärken stärken in der Digitalisierung. Wenn Technologieunternehmen in Bankendomänen eindringen, was liegt dann näher, als dass wir Chancen auch außerhalb unserer angestammten Geschäftsfelder suchen – ohne das klassische Bankgeschäft aus den Augen zu verlieren?

Finanzinstitute sind gefordert, alles daranzusetzen, die digitale Hausbank ihrer Kunden zu werden. Seit Jahrzehnten ist die Hausbank das Mantra unserer Branche – welches Institut wäre diesem Ideal im breiten Privatkundengeschäft je gerecht geworden? Die Digitalisierung macht es möglich: Was über Online-Broker, Direktbanken und Baufinanzierungsplattformen einst verstreut wurde, wird jetzt über die digitale Aggregation wieder zusammengeführt und für den Kunden vernetzt. Und die Richtlinie PSD2 wird dafür sorgen, dass dies tatsächlich geschieht.

Die digitale Hausbank kann aber nur der erste Schritt sein, denn die Digitalisierung ist keine Aufwertung der IT, sondern eine Neudefinition der Strategie. Diesen Ansatz belegt das vorliegende Buch frisch, klug und faktenstark. Es ist damit Pflichtlektüre für alle, die in Banken und Versicherungen Verantwortung tragen und die digitale Transformation ihrer Unternehmen antreiben wollen. Roger Peverelli, Reggy de Feniks und Walter Capellmann bieten hier das Rüstzeug, um in puncto Digitalstrategie richtig zu handeln: Alles, was den Kunden an das Unternehmen bindet, ist für dieses Ziel der richtige Maßstab.

Echte Kundenbindung in der digitalen Zeit entsteht nur, wenn die Bank täglich für ihre Kunden relevant ist. In einer Situation, in der der Wissensvorsprung der Finanzinstitute verlorengegangen ist, müssen wir den Verbrauchern Tag für Tag neu beweisen, welchen Nutzen ihnen unser Können und Know-how bringen.

An der Plattformökonomie, und folglich der Umwälzung unserer Branche durch Innovationen, führt kein Weg vorbei. Warum sollte ausgerechnet den Banken erspart bleiben, wovon der Einzelhandel, Verlage oder die Musikindustrie in den vergangenen Jahren mit Wucht getroffen wurden? Uns, den Banken, deren »Produkte« de facto schon immer digital waren.

Aber um wie viel besser ist doch die Lage der Kreditinstitute im Vergleich zu den zitierten Branchen. Mit unserem Schatz an Kundendaten können wir den Menschen heute echten Mehrwert liefern – sofern sie dem zustimmen. Wir müssen es nur richtig anpacken und schnell sein.

Ein immenses Areal neuer Ideen jenseits des klassischen Bankgeschäfts wartet darauf, von uns digital bearbeitet zu werden: Vertrags-, Verbrauchs- und Versicherungsmanagement sowie Vergleiche zwischen Wettbewerbern (Peer-to-Peer), das sichere Verwahren vertraulicher Daten für Gesundheits- und Steuerleistungen, Portale für Berufsgruppen wie Ärzte, Notare und Steuerberater und so weiter.

Wir sollten sogar noch größer denken: Eine unserer Stärken ist die Erfahrung im Identitätsmanagement. Seine Kunden zweifelsfrei zu identifizieren (Know Your Customer) ist eine Fähigkeit, auf die uns nicht zuletzt die Regulatoren bis zur Perfektion getrimmt haben. Nutzen wir sie!

Was spricht dagegen, dass Banken gemeinsam mit Unternehmen anderer Branchen künftig für private Kunden den sicheren und zertifizierten Zugang ins Internet organisieren und im Zeitalter des Internets der Dinge auch für Unternehmen? Online und mobil einkaufen, Autos mieten, Reisen buchen, Behördengänge erledigen, Maschinen miteinander kommunizieren lassen und vieles mehr – das alles gelingt rechtssicher, einfach und komfortabel mit nur einem digitalen »Generalschlüssel« für alle Internetseiten. Für alle Branchen, europaweit, nach unseren Datenschutzstandards.

Das Gold der Plattformökonomie ist die Kundenbeziehung. Kunden neu zu binden und so zu behalten, ist das oberste Gebot für den Erfolg. Dafür müssen wir Banken nicht mehr alles selbst machen, sondern externe Partner klug und effektiv im Dienst des Verbrauchers organisieren. Ob eine Bank künftig noch eine Bilanz braucht, darüber kann man trefflich diskutieren.

Bleibt das Problem, dass niemand morgens aufsteht und sich darauf freut, seine Finanzen zu regeln. Aber im Grunde ist es gar kein Problem mehr. Denn die Digitalisierung ebnet uns so viele neue Wege, die Kunden glücklich zu machen.

Dr. Markus Pertlwieser,
Chief Digital Officer der
Deutsche Bank Privat- und
Geschäftskunden AG

VORWORT

Wir wissen alle, dass wir uns verändern müssen. Die Zeiten hoher Wachstumsraten in der Versicherungsbranche sind vorbei. Die Ansprüche und das Verhalten unserer Kunden ändern sich schneller denn je zuvor, verursacht durch neueste elektronische Geräte und Technologien. Erfahrungen, die unsere Kunden mit Marken außerhalb der Finanzbranche machen, setzen neue Standards. Alles muss super einfach, super schnell und bequem sein, individuell und personalisiert, überall und zu jeder Zeit verfügbar, sicher und privat. Und als zusätzliche Herausforderung suchen immer mehr Unternehmen Zugang zum Versicherungs-Sektor, von Startups bis hin zu den großen Hightechfirmen.

Als Oliver Bäte vor fast zwei Jahren seine Stelle als CEO der Allianz antrat, gab er eine ehrgeizige Erneuerungsstrategie vor, um Stärken zu bündeln und das Unternehmen fit für die Zukunft zu machen. Die Eckpfeiler unserer Modernisierungsstrategie sind: Konsequente Kundenorientierung, durchgängige Digitalisierung, technische Exzellenz, neue Wachstumsfelder und integrative Leistungskultur.

Unser Ziel ist es, die Bedürfnisse unserer Kunden bestmöglich zu erfüllen und dabei relevante und einzigartige Kundenerfahrungen zu schaffen. Neue Angebote sollen bestehende Services verbessern, ergänzen oder ersetzen. Zusätzlich müssen wir proaktiv latente Bedürfnisse adressieren. »Es wird immer schwieriger, genau zu wissen, was Kunden erwarten und was sie als nächstes zu welchem Zeitpunkt haben wollen«, fassen Roger Peverelli und Reggy de Feniks die Herausforderung im ersten Kapitel ihres neuen Buchs *Reinventing Customer Engagement* zusammen. Und ich stimme absolut zu.

Einer der Leitsätze, den die Autoren einführen, ist die Schaffung von »kontextuellen Ökosystemen«. Bei der Allianz machen wir genau das. Wir wollen nicht alles selbst machen, wenn andere etwas besser können. Kooperation ist deshalb ein zentraler Punkt unseres Modernisierungsplans. Wir sind auf einem guten Weg, ein Hauptakteur und bevorzugter Partner für kleine und große Unternehmen in relevanten Ökosystemen zu werden. Die Allianz ist bereits in einer Reihe von Startups und ausgereiften InsurTech-Unternehmen involviert. Beispiele sind unter anderem der digitale Vorreiter Lemonade in den USA, Simplesurance, ein führender E-Commerce Provider für Produktversicherungen in Deutschland, oder Abracar, eine innovative Gebrauchtwagenplattform. Wir sind auch mit mehreren Startup-Ökosystemen im Austausch, um von erfolgreichen »Disruptoren« zu lernen. Und wir bauen auch selbst fünf Ökosysteme mit der Allianz Global Digital Factory (GDF): Mobility, Connected Health, Connected Property, Vermögensverwaltung & Altersvorsorge sowie Data Intelligence and Cybersecurity. »Bauen« ist in diesem Fall auch wörtlich zu verstehen; die GDF befindet sich in einem alten Fabrikgebäude nahe des Münchener Ostbahnhofes, das zu einem modernen Campus umgestaltet wurde.

Aus unserer Sicht beinhaltet Kooperation auch die Zusammenarbeit mit anderen Versicherern – zum Beispiel als Gründer und führendes Mitglied der B3i (Blockchain Insurance Industry Initiative) sowie beim Aufbau der Initiative für den Insurtech Hub München. Die Insurtech Hub München Initiative ist beispiellos: 12 Versicherer arbeiten eng zusammen mit führenden Universitäten und Forschungseinrichtungen, dem Freistaat Bayern und der Stadt München sowie mit Unternehmen aus angrenzenden Industrien wie Automobil, Gesundheit und Cybersecurity. Wir glauben, dass ein kooperatives Umfeld, das nachhaltige Innovation fördert, essentiell für den sozialen und ökonomischen Fortschritt ist. Innovation, besonders in digitalen Technologien, treibt Wettbewerbsfähigkeit und Wachstum in modernen Volkswirtschaften voran.

Dr. Jörg Richtsfeld
Allianz SE und InsurTech Hub
Munich Vorstand
DIA Munich 2017

EINFÜHRUNG

GRUND-VORAUSSETZUNGEN SCHAFFEN

Bild © James Bartosik

Achte Runde: Der Boxer mit der weißen Hose drängt seinen Gegner in die Ecke. Er landet einen Hagel aus rechten und linken Schwingern in dessen Brustkorb. Die Menge grölt. Der Boxer mit der grünen Hose hält seine Arme abwehrend vor den Kopf – zum Schutz seines wichtigsten Körperteils, des Gehirns. Zu seinem Glück läutet in diesem Moment die Glocke das Ende der Runde ein. Beide Kontrahenten ziehen sich in ihre jeweilige Ecke zurück, wo ihre Trainer mit Handtüchern, Wasser und aufmunternden Worten warten. Eine Minute später pfeift der Schiedsrichter die Boxer wieder in den Ring. Neunte Runde: Schwer atmend sitzen nun beide in der Mitte des Rings, während ihnen der Schweiß in Rinnsalen vom Körper tropft. Jeder von ihnen trägt einen schweren Dr.-Dre-Kopfhörer, um den Lärm der Zuschauermenge zu dämpfen. Riesige Leinwände über dem Ring übertragen die Geschehnisse bis in die letzte Ecke des Saals. Der Boxer mit der weißen Hose bewegt die Königin auf dem Schachbrett; vier Minuten dauert die Blitzschach-Runde. Die Menge grölt.

Schachboxen ist ein hybrider Sport, der mehrere, abwechselnde Runden aus Schach und Boxen kombiniert – sechs Runden Schach, fünf Runden Boxen. Die Wettkampfentscheidung fällt durch Schachmatt, Überschrei-

> Die Finanzindustrie bewegt sich wesentlich langsamer, als es sich die Kunden wünschen, und auch viel langsamer, als es sich Banken und Versicherer wünschen.

ten des Zeitlimits, wenn ein Kontrahent aufgibt, durch Knockout oder den Schiedsrichter. Der französische Künstler und Filmemacher Enki Bilal erfand diesen Sport 1992 in seinem Science-Fiction-Comic *Froid Équateur*.

Den ersten echten Schachboxwettkampf organisierte 2003 der niederländische Aktionskünstler Iepe Rubingh in Paradiso, Amsterdam – in einer alten Kirche, umfunktioniert zu einer Veranstaltungshalle. Das Match zog 1.200 Zuschauer an. Seither ist diese Disziplin immer weitergewachsen, sodass weltweit Wettkämpfe stattfinden.

Schachboxen kombiniert den anspruchsvollsten Denksport mit dem wahrscheinlich ältesten Kampfsport. Was diese neue Sportart so einzigartig macht, ist, dass sie den Kontrahenten sowohl körperlich als auch geistig enorm viel abverlangt. Die zwei Fähigkeiten erscheinen vordergründig unvereinbar. Die Temperatur im Ring kann aufgrund der gleißenden Scheinwerfer bis zu 35 Grad Celsius erreichen. Der Herzschlag beschleunigt sich weit über das normale Maß hinaus. Schachboxer können nicht lange über ihren letzten Schachzug nachdenken, wenn ihr Gegner bereits zum nächsten Schlag ausholt. Und während der ersten 30 Sekunden jeder Schachrunde fällt es extrem schwer, sich zu konzentrieren. Denn der Sauerstoff fließt scheinbar immer noch in die Muskeln, und nicht ins Gehirn, das in Sekundenschnelle von körperlicher Gewalt zu analytischer Schärfe wechselt.

Die Wettkämpfer schämen sich, wenn sie in einer der Schachrunden verlieren. Lieber ist es ihnen, ausgeknockt zu werden und sich die Rippen brechen zu lassen. Zu den Weltbesten dieser Disziplin gehören ein Mathematiker und ein Biologe. Schachboxen ist ein Sport für eine seltene Spezies – die »Nerdletes«, eine Mischung aus Intelligenzbolzen und Leistungssportlern.

Als wir unser vorhergehendes Buch mit dem Titel *Wie sich die Finanzbranche neu erfindet: Was Kunden von Finanzdienstleistern wirklich erwarten* herausbrachten, ahnten wir nicht, wie sensationell erfolgreich es sein würde. Allein die englischsprachige Ausgabe erreichte fünf Auflagen. Insgesamt wurde das Buch in acht Sprachen übersetzt. Sein Erfolg ließ uns viel herumkommen. In den letzten Jahren hielten wir Vorträge auf Konferenzen und sprachen in Vorstandssitzungen mit Banken und Versicherungskonzernen auf der ganzen Welt. Nahezu alle sind sich einig, dass die Finanzindustrie sich wesentlich langsamer bewegt, als es sich Kunden, aber auch Banken und Versicherungen wünschen – vor allem angesichts des allgegenwärtigen schnellen Wandels.

DER DIGITALE STURM

Was den digitalen Sektor anbetrifft, leben wir in einer Welt des exponentiellen Wachstums. Betrachten Sie nur die rasante Entwicklung von Smartphones, Tablets, Sensoren, internetfähigen Geräten, Wearables, sozialen Netzwerken sowie die ständig steigende Arbeitsleistung von Prozessoren. All diese Fortschritte befördern sich gegenseitig; gemeinsam erzeugen sie einen wahren digitalen Sturm. Und dabei gibt es so viele weitere, noch ungeahnte Strömungen, die auf uns zukommen. Wir befinden uns am Beginn einer technologischen Revolution in der Finanzdienstleistungsindustrie. Zum ersten Mal in der Geschichte nutzen Kunden zu Hause bessere Technologien als die Angestellten von Banken und Versicherungen auf der anderen Seite der Telefonleitung, des Bildschirms oder des Bankschalters.

KUNDEN ÄNDERN IHR VERHALTEN

Die Technologie dient uns nicht nur, sie verändert uns auch. Der technologische Wandel führt zu einem neuen Kundenverhalten. Das beobachten wir an den technisch cleveren, hoch vernetzten Millennials sowie am digitalen Nutzerverhalten über alle Generationen hinweg, doch auch am Beispiel von erfolgreichen Geschäftsideen wie Spotify. Aufgrund dieser Produkte und Dienstleistungen ist es für Verbraucher inzwischen normal, eine Sache nicht besitzen zu müssen, um sich daran zu erfreuen. Diese Entwicklung beschleunigt die Sharing Economy weiter. Durch die neuen Ideen verändert sich das Kundenverhalten schneller. Traditionelle Anbieter und selbst Regierungen tun sich schwer, mit diesem Tempo mitzuhalten.

Die Vernetzung ist allgegenwärtig, selbst im Themenpark Kfar Kedem (Israel), in dem die Besucher das Leben der Galiläer vor 2.000 Jahren nachempfinden – dank der Esel, die WLAN-Router um den Hals tragen. Bild: © Gil Eliyahu, JINIPIX.

Laut einer EFMA/McKinsey-Studie wird der Anteil der selbstbestimmten Verbraucher, (»diejenigen, die am besten an die Online-Welt angepasst sind«), mit der wachsenden digitalen Reife der Länder bis zum Jahr 2020 auf 80 Prozent ansteigen. In Nordeuropa ist dieser Status bereits heute (2016) Realität. Andere Regionen hinken noch hinterher, aber alle Nationen befinden sich auf einem ähnlichen Pfad. Zu denken, dass es eine Parallele zwischen Wohlstand und schneller Anpassung an den technologischen Wandel gibt, greift nicht mehr. Studien von Bain & Company aus den Jahren 2013 und 2014 belegen, dass zum Beispiel in Indonesien fast die Hälfte der Versicherungskunden Digitaltechnologie nutzt, womit dieses Land die USA, Deutschland und Japan übertrifft. Vielmehr ist es so, dass Verbraucher in aufstrebenden Ökonomien direkt auf den digitalen Zug aufgesprungen sind und Mobiltechnologie intensiv nutzen.

MACHTVERSCHIEBUNG

Der digitale Sturm beschleunigt die Machtverschiebung von Finanzinstituten zu Kunden – dieser Wandel begann mit dem Siegeszug des Internets, insbesondere durch die Kombination aus sozialen Medien und Mobilgeräten. Das Gleichgewicht der Kräfte zwischen Kunden und Finanzinstituten hat sich für immer verändert. Heute sitzen die Verbraucher am längeren Hebel. Smartphone- und Tablet-Besitzer halten die Instrumente des Wandels in den Händen. Die Erwartungen und das Verhalten der Kunden haben sich drastisch verändert. Diese werden immer anspruchsvoller, aber das ist noch nicht alles. Neue Technologien stellen alte Verhaltensweisen in Frage und lassen neue Paradigmen entstehen. Vor diesem Hintergrund wird es immer schwieriger, einzuschätzen, was Kunden als Nächstes erwarten und wünschen, und wann Anbieter das Neue bereithalten sollen.

DIE UBER-ISIERUNG

Auf praktisch jeder Konferenz und in jeder Vorstandssitzung fragt man uns: »Wann werden wir ›Uber-isiert‹? Wann wird ein Anbieter auftauchen, der die Finanzindustrie mithilfe von Technologie auf den Kopf stellt, wie Uber es mit der Taxibranche gemacht

Citi Bike nutzt die Sharing Economy im New Yorker Stadtteil SoHo, um das Markenimage und die Markenpräferenz zu fördern.
Bild: © Reinventing Customer Engagement

hat?« In dieser Frage schwingt zu Recht eine gewisse Furcht mit. Viele Finanzinstitute haben nach wie vor einen niedrigen Net Promoter Score (NPS). Der NPS ist eine Kennzahl, die aus der Differenz zwischen Promotoren (Kunden, die das Unternehmen weiterempfehlen) und Detraktoren (abgewanderte Kunden) einer Organisation ermittelt wird und in bestimmten Branchen mit dem Unternehmenserfolg korreliert.

Trotz aller Anstrengungen und Investitionen der letzten Jahre erleben die Kunden im Umgang mit Finanzinstituten nach wie vor zahlreiche Reibungsverluste. Die Versicherungsindustrie konzentriert sich darüber hinaus immer noch auf Durchschnittswerte, Produkte, Papier, Makler und einen Einheitsansatz gegenüber den Kunden. Dieses Vorgehen passt nicht mehr zu den veränderten Kundenwünschen und den technologischen Möglichkeiten. Es fällt Versicherungen daher immer schwerer, mit den steigenden Erwartungen Schritt zu halten.

VERSCHLEISS

Das Ergebnis ist, dass die Beziehung zwischen Finanzinstituten und Kunden zunehmend ausdünnt. Die Menschen sind heute bereit, geschäftlich mehrere Anbieter zu nutzen. Die Markenloyalität schrumpft. In fast jeder Marktstudie äußert ein hoher Prozentsatz der Verbraucher, sie wollten »ihre Bank innerhalb eines Jahres wechseln« oder »wissen nicht, ob sie langfristig bei ihrer Bank bleiben wollen«. Auf der anderen Seite wandern nur wenige tatsächlich ab. Die Wahrscheinlichkeit, dass ein Kunde sein Bankkonto auflöst, erscheint geringer, als dass er seine Schwiegermutter umbringt. Das ist aber noch lange kein Grund zur Selbstgefälligkeit.

LEICHTER MARKT-EINSTIEG

Die technologischen Fortschritte haben Markteinstiegsbarrieren verringert. Mithilfe eines intelligenten und innovativen Einsatzes von Technologie und Daten lösen Marktneulinge die Probleme – die komplexen Prozesse und Mängel der Produkt- und Preisgestaltung, die Kunden der Finanzinstitute zu bewältigen haben. Neueinsteiger besitzen den Vorteil einer digitalen DNA, mittels der sie Technologien gewinnbringend nutzen, um einen besseren Service zu niedrigeren Kosten zu bieten. Sie wollen preisgünstiger, schneller, intelligenter, besser und kundenorientierter sein. Die US-amerikanische private Krankenversicherung (gleichzeitig Marktneuling) Oscar erklärt zur Motivation für diese Gründung: »Wir haben dieses Unternehmen nicht gegründet, weil wir Krankenversicherung lieben. Eigentlich war genau das Gegenteil der Fall.«

„Die Wahrscheinlichkeit, dass ein Kunde sein Bankkonto auflöst, erscheint geringer, als dass er seine Schwiegermutter umbringt."

Carrefour Clicca & Ritira (»click and collect«) am Flughafen Fiumicino, Rom, ähnelt dem vielgepriesenen Konzept von Tesco Korea. Bild: © Reinventing Customer Engagement

NEUE STANDARDS

Es ist wenig wahrscheinlich, dass neue Marktanbieter traditionelle Wege im Universalbanken- oder Versicherungsgeschäft beschreiten. Vielmehr bieten sie Wertschöpfungen und Geschäftsmodelle mit weniger Reibungsverlusten und einem neuen Serviceniveau. Dieses Angebot verändert den Referenzrahmen der Kunden und führt zu steigenden Erwartungen. Verbraucher erwarten einen vergleichbar innovativen Service von traditionellen Anbietern. In den Städten, in denen Uber aktiv ist, erleben wir das bereits. Traditionelle Taxifahrer müssen sich anpassen. Jetzt behandeln sie ihre Kunden höflicher, und ein Taxi ist schneller zur Stelle. Nicht alle Markteinsteiger werden überleben und nur wenige werden einen signifikanten Marktanteil erreichen, aber sie werden auf jeden Fall neue Standards setzen. Die etablierten Anbieter müssen hart arbeiten, um mit den neuen Angeboten Schritt zu halten.

NEUE REGELN

Einigen Marktnovizen gelingt es, mit einem brandneuen Geschäftsmodell in der Wertschöpfungskette aufzutreten und die Spielregeln zu verändern. Denken Sie daran, welche Rolle Suchmaschinen, Preisvergleichsportale und Aggregatoren für diesen Sektor spielen. Finanzinstitute verbindet eine Hassliebe mit diesen Anbietern. Ihre Marktposition und die von ihnen generierten Daten bieten einen gewaltigen Pool an verwertbaren neuen Erkenntnissen.

Gleichzeitig schöpfen diese Unternehmen ihre beherrschende Stellung aus und erhöhen drastisch die Kosten, zum Beispiel für Versicherungen in der Neukundengewinnung. Unabhängig davon, was wir für diese digitalen Player empfinden, ist es eine unumstößliche Tatsache, dass ihre Konzepte die Spielregeln grundlegend verändern.

WEISSE WESTE

»Außerdem haben diese Marken eine weiße Weste«, sagt Henry Mason, Managing Director von Trendwatching.com. »Eine ganz neue Generation von vollkommen neuen Marken, welche die Geschäftsregeln 3.0 mit Leben füllen: neuer, besser, schneller, sauberer, offener und reaktionsschneller. Diese Unternehmen vertreten Werte, die den Zeitgeist besser widerspiegeln, zum Beispiel höhere ethische und soziale Standards. Es sind Marken, welche die Verbraucher auch deswegen mögen, weil sie noch keine ›Sünden‹ oder negativen Dinge erlebt haben. Heute, da Erfahrungen zunehmend mit anderen geteilt werden und selbst das Neueste vom Neuen augenblicklich überprüft und bewertet wird, sind die Menschen vertraut damit, sowohl schnell als auch Early Adopter zu sein.«

BBRANCHENGRENZEN VERSCHWIMMEN

In den kommenden Jahren werden viele weitere neue provokative Konzepte entstehen. Man darf nicht vergessen, dass Finanzdienstleistungen ein extrem attraktiver Markt sind. Es liegt auf der Hand, dass ein großer Sektor, der so viele Schwächen und sowohl latente als auch manifeste unerfüllte Bedürfnisse aufweist, nicht nur alle möglichen neuen Unternehmer und Investoren anlockt. Diese Branche reizt auch Bluechip-Unternehmen aus anderen Branchen. Es droht buchstäblich von allen Seiten neuer Wettbewerb, nicht nur durch clevere Fintech-Start-ups. Im nachfolgenden Kasten: sieben Beispiele etablierter Unternehmen aus anderen Branchen, die sich alle »ein Stück von unserem Kuchen abschneiden« wollen.

- Automobilunternehmen auf der Suche nach neuen Umsatzquellen dringen zunehmend in den Versicherungsbereich vor. Sie werden immer aktiver auf den Gebieten Versicherungsverkauf, Vertrieb und Schadensmanagement. So wie diese Player im letzten Jahrzehnt zu Schlüsselanbietern für die Finanzierung von Autokrediten wurden. MS&AD, einer der führenden japanischen Versicherungskonzerne mit engen Verbindungen zu Toyota, erwarb einen Anteil von 75 Prozent an den innovativen britischen Telematikversicherern Insurethebox und Drive Like a Girl.
- Viele kennen M-Pesa, das erfolgreiche Mobile-Banking-Konzept aus Kenia. Vodafone, das die M-Pesa-Technologie entwickelt hat, tritt derzeit an, in Osteuropa und Indien eine Mobilgeld-Revolution auszulösen.
- Bei einer unserer Kundenveranstaltungen teilte Porter Erisman (ehemaliger CEO von Alibaba) mit, am Singles' Day 2014 (dem chinesischen Pendant des Valentinstags) seien Zahlungen im Wert von schwindelerregenden 9,3 Milliarden US-Dollar über Alibabas Bezahlsystem Alipay abgewickelt worden. Alipay spielt in Alibabas Geschäftsmodell eine Schlüsselrolle, weil es alle Zahlungsvorgänge der Alibaba-Marktplätze und -E-Commerce-Shoppingmalls – Taobao und Tmall – abwickelt, und das besser als jede Bank. Daneben bietet Alibaba weitere Finanzdienstleistungen an, zum Beispiel den Geldmarktfonds Yu'e Bao, was so viel bedeutet wie »übriggebliebener Schatz«. Viele Nutzer von Alipay schätzen die Zinsen, die Yu'e Bao zahlt, weil sie weit über den Zinssätzen der regulären Banken für Spar-

guthaben liegen. Yu'e Bao bietet zudem automatische Geldüberweisungen von und zu Bankkonten, zum Beispiel für die automatische Anlage eines bestimmten Gehaltsanteils oder für Daueraufträge. Ende des ersten Quartals 2014 war Yu'e Bao laut Morningstar mit 87 Milliarden US-Dollar Aktiva bereits der viertgrößte Fonds in dieser Anlageart. Nicht schlecht für eine E-Commerce-Plattform.

- Einzelhandelskonzerne agieren bereits im Vertrieb von Finanzdienstleistungen. Denken sie nur an das britische Vorzeigeunternehmen Tesco. Inzwischen sondieren diese Anbieter auch neues Terrain. Merchant Customer Exchange (MCX) ist ein Joint Venture mehrerer großer US-amerikanischer Einzelhändler, darunter Walmart, Sears, Best Buy, Shell, Banana Republic und 7-Eleven. MCX bietet seinen Kunden eine Bezahlplattform, die reguläre Banken verdrängt.
- Bei Starbucks verantwortet CEO Howard Schultz die Ausdehnung des weltweiten digitalen Geschäfts seiner Kaffeekette, einschließlich des elektronischen und mobilen Zahlungsverkehrs. Laut Schultz handelt es sich dabei um »unterbewertete Aktiva«, und er ist entschlossen, ihr gesamtes Potenzial auszuschöpfen. Bereits im ersten Quartal 2016 luden Menschen weltweit insgesamt 1,2 Milliarden US-Dollar auf Starbucks-Karten und mobile Apps, um damit bei Starbucks zu bestellen und zu bezahlen.
- Google streckt seine Fühler weit in den Versicherungsmarkt aus. Google Ventures und Google Capital haben umfangreich in neue Versicherungskonzepte investiert, zum Beispiel Oscar, The Climate Corporation und Collective Health. Das Automatisierungsunternehmen NestLabs, das zur Holding Alphabet Inc. gehört, unter deren Dach auch Google Inc. angesiedelt ist, kooperiert mit Liberty Mutual und American Family Insurance.
- Amazon hat sich mit Wells Fargo zusammengetan, um Studentenkredite anzubieten. Prime Student bietet Ausbildungskredite, deren Zinsen ein halbes Prozent unter den regulären Zinssätzen von Wells Fargo liegen. Außerdem erhalten die Kreditkunden bei Amazon Preisnachlässe auf Bücher und andere Produkte.

DAS VERTRAUEN ERHOLT SICH NUR LANGSAM

Wenn die Finanzinstitute weiterhin versäumen, die dynamischen Kundenwünsche zu erfüllen, fallen ihre Marktanteile weiter. Diese Unternehmen verlieren ihr Geschäft nicht nur an neue Anbieter, sondern auch an traditionelle Rivalen, die sich digital richtig positionieren. Die Lage verschlimmert sich dadurch, dass laut des Edelman-Trust-Barometers das Vertrauen der Verbraucher Nordamerikas und Europas in Finanzinstitute immer noch schwächelt. Zudem zeigt das Barometer, dass der Banken- und Versicherungssektor weit hinter der Branche Technologie und Konsumelektronik (mit den Playern Google, Microsoft, Apple, Siemens, Philips) liegt – den beiden Industrien, die das höchste Kundenvertrauen genießen. Das ist verständlich.

Alle naselang taucht eine neue Leiche im Keller auf. Man denke an den Libor-Skandal oder die Banker, die ihre Kunden als »Muppets« bezeichneten. Ein deutscher Banker sagte uns, er gehe davon aus, dass es weitere zehn Jahre bedürfe, bis alle »Wölfe der Wall Street« die Industrie verlassen hätten. Außerdem leben wir in einem wahren Mediensturm. Immer noch unterschätzen hochrangige Führungskräfte in der Finanzdienstleistungsindustrie das Misstrauen, das die Finanzkrise geweckt hat. Die Medien nehmen Banken und Versicherungen ständig unter die Lupe, und das wird sich auch so schnell nicht ändern.

POPULISTISCHE SCHLACHTRUFE

Politiker bedienen gern das Gefühl, die Finanzindustrie verursache alle Missstände, und verbreiten selbstgefällig simple Kurzbotschaften und populistische Lösungen. Die undifferenzierte Forderung nach »mehr Regeln« fällt bei einer empfänglichen Öffentlichkeit auf fruchtbaren Boden. Abgesehen von den Schlachtrufen herrscht allerdings der Konsens, dass Geld viel zu wichtig ist, als es dem Markt zu überlassen. Auch ist man sich einig, dass Finanzinstitute zu bedeutend sind, als dass nur Banker und Versicherungsexperten sich darum kümmern sollten. Wenn Finanzunternehmen im Allgemeinen die Aufgabe haben, Kapital und Investitionen zu kanalisieren, ist es legitim, dass die Gesellschaft über die Organisation dieses Sektors diskutiert. Folglich erlebt diese Industrie eine Welle der Regulierung. Wie heißt es so schön? »Komplexe Kontrollen für ein komplexes System sind bestenfalls ein Rezept für Konfusion und schlimmstenfalls eine Katastrophe.« Regulierung ist die Folge von Misstrauen. Misstrauen kostet Geld und es lenkt vom Hauptzweck der Finanzdienstleistungsbranche ab. Anstelle von Regeln und Regulierungen wäre es besser, die Dinge auf einer höheren Abstraktionsebene zu steuern – auf Basis von Prinzipien anstelle von Regeln. In der Branche selbst sind fast alle davon überzeugt, und das gilt auch für mehrere Regulierungsbehörden. Doch leider ist es ein schwerer Kampf, diese Überzeugung umzusetzen.

Das Starbucks des Bankwesens? Orchard Road, Singapur. Bild: © Reinventing Customer Engagement

EINE SCHLÜSSELROLLE

Vertrauensverlust und Regulierungswahn wirken sich so aus, dass die Gesellschaft sich von der Dominanz der Finanzinstitute abwendet. Allgemein gelten diese Unternehmen als Versorger der Wirtschaft. Das spiegelt offensichtlich nicht die volle Bedeutung dieses Sektors wider. Der Finanzsektor spielt eine Schlüsselrolle in der sozialen und wirtschaftlichen Entwicklung einer jeden Gemeinde, eines jeden Landes oder Kontinents. Auch wenn es den meisten Leuten

> Finanzinstitute wagen es kaum, Vorreiter zu sein und zukunftsorientiert zu handeln.

Bild: © Ymke Sie

nicht bewusst ist, nehmen Versicherungs- und Finanzdienstleistungen im Alltag der Menschen und der Unternehmen eine zentrale Stellung ein. Ein hoher Prozentsatz der Eigenheimbesitzer – in einigen Ländern mehr als 80 Prozent – hat eine Hypothek erworben. Versicherungen decken einen ständig wachsenden Teil der medizinischen Kosten. Eine gewaltige Zahl an Unternehmen finanziert sich über Banken.

Alle großen Herausforderungen, die uns in den kommenden Jahrzehnten erwarten – Wasser, Energie, Müll, Überalterung, Gesundheitsvorsorge, Innovation, Beschäftigung, was immer Sie wollen – rufen nach Lösungen auch und vor allem der Finanzdienstleister. Wenn politischer Druck zur Überregulierung führt, wirkt sich das auf die gesamte Gesellschaft aus.

DER KATALYSATOR DES WANDELS

Regulatorische Veränderungen sind ein wichtiger Katalysator für Wandel. Die Regulierung zwingt Finanzinstitute, ihr Geschäftsmodell grundlegend neu zu bewerten. Sie verlangt von den Unternehmen, ihre Kunden besser zu verstehen, mit ihren Produkten Kundenwünsche zu erfüllen, ihre Preisgestaltung transparent zu machen und fair zu handeln. In die grundlegenden Prozesse wurde viel investiert. Der Produktmix wurde bereinigt. Die neuen Angebote sind einfacher und transparenter.

IMMER ENGERE FESSELN

Wir sehen jedoch, dass umfangreiche Regulierungen und Aufsicht auch Nebenwirkungen haben. Die Finanzinstitute werden immer vorsichtiger und wagen es kaum, Vorreiter zu sein und zukunftsorientiert zu handeln. »Sie können nicht weiterdenken als eine Aufsichtsbehörde.« »Sie werden nach innen und nach außen bestraft.« »Das ist so, als ginge man durch feuchten Zement.« Dies sind nur einige Beispiele unserer gesammelten Zitate. Angst ist der Feind der Fantasie. Aufgrund des Regulierungsdrucks schenken viele Finanzinstitute den Behörden mehr Aufmerksamkeit als ihren Kunden. Große europäische Banken und Versicherungskonzerne geben jedes Jahr viele hundert Millionen Euro aus, um sich an die veränderten Regulierungsvorschriften anzupassen. Dieser Aufwand geht zu Lasten der notwendigen Investitionen in den Bereichen Innovation und Reform des Kundenservices. Ein britischer Banker drückte es so aus: »Wir wickeln uns immer enger in Klebeband ein.«

ÜBERHOLTE SYSTEME

Darüber hinaus sind die Systeme der meisten Finanzinstitute oft älter als die Kunden. Überholte, kostenintensive Technik erschwert es, Kundenwünschen schnell und effektiv zu begegnen. Laut einer Studie von MIT Sloan und Capgemini Consulting verschlingt die Wartung und Instandhaltung veralteter Systeme 90 Prozent des Technologiebudgets. Ein deutscher Versicherungskonzern nannte uns die folgende aufschlussreiche Formel: regulatorische Bürokratie + veraltete Technologie = hohe Preise + schlechter Service.

EFFIZIENZ

Transparenz und Einfachheit haben zu einer größeren Informationssymmetrie geführt und den Margendruck gesteigert. Während aufstrebende Märkte nach wie vor signifikante Wachstumsraten aufweisen, schleppen sich reife Märkte eher dahin. Laut Accentures FinTech Innovation Lab verwenden die meisten Großbanken 70 Prozent ihres Budgets für Regulierung und Compliance. Laut Scorpio Consultancy kletterte das Aufwand-Ertrag-Verhältnis (CIR) europäischer Privatbanken zwischen 2008 und 2013 von 63 auf 81 Prozent. Dieser Anstieg ergibt sich in erster Line aus den höheren Kosten für Rechtsberatung, Compliance und Risikomanagement – drei separaten Entwicklungen, die alle zur selben Konsequenz führen: Margendruck. Folglich stehen operative Exzellenz und Kosteneffizienz für Banken und Versicherungen in naher Zukunft oben auf der Agenda.

Auch für Kunden ist eine verbesserte interne Effizienz wichtig. Eine Versicherung – der Risikotransfer vom Kunden zum Versicherer – ist recht teuer. Versicherer zahlen zwischen 20 und 40 Cent eines Euros an Versicherungsprämie für operative Kosten und Kundenakquise, Marketing und Vertrieb. Diesen Betrag geben sie nicht für das Risiko aus, zu dessen Absicherung jemand die Versicherung erworben hat. Wir kennen private Krankenversicherungen, die 15 Cent eines jeden Euros einer Prämie für wiederkehrende Maklerprovisionen ausgeben. Diese Unternehmen fürchten sich, Provisionen herunterzustufen, weil gute Beziehungen zu ihrem wichtigsten Vertriebskanal für sie vorrangig sind.

DER DIGITALE WANDEL

Digitaler Wandel bedeutet den Einsatz jedweder digitalen Technologie, um Unternehmensergebnisse durchgreifend zu verbessern. Ein kühnes Versprechen, ohne Zweifel. Angesichts all der Herausforderungen überrascht es nicht, dass der digitale Wandel auf der Agenda praktisch aller Finanzinstitute oben steht. Eine allumfassende Reform schickt sich an, die Kosten drastisch zu senken. Mehrere Studien bestätigen diese Verheißung. Einer McKinsey-Studie zufolge ist es möglich, durch Digitalisierung 20-25 Prozent der Kosten zu senken, indem Arbeits- und Serviceprozesse transformiert werden. Der Digitalisierung werden Zweigstellen und Personal zum Op-

fer fallen. Das Schöne daran ist, dass dieser Trend das wachsende Segment der selbstbestimmten Kunden ausschöpft – eine große Chance für weitere Kostensenkungen.

KOSTENFOKUS

Operative Exzellenz und Kosteneffizienz sind die großen Themen des digitalen Wandels. Diese Tatsache belegt auch die Art, wie solche Projekte implementiert werden. In den meisten Fällen geht es darum, Prozesse und Transaktionen traditioneller Banken und Versicherungen zu digitalisieren und das operative Geschäft zu verbessern. Typische digitale Transformationsprogramme schaffen papierlose Produkte, beseitigen Prozessmängel und ermöglichen vollautomatisierte Abwicklung. Die physische Anwesenheit von Personal wird dabei ebenso unnötig wie Call Center. Die Risikosteuerung und regulatorische Compliance werden verbessert und die IT zum Beispiel via Cloud vereinfacht. Digitale Initiativen im direkten Kundenkontakt widmen sich meist der gezielten Ansprache, maßgeschneiderter Preisgestaltung, neuen digitalen Vertriebskanälen und Direct Sales. Inside-out-Instrumente.

Kundenwünschen zu entsprechen, beschränkt sich auf die vorrangigen Reibungspunkte, etwa beschleunigte Problemlösung und mehr Komfort. Ein bedauerlicher Missstand, denn es ließe sich viel mehr für Verbraucher tun. Michal Panowicz, Vordenker der innovativen mBank in Polen und aktuell Deputy Head Digital Banking bei Nordea: »Das digitale Leben ist heute so viel intuitiver (Apple), interaktiver (Mint), kontextbezogener (Amazon), schöner (Spotify) und intelligenter (Google). Diese Eigenschaften sollten Finanzinstitute gewinnbringend nutzen, damit sie für ihre Kunden interessant bleiben.«

GRUNDVORAUSSETZUNGEN

Kosten zu senken ist notwendig. Aus diesem Grund ist es gut, komplexe Organisationen transparenter zu machen und Skaleneffekte zu erzeugen. Viele Banken und Versicherer betrachten digitalisierte Prozesse jedoch als Endstation. Nach unserer Auffassung aktualisieren all diese Bemühungen nur die Basis. Das bedeutet, sie sind nur Grundvoraussetzungen für eine Marktteilnahme. Sie bringen die Vergangenheit auf den neuesten Stand, aber sie bauen keine Zukunft.

DIE KUNDENPERSPEKTIVE EINBEZIEHEN

Finanzinstitute müssen sich den beiden störenden Kräften stellen. Nicht nur dem Margendruck, den gesättigte Märkte und regulatorische Sachverhalte verursachen, sondern auch dem durch neue Technologien veränderten Kundenverhalten. Bisher scheint es den Anbietern schwer zu fallen, operative Exzellenz in ein Angebot zu übersetzen, das sich vom Wettbewerb abhebt. Operative Exzellenz legt ein Fundament, ist

» Regulatorische Bürokratie + veraltete Technologie = hohe Preise + schlechter Service «

aber noch kein Haus, in dem irgendein Kunde leben möchte. Banken und Versicherungen sollten nicht nur in operativer Hinsicht Kunden überzeugen, sondern auch eine wesentlich größere Marktnähe entwickeln. Es gilt, neuen Mehrwert und neue Umsatzströme zu generieren. Die aktuellen digitalen Innovationen sind zumeist isolierte, in Unternehmen verstreute Initiativen mit begrenzter Wirkung. Wie erzeugen wir Kundennutzen, der mehr bietet, als grundlegende Reibungsverluste zu beseitigen? Und wie schaffen wir neue Umsatzströme und eine zeitgemäße Generation von Geschäftsmodellen?

EINE NEUE PHASE

Die Finanzindustrie befindet sich in einer neuen Phase. Die digitalen Technologien verändern das Kundenverhalten. Beides zusammen revolutioniert die Branche. In gewisser Weise ähnlich der Verschiebung tektonischer Platten – zu grundlegend, um allein mithilfe des Kostenfokus gelöst zu werden. Francisco González, Group Executive Chairman von BBVA: »Wir sind Zeugen einer umwälzenden Veränderung, die das Ergebnis des technologischen und sozialen Wandels ist, der den Fortschritt antreibt. Dieser Umbruch geschieht schneller und breiter, als Menschen es jemals zuvor erlebt haben. Die Finanzindustrie befindet sich mitten in einer Revolution; wahrscheinlich ist dies der größte Umsturz seit der industriellen Revolution. Jetzt gilt es, in einem komplexeren Umfeld dem wachsenden Kundenbedarf mit Fokus auf Ansehen, Rentabilität und Wachstum zu entsprechen.«

NEUE PRINZIPIEN

Aufgrund der Digitaltechnologien und des veränderten Kundenverhaltens erübrigen sich unzählige Serviceregeln der Finanzinstitute. Dennoch halten diese Unternehmen weiter an ihren Gewohnheiten fest. Die neuen Prinzipien werden entweder missachtet oder unterbewertet, und die Folgen nicht immer verstanden. Die Lücke zwischen den alten Konventionen der Finanzinstitute und den veränderten Kundenerwartungen klafft auseinander. Aus diesem Grund verlieren Banken und Versicherungen an Relevanz und somit liefern sie Kunden weniger Mehrwert als sie könnten.

WIE SICH DIE LÜCKE SCHLIESSEN LÄSST

Wir glauben, dass Finanzinstitute ein neues Leitbild des Customer Engagements brauchen, um die Kluft zwischen dem »digitalen Wandel zur Aktualisierung überholter Prozesse« und dem »digitalen Wandel hin zu einer profitablen Zukunft« zu schließen. Aus diesem Grund haben wir unser Buch dem Customer Engagement

Die Unternehmenszentrale der niederländischen Versicherung ASR inmitten ihrer Renovierung (2015), eine Art Symbol des Zustands der Branche. Die neuen Büros strahlen Transparenz und eine offene Kultur aus. Bild: © Reinventing Customer Engagement

gewidmet. Ein solches Leitbild muss sich an dem veränderten Kundenverhalten orientieren und von digitalen Technologien angetrieben werden.

Welche Anforderungen stellt die neue Kundenhaltung an unsere Art, Service zu leisten? Welche neuen Formen des Customer Engagements ermöglichen moderne Technologien? Wie können wir Technologien nicht nur kostensenkend nutzen, sondern auch, um das Customer Engagement zu stärken? Welche modernen Formen wollen wir in diesem Kontext nutzen, um Umsatzquellen zu erschließen? Die nächste Welle des digitalen Wandels betrifft ein neues Customer Engagement, das sowohl Kunden als auch Finanzinstituten neuen Mehrwert bringt. Lassen Sie uns einen näheren Blick auf dieses Engagement werfen.

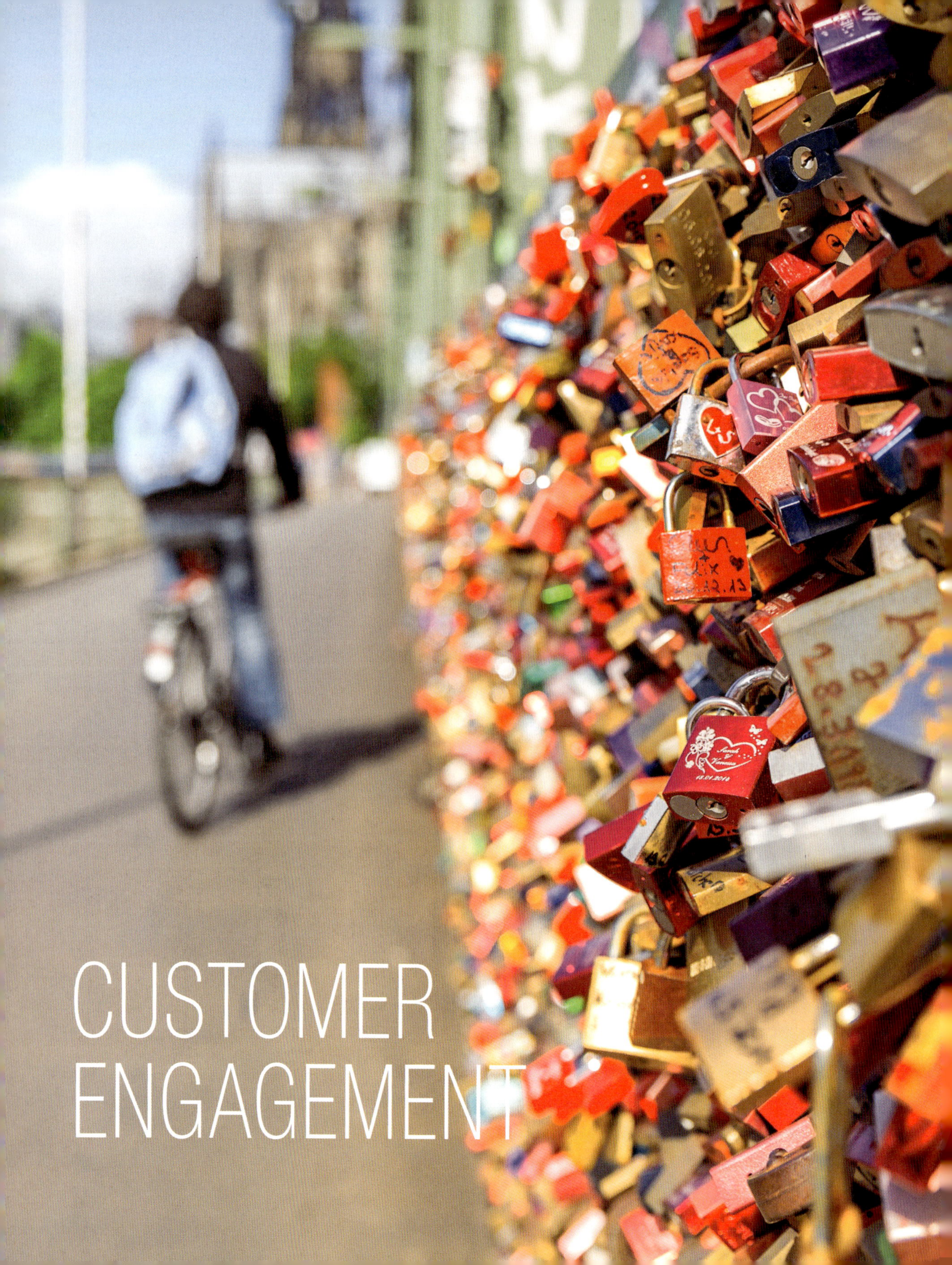

CUSTOMER ENGAGEMENT

WERTE SCHAFFEN

Customer Engagement zeigt verschiedene Wege auf, wie ein Unternehmen für seine Kunden Wert schafft: im weitesten Sinne, wie sie ihre Klientel behandeln sollten. Umfangreiche Studien zeigen, dass viele Kunden nicht an einer Beziehung zu ihrer Bank oder Versicherung interessiert sind. Die meisten von ihnen finden nicht, dass sie irgendeine persönliche Verbindung zu diesen Dienstleistern unterhalten. Der Nutzen einer solchen Beziehung entzieht sich den Menschen. Ein klarer Fall: Die Finanzinstitute haben sich tatsächlich nie die Mühe gemacht, Verbrauchern diesen Nutzen zu erklären. In Wahrheit haben viele dieser Unternehmen nicht einmal eine solche Verbindung erwogen oder darüber nachgedacht, wie diese beschaffen sein soll.

Als Beweis ihrer Liebe hängen Paare bunte Schlösser an das Geländer der Hohenzollernbrücke in Köln. Um ihre ewige Liebe zu besiegeln, werfen sie die Schlüssel anschließend in den Rhein.

DAS ECHTE LEBEN

Vergleichen wir einmal, wie Beziehungen im Alltag entstehen und sich entwickeln. Erinnern Sie sich daran, wie Sie Ihren Ehepartner, Lebenspartner, Verlobten, oder was für Sie zutrifft, kennengelernt haben, und wie sich diese Beziehung weiterentwickelt hat ... Schon beim ersten Kennenlernen oder kurz danach verspürten Sie beide eine gegenseitige Anziehung. Das Aussehen, aber auch die Persönlichkeit, sind wichtig, egal wie Sie es betrachten. Es ist allerdings unklug, sich zu verstellen. Das wird Ihre Liebste oder Ihr Liebster früher oder später merken und dann die Beziehung beenden. Sie müssen authentisch und Sie selber sein.

Hilfreich ist auch, die Freunde Ihres Partners kennenzulernen. Diese Menschen haben üblicherweise einen starken Einfluss, und manchmal segnen sie sogar wichtige Beziehungen ab. Wenn Sie die Vertrauten Ihres Partners kennen, verstehen Sie ihn besser. Sich gegenseitig zu respektieren und zu vertrauen, ist die Basis jeder Beziehung. Damit Ihre Verbindung funktioniert, müssen Sie zueinander passen, sich für ähnliche Dinge interessieren, Vergleichbares erwarten und brauchen sowie zusammen etwas anstreben. Gemeinsamkeiten, die sich auf Liebe und Glück, aber auch auf Karriere und Finanzen beziehen. Vielleicht

» Schließen Sie die Kluft zwischen dem ›digitalen Wandel zur Aktualisierung überholter Prozesse‹ und dem ›digitalen Wandel hin zu einer profitablen Zukunft‹. «

sogar ein gemeinsamer Glaube oder ein Lebenszweck.

Um diese Dinge herauszufinden, müssen Sie sich füreinander interessieren. Sich gegenseitig zuzuhören, ist dafür ebenso unerlässlich, wie die eigenen Erwartungen klar zu äußern. Sie müssen sich auf Ihre Zukunftspläne einigen, geben und nehmen. Sie müssen Ihre intimsten Geheimnisse offenlegen, sich füreinander öffnen, sich gegenseitig beeinflussen und das auch wollen. Von einer auf Dauer angelegten Beziehung müssen beide Partner langfristig profitieren.

Eine solche Verbindung generiert in jeder Hinsicht Wert, um gemeinsam Ziele zu erreichen und sich gegenseitig zu unterstützen, um miteinander Spaß zu haben und Erfahrungen zu teilen. Zudem, um in schwierigen Zeiten füreinander einzustehen und sich gegenseitig zu helfen, um sich gegenseitig aufzumuntern und anzuspornen. Und das nicht nur einmal, sondern kontinuierlich. Außerdem ist es wichtig, die Beziehung lebendig zu halten. Sie dürfen Ihr Äußeres nicht vernachlässigen.

Noch wichtiger ist, von Zeit zu Zeit etwas Neues auszuprobieren. Sie dürfen nie aufhören, in die Beziehung zu investieren. Denken Sie an Überraschungen, die Sie sich von Zeit zu Zeit bereiten. Kleine Dinge können oft Großes bewirken. Helfen Sie in der Küche und räumen Sie Ihre Sachen auf, ohne darum gebeten zu werden. So oder so ähnlich wie wir es immer zu Hause hörten. Natürlich werden Sie beide sich im Lauf der Jahre verändern. Selbst wenn Sie glauben, Sie verstünden sich gegenseitig vollkommen, ist es daher klug, achtsam mit der Beziehung umzugehen und den Partner nicht für selbstverständlich zu nehmen. Erinnern Sie sich stets daran, was Sie gemeinsam erlebt und erreicht haben. Und feiern Sie diese Momente von Zeit zu Zeit.

FÜNF ZUTATEN

Natürlich passt der Vergleich nicht hundertprozentig, aber wenn wir in dem zuvor beschriebenen Text »Partner« durch »Kunden« ersetzen, entsteht ein klares Bild, was Customer Engagement bedeutet. Die Metapher enthüllt zudem die folgenden fünf Zutaten für eine Beziehung zwischen Unternehmen und Kunden:

1. WERT FÜR BEIDE SEITEN

Customer Engagement bringt alle Beteiligten weiter. Es ist erfolgreich, wenn es Kundenbedürfnisse erkennt und gleichzeitig dem Unternehmen nutzt.

2. INFORMATIONSAUSTAUSCH

Wert lässt sich nur erzielen, wenn beide Seiten bereit sind, Informationen und Wissen auszutauschen. Je mehr ein Unternehmen über seine Kunden weiß, desto größeren Wert kann es für sie erzielen und desto bedeutungsvoller kann die Beziehung werden.

3. EINFLUSS UND GEMEINSAMSAMKEIT

Dies setzt voraus, dass das Unternehmen seinen Kunden wirklich zuhört. Noch wichtiger ist, aufgrund dieser Informationen zu handeln. Was Ihre Kunden Ihnen mitteilen, ist von gegenseitigem Interesse. Wenn Sie sich auf die Bedürfnisse der Verbraucher einstellen, fühlen diese sich verstanden und persönlich wahrgenommen. Diese Wertschätzung wird Ihnen zurückgegeben.

4. KONTINUIERLICHER DIALOG

Ein offener Dialog ist unerlässlich. Halten Sie sich gegenseitig auf dem Laufenden. Dazu gehört nicht nur ein Feedback, sondern wirklich etwas über Ihre Kunden zu erfahren. Erkennen Sie die Bedeutung, pflegen Sie den Kundendialog, und investieren Sie Zeit und Aufmerksamkeit.

5. RESPEKT UND VERTRAUEN

Die Bereitschaft zum kontinuierlichen Informations- und Wissensaustausch entsteht nur, wenn gegenseitiger Respekt und Vertrauen existieren.

ZUHÖREN - LERNEN - REAGIEREN

Diese fünf Zutaten sind nicht nur einmal wichtig, sondern bilden einen kontinuierlichen Prozess, der sich über die gesamte Beziehung erstreckt. Das Ziel ist, die Lücke zwischen den Finanzinstituten und den Kunden zu schließen. Von der Transaktion zur Interaktion und von einer einseitigen Kommunikation zu einem wechselseitigen Dialog überzugehen, in dem man zuhört, lernt und reagiert. Die Interaktion führt weiter zu einer engen Beziehung, indem sich der Dialog vom Informationsaustausch zu proaktiver Handlung entwickelt.

FINDEN SIE DIE BALANCE ZWISCHEN INSIDE-OUT UND OUTSIDE-IN

Customer Engagement bedeutet, die richtige Balance zwischen inside-out und outside-in zu finden. Das passt auch ins Gesamtbild. Ein Finanzinstitut legitimiert sich dadurch, dass es nachhaltigen Wert für Kunden und Aktionäre schafft. Der Erfolg der Kunden wirkt sich direkt auf das Ergebnis einer Bank oder einer Versicherung aus. Kosteneffizienz ist unerlässlich, denn nur durch sie kann ein Unternehmen überleben. Ebenso hängt der nachhaltige Erfolg eines Finanzinstituts davon ab, ob es für seine Klientel kontinuierlich Wert generiert und sein Customer Engagement ständig weiterentwickelt.

DEFINITION

Zum Customer Engagement gehört es, alles Nötige zum Aufbau und zur kontinuierlichen Pflege der Beziehung zwischen einem Kunden und einem Anbieter zu unternehmen, und somit für beide Seiten Mehrwert zu schaffen. Für Verbraucher besteht der Wert eines Geschäfts mit einem Finanzinstitut zum einen darin, ein Produkt zu erhalten, und zum anderen darin, die Marke, die Qualität und den Service zu erleben. Für Unternehmen liegt der Wert des Customer Engagements darin, Kunden zu gewinnen, ihre Loyalität und die Marke aufzubauen. Diese Leistungen zahlen sich durch Umsatz, Kostenvorteile, Gewinn und in der Folge durch Aktionärswert aus.

WAS »CUSTOMER ENGAGEMENT« *NICHT* IST

Aus unseren zahlreichen Gesprächen mit Führungskräften von Finanzinstituten schließen wir, dass der Begriff Customer Engagement allgemein Verwirrung stiftet und man sich nicht einig ist, was er bedeutet. Diese Unklarheit herrscht selbst innerhalb einer Organisation. Es liegt auf der Hand, dass Mitarbeiter bei der Umsetzung entsprechender Kundenstrategien nicht an einem Strang ziehen.

Customer Engagement ist nicht Kundenzufriedenheit
Wenn Ihre Kunden unzufrieden sind, wollen Sie dies selbstverständlich zum Besseren ändern. Oft fällt uns aber auf, dass Initiativen zum Wohl des Kunden in Finanzinstituten mit Customer Engagement gleichgesetzt werden. Die Gefahr für Banken und Versicherer besteht darin, dass nicht mehr passiert, als dass Service-Center-Agenten ein wenig freundlicher am Telefon sind und schriftlich formulierte Anliegen schneller bearbeitet werden – Service im Schnelldurchlauf. Im Wesentlichen bringt dies nicht mehr als leicht verbesserte Prozesse. Was Finanzinstitute vielmehr brauchen, sind deutlich ambitioniertere Ziele und ein ganzheitlicher Ansatz, der die zuvor beschriebenen fünf Zutaten berücksichtigt.

Customer Engagement ist nicht Customer Relationship Management (CRM)
Auch »mehr CRM« ist eine verkürzte Sicht der Dinge. CRM ist ein unverzichtbares Instrument, um Wissen über Kunden zu gewinnen und um Customer Engagement strategisch und täglich zu befeuern. Es ist allerdings nicht das einzige Instrument. Außerdem ist die CRM-getriebene Kommunikation größtenteils einseitig. In fast allen Fällen spricht das Unternehmen den Kunden an, nicht umgekehrt.

Customer Engagement ist nicht Kundenerfahrung
Customer Engagement reicht weit über das Erfahrungsmanagement an den Kontaktpunkten hinaus. Dieses Konzept zielt darauf ab, eine werthaltige Beziehung für beide Seiten zu schaffen. Folglich beinhaltet Customer Engagement alle Instrumente von Unternehmen, mit denen sie Kunden zu einer langfristigen Beziehung motivieren. Das schließt das Geschäftsmodell, die Marke, das Angebot und die Preisgestaltung (und natürlich auch die Kundenerfahrung) ein.

Customer Engagement ist nicht mit Zusatzkosten gleichzusetzen
Laut eines weitverbreiteten Irrglaubens verursacht Customer Engagement nur zusätzliche Kosten. Diese Auffassung resultiert mehr oder weniger aus dem alten Sprichwort »weniger Service = weniger Kosten, mehr Service = mehr Kosten«. Viele Brainstorming-Sitzungen verstärken diese Vorstellung, indem sie alle möglichen Ideen hervorbringen, mit denen sich der Kundenservice unterhaltsamer gestalten lässt. Bei diesen Vorschlägen denkt jedoch niemand daran, auf welche Weise sie Mehrwert für das Unternehmen schaffen, Kosten senken, einen höheren NPS und höhere Umsätze etc. bewirken. Nach unserer Auffassung beweist das nur, dass die betriebswirtschaftliche Begründung entscheidend für Customer-Engagement-Strategien ist – in der Gegenwart, aber auch mit Blick auf die Zukunft.

Wie dem auch sei, Banken und Versicherungen sollten dem Customer Engagement aufmerksamer begegnen. Ob es den Unternehmen bewusst ist oder nicht, sie stehen in einer Beziehung zu den Kunden. Es gibt also keinen Grund, sich nicht zu bemühen, diese Verbindung zur Steigerung der Umsätze und Gewinnspannen auszuschöpfen. Abgesehen davon gibt es weitere Gründe – sieben insgesamt –, weshalb Customer Engagement der richtige Weg ist. Zudem ist dieses Konzept der Schlüssel dafür, den digitalen Wandel zu nutzen, sich zu differenzieren sowie neue Umsatzströme und Wettbewerbsvorteile zu schaffen.

1. CUSTOMER ENGAGEMENT IST EINE ZENTRALE GEWINNQUELLE

Wenn Sie in einem gesättigten Markt wachsen wollen, müssen Sie zum meistempfohlenen Unternehmen werden. Immer mehr Finanzinstitute erkennen, dass Customer Engagement die Hauptquelle für Wachstum und Gewinn ist. Und damit haben sie recht. Zahlreiche Studien zeigen, dass engagierte Kunden auf vielfältige Weise Umsatz- und Gewinntreiber sind.

Diese Art Kunden sind offener für andere Produkte desselben Unternehmens; sie sind weniger empfänglich für Angebote des Wettbewerbs. Die Servicekosten sinken. Und zudem ist es wahrscheinlich, dass engagierte Verbraucher Ihr Unternehmen Freunden und Familienangehörigen empfehlen. Neue Technologien eröffnen zudem neue Wege des Customer Engagement, die seine Rolle als Hauptquelle für Wachstum und Gewinn weiter stärken.

- Bain & Company-Analyse aus den USA: In der Versicherungsindustrie beträgt der Lebenswert eines Befürworters fast das Siebenfache des Werts eines kritischen Kunden.
- Bei Fidelity ist die Kundenerfahrung ein wichtiger Teil des Geschäftsplans. Das Unternehmensprogramm misst und verbessert die Leistungen aus der Sicht von Kunden und ihrer Schlüsselerfahrungen. Die Zahl der Verluste sank um mehr als die Hälfte; daneben konnte das Unternehmen einen signifikanten Anstieg an Befürwortern verzeichnen. Eine Analyse ergab, dass positiv eingestellte Kunden im Vergleich zu weniger zufriedenen das Viereinhalbfache der Summe bei Fidelity anlegten. Das entspricht mehreren Milliarden zusätzlicher Dollar pro Jahr.
- Gallup State of the American Consumer: Stark engagierte Kunden bringen ihrer Hauptbank 37 Prozent mehr Umsatz als desinteressierte. Befürwortende Versicherungskunden kaufen 22 Prozent mehr unterschiedliche Versicherungsprodukte als unbeteiligte.
- In ThinkJar-Studien mit kundenverantwortlichen Führungskräften in den USA und Großbritannien gaben 49 Prozent der Teilnehmer an, ein ungenügendes Customer Engagement koste ihr Unternehmen bis zu 25 Prozent seines Jahresumsatzes. Den Befragten zufolge würden größere Anstrengungen in diesem Bereich mehr Kundenloyalität (80 Prozent), höhere Umsätze (76 Prozent) und höhere Gewinne (5 Prozent) einbringen.

> Customer Engagement befasst sich mit den verschiedenen Wegen, Mehrwert für Kunden zu schaffen.

2. VERTRAUEN BILDEN DURCH CUSTOMER ENGAGEMENT

Untersuchungen zeigen: Vertrauen entsteht, wenn täglich erstklassige Leistungen erbracht werden. Die Touchpoint Performance, die wahrgenommene Qualität der Mitarbeiter im direkten Kundenkontakt sowie ein unkomplizierter täglicher Umgang mit dem Unternehmen bauen das Vertrauen maßgeblich auf. Finanzinstitute sollten öfter in Kontakt mit den Kunden treten und jedes Mal Mehrwert bieten. Didem Dincer Başer, Head of Digital Banking bei der Garanti Bank, bezeichnet das als »hohe Kontaktfrequenz«.

3. COSTUMER ENGAGEMENT BIETET NEUE MÖGLICHKEITEN, SICH ABZUGRENZEN

Verbraucher bevorzugen Produkte und Dienstleistungen, die so leicht verständlich sind, dass sie sich schnell entscheiden können. Zudem verlangen Kunden den vollkommenen Durchblick in puncto Preisgestaltung und Produktmerkmalen. Die Frage lautet: Für was bezahle ich genau? Da nahezu alle Finanzinstitute ihre Produktpaletten und individuelle Angebote vereinfacht haben, wird es zunehmend schwieriger, sich über diese Schiene vom Wettbewerb abzuheben. Daher können sich Finanzdienstleister immer mehr darüber abgrenzen, wie sie sich den Kunden widmen, und wie sie mit neuen technologiebasierten Angeboten Mehrwert schaffen.

4. CUSTOMER ENGAGEMENT TREIBT KAUFENTSCHEIDUNGEN ZUNEHMEND AN

Früher haben Sie sich über den Gartenzaun mit Ihren Nachbarn

> Diese Verschiebung vollzieht sich auch in anderen Industrien. Elena Ford, Vice President Global Dealer and Consumer Experience bei Ford, sagt dazu: »Die Qualität von Fahrzeugen unterschiedlicher Hersteller gleicht sich immer mehr an. Alle haben ein tolles Design und fahren sich hervorragend. Ausschlaggebend für eine langfristige Loyalität wird somit die Kundenerfahrung, vor allem in Bezug auf Service, Wartung und Reparaturen. Außerdem haben wir gelernt, dass eine überdurchschnittliche Kundenzufriedenheit nicht ausreicht. Von den positiv eingestellten Verbrauchern sind nur 21 Prozent auch loyal. Bei vollkommen zufriedenen Kunden sind es 54 Prozent. Wir fokussieren uns daher auf andere Schlüsseltreiber, zum Beispiel das Customer Engagement.«

ausgetauscht. Heute tauschen sich Menschen über einen virtuellen Gartenzaun via Smartphones und sozialen Medien mit anderen aus. Wenn Verbraucher sich untereinander austauschen, ist das Thema meist, wie ein Unternehmen seine Kunden anspricht und fesselt. Bei Finanzdienstleistern geht es dabei fast immer um den Umgang mit der Klientel, zum Beispiel bei der Schadensregulierung. Dieser Austausch beeinflusst unseren Entscheidungsprozess enorm. Immer seltener lassen wir uns ausschließlich vom Preis leiten. Innerhalb einer bestimmten Preisspanne achten wir immer öfter darauf, wie ein Unternehmen seine Kunden behandelt.

5. MARKEN ENTSTEHEN DURCH CUSTOMER ENGAGEMENT

Dieser Sachverhalt ist direkt mit den Punkten 3 und 4 verbunden. Eine Marke befeuert nicht nur die Kaufentscheidungen potenzieller Neukunden, sondern auch vorhandener Kunden, die bestehende Verträge erneuern oder ein weiteres Finanzprodukt erwerben wollen. Diese Tatsache ist in reifen, gesättigten Märkten umso wichtiger. Eine Marke ist mehr als ein Logo – sie ist ein Versprechen, wer Sie als Anbieter sind, was Verbraucher von Ihnen erwarten können und wie sie behandelt werden. Dieses Versprechen ist im Verlauf der Kundenbeziehung zu bekräftigen, bei jeder Erfahrung eines Menschen mit dem Unternehmen. In der Finanzdienstleistungsindustrie bauen Marken sich über die Fähigkeit der Banken und Versicherer auf, sich für Kunden zu engagieren.

6. MANGELNDES CUSTOMER ENGAGEMENT RESULTIERT IN WERTVERLUST

Laut Hans-Peter Schwintowski, Professor an der Humboldt-Universität in Berlin, »werden jeden Tag viele Tausend Versicherungen und Finanzprodukte gekauft, welche die Bedürfnisse der Kunden nicht hundertprozentig erfüllen. Die Stornierungsrate bei Lebensversicherungen beweist das. Branchenschätzungen zufolge enthalten dadurch entstandene Kosten rund 14 Milliarden Dollar an Vermittlungsbeträgen«. Noch schwerwiegender ist, dass sich hier ein gewaltiger Wertverlust für Kunden abzeichnet. Nach dem Verkauf einer Lebensversicherung hört die durchschnittliche Versicherung damit auf, den Käufer weiter regelmäßig anzusprechen. Die Verbraucher vergessen den Mehrwert und denken nicht mehr daran, weshalb sie eine Lebensversicherung abgeschlossen haben. Dabei sollten Kunden auf vielfältige Weise langfristig an das Unternehmen gebunden werden.

7. MARKTEINSTEIGER SETZEN NEUE CUSTOMER ENGAGEMENT-STANDARDS, ETABLIERTE ANBIETER MÜSSEN SCHRITT HALTEN

Und zu guter Letzt tauchen in fast jedem Markt und jeder Kategorie innovative Anbieter auf, die neue Standards setzen. Traditionelle Unternehmen müssen Schritt halten und sich fragen: »Wie gewinne ich angesichts des veränderten Verhaltens neue Kunden? Wie binde ich diese Konsumenten ans Unternehmen?« Früher blieben die Kunden von allein treu; aber da heute jeder sich über alles informieren und jederzeit wechseln kann, bereitet diese Frage Kopfzerbrechen. Zudem beherrschen die neuen Marktanbieter diesen Wandel besser.

DREI LEITPRINZIPIEN

»Banking as it should be. For everyone.« ADIBs Kundenversprechen im Einkaufszentrum The Dubai Mall. Bild: © Reinventing Customer Engagement

Es ist einfach, Technologie einzusetzen, um operativ erfolgreich zu sein. Mithilfe von Technologie neue Formen des Customer Engagement zu entwickeln, stellt dagegen eine große Herausforderung dar. Einfallsreichtum ist gefragt und die Umsetzung erfordert eine gehörige Portion Mut.

Wir haben dieses Buch geschrieben, um Ihnen bei diesem Prozess zu helfen. Wir stellen Ihnen drei Leitprinzipien für Customer Engagement vor: *integraler Bestandteil des Lebens*, *kontextbasierte Ökosysteme* und *einfach menschlich*. Dabei ergeben sich diese Leitprinzipien daraus, was Kunden heute fordern und was Digitaltechnologien ermöglichen. Diese Leitlinien werden in den kommenden Jahren den Ton angeben: Es geht darum, den digitalen Wandel nicht nur zu nutzen, um operativ erfolgreich zu sein, sondern um die nächsthöhere Customer-Engagement-Stufe zu erreichen.

SCHACHBOXER

Das ist keine einfache Aufgabe. Operativer Erfolg und Kundenexzellenz stehen sich scheinbar gegenseitig im Weg. Beide Ziele gleichzeitig zu schaffen, erscheint noch schwieriger. Finanzinstitute müssen wie Schachboxer agieren. Das ist die wahre Herausforderung. Beim Schachboxen besteht die größte Schande darin, in der Schachrunde zu verlieren. In der Finanzdienstleistung sollte die größte Schande sein, Customer Engagement zu verlieren.

NEUE IDEEN BEFEUERN

Dieses Buch soll inspirieren und neue Ideen befeuern. Aus diesem Grund schildern wir zahlreiche Best-Practice-Fälle etablierter und neuer Anbieter, darunter diverse Fintech-Unternehmen, sowie Beispiele von Brancheninsidern und branchenfremden Unternehmen. Der Kunde bestimmt seinen Referenzrahmen nicht nur durch seine Erfahrungen mit anderen Banken und Versicherungen, sondern meist dadurch, was er mit anderen Marken erlebt. Von Fintech-Unternehmen und Marktneulingen lernen wir zum Beispiel, wie man mithilfe neuer Technologien neue Services kreiert oder neue Geschäftsmodelle entwickelt. Alle ausgewählten Best-Practice-Beispiele in puncto Customer-Engagement erfüllen vier Kriterien: Sie sind relevant für Kunden, sie bieten Mehrwert, sie grenzen die Marke ab und sie sind auf dem neuesten Stand. Außerdem demonstrieren sie, was jetzt schon möglich ist, und was sich bereits anbahnt.

DIE DACHPRINZIPIEN

Unsere Best-Practice-Beispiele stellen eine Ideensammlung dar, angehäuft in den letzten Jahren – Teile eines Puzzles. Versuchen Sie nicht, sie sogleich zu einem Gesamtbild zusammenzulegen. Im Wesentlichen stehen wir ganz am Anfang einer neuen Ära in der Finanzindustrie; einer neuen Phase des Customer-Engagements. Die hier vorgestellten Fälle sind lediglich die ersten Belege für das, was jetzt schon machbar ist. Der Wert liegt nicht in einem konkreten Beispiel, sondern im übergeordneten Konzept: den drei Leitprinzipien.

DER NÄCHSTE SPRUNG

Nicht weniger als 75 Branchenführungskräfte, Fintech-Verantwortliche und Experten anderer Industrien waren so freundlich, ihre Ideen mit uns zu teilen. Letztlich stehen die hier vorgestellten Leitprinzipien jedoch für unsere eigenen Ansichten. Wenngleich bisweilen provokativ und kühn, so möchten wir doch vorschlagen, wie sich ein Finanzdienstleister seinen Kunden widmen sollte.

Unser vorhergehendes Buch löste den Protest aus, sein Leitbild überfordere die Branche. Inzwischen sind die Schlussfolgerungen aus *Wie sich die Finanzbranche neu erfindet* praktisch in allen Vorstandssälen akzeptiert. Von diesem Buch erwarten wir nichts Geringeres. Wir hoffen, dass unser Leitbild, unsere Erkenntnisse und Ideen den Banken und Versicherungen dienen, welche die digitale Transformation für größeres Customer Engagement und langfristigere Kundenbeziehungen nutzen wollen. Und dass diese Anbieter Customer Engagement in einen starken Wirtschaftsmotor verwandeln. Mit Ausblick auf den nächsten Sprung, der zu einem größeren Mehrwert für Finanzinstitute und ihre Kunden führen wird.

Roger Peverelli,
Walter Capellmann und
Reggy de Feniks

KAPITEL 1
INTEGRALER BESTANDTEIL DES LEBENS

Bilderabdruck mit freundlicher Genehmigung von Anna, Deborah, Elise, Erik, Irene, Jasmijn, Mariska, Richard, Ymke, Yvonne und Zoë. © Reinventing Customer Engagement

> „Das Smartphone ist fast so etwas wie ein Alter Ego; ganz eindeutig verlängert es alles, was wir tun."

Ein Restaurant in Manhattan plagte sich mit zunehmend negativen Bewertungen: Der Service war zu langsam und das Essen gelegentlich zu kalt. Der Besitzer verstand das nicht; eine bestimmte Anzahl Gäste kam seit Jahren und die Speisekarte war unverändert. Er hatte sogar mehr Personal eingestellt und die Zahl der angebotenen Speisen reduziert, um die Logistik in der Küche zu vereinfachen. Eines Tages fand er ein altes Überwachungsvideo aus dem Jahr 2004 und beschloss, die dort gezeigten Abläufe – ungefähr 45 – mit derselben Zahl der Abläufe auf einem Video aus dem Jahr 2014 zu vergleichen. Dabei stellte sich Folgendes heraus: Während ein Gast im Jahr 2004 ungefähr acht Minuten brauchte, um zu bestellen, dauerte es 2014 tatsächlich 21 Minuten. 2004 blieb der durchschnittliche Gast 1,05 Stunden im Restaurant, im Jahr 2014 verweilte er mit 1,55 Stunden fast doppelt solang. Und während 2004 nur zwei von 45 Gästen Speisen zurückgaben, weil sie nicht warm genug waren, hatten sich diese Reklamationen im Jahr 2014 mehr als vervierfacht, auf neun. Das erklärte natürlich die negativen Stimmen.

Die Videoanalyse zeigte auch, was passiert war. 2004 verhielten sich die Gäste völlig anders als 2014. Wenn sich Menschen heute am Tisch niederlassen, holen sie als Erstes ihre Smartphones hervor, anstatt die Speisekarte zu öffnen. Von 45 Gästen baten sieben den Kellner herbei, weil sie sich nicht in das hauseigene WLAN-Netz einloggen konnten. Als das Essen gebracht wurde, fotografierten 26 von 45 Besuchern sich und die Speisen. Einige kletterten sogar auf die Stühle, um aus der Vogelperspektive den gedeckten Tisch abzulichten. 27 Gäste baten den Kellner, ein Gruppenbild von ihnen zu machen. Natürlich betrachteten sie anschließend das Ergebnis, woraufhin 14 den Kellner baten, ein neues Foto zu schießen, weil ihnen das erste nicht gefallen hatte. Die durchschnittliche Fotozeit: sieben Minuten. Kein Wunder, dass neun von 45 Besuchern ihr Essen mit der Reklamation zurückgehen ließen, es sei kalt.

WAS IST NEU - WAS IST IN DEN LETZTEN PAAR JAHREN PASSIERT?

TELEFONE SIND KEINE TELEFONE MEHR

Es ist noch nicht lange her, da besaß man ein Telefon, um zu telefonieren. Heute gilt das nicht mehr. Telefonate machen nur noch 10 Prozent der Nutzungszeit eines Smartphones aus. Die übrigen 90 Prozent entfallen auf andere Funktionen: Wecken, Fotografieren, Musik hören, Zeit stoppen beim Kochen, Kinder mit Filmen und Spielen unterhalten etc. Die Menschen lesen Bücher auf Smartphones oder verfolgen darauf TV-Sendungen während ihrer Pendelstrecken. Diese Geräte sind heute Kameras, Wecker und MP3-Player.

Laut einer Umfrage des Mobilfunkunternehmens O2 in Großbritannien gab die Hälfte der Befragten an, ihr Smartphone ersetze ihnen sogar die Uhr. Einer Oxygen-Media-Studie über amerikanische Social-Media-Nutzer zufolge klicken ein Drittel der jungen Frauen als Erstes auf Facebook, bevor sie morgens auf die Toilette gehen. Die Studie ergab, dass Frauen zwischen 18 und 34 Jahren zunehmend smartphonesüchtig werden. 37 Prozent sind schon einmal mit dem Telefon in der Hand eingeschlafen. Viele Smartphone-Nutzer fühlen sich hilflos, wenn sie ihr Telefon vergessen haben, und rasten aus, wenn die Batterie leer ist und sie den Akku nicht sofort aufladen können. Eine Telenav-Studie in Großbritannien ergab, dass 50 Prozent der 18- bis 24-Jährigen verzweifeln würden, wären sie unterwegs und könnten nicht online gehen.

Die Zahl der Menschen, die ihre Telefone als Wecker benutzen, wurde an einem frühen Mittwochmorgen im Januar 2015 im australischen Queensland deutlich. Ein kleiner Fehler beim Mobilfunkbetreiber Optus führte dazu, dass alle angeschlossenen Mobiltelefone in die Sommerzeit wechselten. Tausende von Menschen wurden eine Stunde früher geweckt als sonst. Bereits um 04:30 Uhr am Morgen füllten sich die Straßen und die übliche Verkehrsverstopfung begann eine Stunde früher als gewöhnlich. Viele Pendler waren verwirrt, als sie in der Arbeit ankamen und die Büros verschlossen vorfanden.

FEST IM ALLTAG VERANKERT

Smartphones sind längst integraler Bestandteil unseres Alltags. iPhone – der Name ist Programm: Das Smartphone ist so etwas wie ein Alter Ego. Ganz eindeutig verlängert es alles, was wir tun. Achten Sie darauf – auf der Straße, im Zug oder im Restaurant.

Laut dem jährlichen Bericht *Internet Trends* von Mary Meeker, KPCB, prüfen die Menschen weltweit ihr Telefon rund 150-mal pro Tag. Smartphone-Nutzer in Großbritannien sind so abhängig von ihren Geräten, dass sie diese täglich bis zu 221-mal und mehr als 1.500-mal pro Woche verwenden, so eine Tecmark-Umfrage. Der durchschnittliche Anwender beansprucht sein Telefon drei Stunden und 16 Minuten pro Tag – fast einen ganzen Tag pro Woche.

NEUE TECHNIKKULTUR

Das Kundenverhalten hat sich aufgrund der intensiven Nutzung von Smartphones, Tablets und mobilen Diensten dramatisch verändert. Technologie wirkt sich, neben Wirtschaftseffekten, immer auch soziokulturell aus, mit Folgen für die Beziehung zwischen Kunden und Unternehmen. Die Menschen verändern ihre Technikkultur – die Art, wie sie mit den unterschiedlichen Medien umgehen. Wie sie Informationen sammeln, interpretieren und verbreiten, hat sich grundlegend gewandelt. Ein gutes Beispiel ist das Knüpfen romantischer Bezie-

Die Ikone des Fußballklubs AS Roma, Francesco Totti, macht ein Selfie, um sein Tor gegen den Rivalen Lazio zu feiern. Es ging augenblicklich viral. Bild: © Gregorio Borgia / AP

Microsoft befragte 2.000 Menschen und verwendete das bildgebende Verfahren EEG, um die Hirnaktivität weiterer 112 Testpersonen zu messen. Auf diesem Weg untersuchte das Unternehmen die Folgen von Smartphones sowie der gestiegenen Verfügbarkeit digitaler Medien und Informationen im Alltag. Die gute Nachricht ist, dass wir heute weitaus besser im Multitasking sind. Die schlechte Nachricht ist, dass wir deutlich unkonzentrierter sind. Im Jahr 2000 betrug unsere Aufmerksamkeitsspanne noch zwölf Sekunden, inzwischen sind es nur noch acht. Goldfische bringen es angeblich auf neun Sekunden.

hungen, vor allem angesichts unseres Themas »Engagement«. Die mobile Partnersuche-App Tinder registrierte im Frühjahr 2016 1,4 Milliarden Wischaktionen pro Tag (und 26 Millionen Paare, die zueinander fanden!).

MASSENMEDIUM

Da soziale Medien vor allem auf Smartphones genutzt werden, ist dieses Gerät das erste persönliche Massenmedium. Und dieser Sachverhalt ist direkt mit dem Aufbau einer persönlichen Identität verbunden. Im Smartphone manifestiert sich der vernetzte Verbraucher. Einstweilen jedenfalls. Wer weiß, was als Nächstes kommt. Es gibt bereits Millionen von Menschen, die mit einem implantierten Chip herumlaufen.

ZEHN WEGE, WIE SMARTPHONES FINANZDIENSTLEISTUNGEN VERÄNDERN

Ganz offensichtlich beeinflusst das veranderte Kundenverhalten auch die Finanzdienstleistungsbranche. Praktisch jedes Unternehmen in diesem Sektor setzt auf Mobiltechnologie. Allerdings betrachten viele von ihnen mobile Anwendungen lediglich als vielgenutzten Kanal, was etwas kurzsichtig erscheint. Um bessere Lösungen zu entwickeln, sollten wir die Folgen der Mobilität für das Customer Engagement ergründen.

1. DER MOBILBEREICH IST DER WICHTIGSTE CUSTOMER-ENGAGEMENT-KANAL

Für die meisten Kunden ist ihr Mobiltelefon der erste Kontaktpunkt. Das Smartphone oder Handy ist sozusagen der heutige Wohnort. In zahlreichen europäischen Ländern besuchen die Kunden Filialen seltener als einmal in zwei Jahren. Mobile-Banking-Apps verwenden sie dagegen mehr als zehnmal pro Monat. Mobile Banking hat das Online-Banking als wichtigster Kanal abgelöst. Es ist fast so, als habe Online-Banking nie existiert. Die Mehrheit der Mobile-Banking-Apps Nutzer gehen diesen Weg für alle Zahlungen, anstatt Online-Banking zu verwenden.
Laut einer Fernsehwerbung der britischen Großbank RBS ist der Pendelzug von Reading nach Paddington um 07:01 Uhr seine Unternehmensfiliale. Wenn man die gewaltigen Unterschiede in puncto Komfort bedenkt, überrascht dieser Trend nicht. Banking-Apps haben die höchste Penetrationsquote. Aufgrund der intensiven Nutzung lernen die Kunden schnell und erleben die Apps als intuitiver und bedienungsfreundlicher. Auch Versicherungen nutzen verstärkt die Vorteile der mobilen Anwendungen. Das Leitmotto lautet »Mobile first«. Immer mehr Finanzinstitute sagen sogar »Mobile only«.

> „Das Kundenverhalten hat sich aufgrund der intensiven Nutzung von Smartphones, Tablets und mobilen Diensten drastisch verändert."

Das britische staatliche Gesundheitssystem UK National Health Service (NHS) stellte fest, dass 25 Prozent der Nutzer der Anwendung NHS Choices oder der NHS-Website seltener einen Arzt aufsuchten. Daher veröffentlichte das NHS eine Liste mit fast 500 empfohlenen medizinischen Apps, die Patienten zur Selbsthilfe dienen können. Dazu gehören zum Beispiel Apps, mit denen man den Blutdruck messen, Brustkrebs aufspüren oder das posttraumatische Stresssyndrom behandeln kann.

2. DIE ERWARTUNGEN AN BEDIENUNGSFREUNDLICHKEIT UND SERVICE STEIGEN

Laut des ClickFox *Mobile Apps Consumer Survey* verwenden 78 Prozent der US-amerikanischen Smartphone-Nutzer mobile Apps für Services. Da diese Anwendungen so viel höher im Kurs stehen als andere Kontaktpunkte, richten sich Kundenerwartungen danach, was die Nutzer im Umgang mit den Apps verschiedener Organisationen und Marken erleben. Diese Erfahrungen drehen sich zum Beispiel um Bedienungsfreundlichkeit, Reaktionszeiten, Echtzeitinformationen oder den »Datenzugriff von unterwegs«. Smartphones machen den Verbraucher so anspruchsvoll wie noch nie. Kunden wollen heute die aktive Kontrolle. Sie erwarten von Finanzinstituten ein proaktives Verhalten, eine schnellere und einfachere Bearbeitung – immer, überall und sofort.

3. DER MOBILBEREICH ÜBERTRUMPFT SOGAR VERTRAUEN

Wir haben es in den USA erlebt. In den ersten Jahren nach dem Zusammenbruch von Lehman Brothers sank das Vertrauen in große Finanzinstitute so stark, dass Kunden massenhaft abwanderten. Kleinere Banken erwarben sich ihr Vertrauen und gewannen Marktanteile. Als die Großbanken begannen, mobile Bankservices einzuführen, gewannen sie viele Kunden zurück. Dieser Trend resultierte auch aus der Nutzungshäufigkeit und der bedienungsfreundlichen Anwendung. Wie wir in unserem letzten Buch zeigten, ist der Grad des erneuten Vertrauens gleichzusetzen mit der Interaktionshäufigkeit sowie dem Mehrwert, den jeder Zugriff bietet.

4. DER MOBILBEREICH WIRD ZU LOYALITÄT UND WEITEREMPFEHLUNG

Umfragen des Datenanalyse-Unternehmens FICO mit amerikanischen Millennials zufolge sind Kunden, welche die mobile App ihrer Bank mindestens einmal pro Woche nutzen, zufriedener mit ihrer Bank als jene, die keine mobilen Anwendungen nutzen. Auch empfehlen die App-Kunden ihre Bank eher als die anderen Verbraucher.

5. NEUE INFORMATIONSASYMMETRIE ZUGUNSTEN DER KUNDEN

Smartphones erleichtern den Zugang zu Informationen. Die Menschen wissen mehr und sind besser informiert. Denken Sie an Zuggäste, die sich dank ihrer Mobiltelefone genauer über Verspätungen und Abfahrtszeiten informieren als der Zugführer. Finanzinstitute sollten sich diesen Umstand vor Augen führen und ihn nutzen, um ihre Mitarbeiter besser zu unterstützen.

6. JEDES MOBILTELEFON IST EIN VERKAUFSPUNKT

Während des Singles' Day 2015, der chinesischen Variante des Valentinstags, wickelte Alipay, das Bezahlsystem von Alibaba, an nur einem Tag insgesamt 710 Millionen Zahlungen ab. 69 Prozent dieser Vorgänge erfolgten mithilfe eines Mobilgeräts. Auch in anderen Ländern liegt der mobile Handel im Aufwärtstrend, und es wird nicht lange dauern, bis sich der mobile Zahlungsverkehr in der Breite durchgesetzt hat. Laut Javier Montes Pita, Executive Vice

Eine wachsende Zahl an Urlaubsveranstaltern rüstet ihre Call-Center-Mitarbeiter nicht nur mit einem Bildschirm aus, der das firmeninterne Buchungssystem anzeigt, sondern mit einem zweiten Monitor mit anderen Buchungsseiten, wie Booking.com und Bewertungsseiten wie TripAdvisor. So verfügen die Agenten über dieselben Informationen wie ihre Gesprächspartner und können ihnen Mehrwert bieten.

President des Einzelkundengeschäfts von ING Direct Spanien, wurden im Frühjahr 2015 17 Prozent der Neukunden und 25 Prozent der Neukreditvergabe mobil akquiriert.

Irene van den Brink, Director Business Development bei InShared (dem erfolgreichen rein digitalen niederländischen Versicherungsunternehmen) sagte, bis zum Frühjahr 2016 seien rund 45 Prozent des Neugeschäfts über mobile Anwendungen erfolgt – an Wochenenden sogar noch mehr – mit schnell steigender Tendenz. Dass jedes Smartphone ein Verkaufsort sein kann, eröffnet Finanzinstituten eine ganze Welt an neuen Möglichkeiten – von Akquisitionskanälen über Dienstleistungen bis zu Umsatzmodellen.

7. VERBRAUCHER NUTZEN MEHRERE GERÄTE BEIM EINKAUFEN

Mehrere Bildschirme zu nutzen erlaubt, auf mehr Inhalte zuzugreifen. Für viele Verbraucher ergänzen Tablets ihre anderen Geräte. Diese Kunden werden gelegentlich als »digitale Allesfresser« bezeichnet. Sie sind für jede neue Konsumtechnologie oder jedes neue Gerät offen. Sie finden sich nicht nur unter den Millennials, sondern vor allem in der Generation X (Menschen, die zwischen 1965 und 1985 geboren wurden). Denken Sie zum Beispiel daran, wie Menschen Mode kaufen. Selbst wenn sie direkt vor den Kleiderregalen stehen, schauen sie online nach, ob es noch andere Farben oder alternative Angebote gibt. Mode-Anbieter legen in ihren Geschäften Tablets gut sichtbar aus oder verändern ihr gesamtes Konzept. So machen sie das Geschäft zum Showroom, in dem man Kleidungsstücke aussuchen und anprobieren kann, bevor man sie online bestellt.

> Die Art, wie Menschen zusammenkommen, Informationen sortieren und interpretieren, verändert sich grundlegend.

8. SMARTPHONES VERHELFEN DEM KONSUMISMUS ZUM ZWEITEN LEBEN

Verbraucher verwenden Smartphones, um in den sozialen Medien alles mit allen zu teilen. Diese Geräte verleihen den Konsumenten eine Stimme, und zwar nicht nur eine, sondern viele – ermöglicht durch die soziale Verstärkerfunktion. Jeder, der eine Meinung hat, kann diese nun über eine Plattform verbreiten, und muss dabei nicht höflich bleiben. Die Folge ist, dass eine negative Erfahrung mit einem Finanzinstitut potenziell Thema einer öffentlichen Debatte wird.

Diese Erfahrung machte die Bank of America, als sie ihren Kunden eine Monatsgebühr von 5 Dollar berechnen wollte, wenn diese ihre Debitkarte als Zahlungsmittel einsetzten. Consumer-affairs.com analysierte rund eine Million Kommentare auf Facebook und Twitter sowie auf weiteren sozialen Medien und Blogs. So wurde klar, dass sich die Kundenmeinungen gegenüber der Bank in kürzester Zeit von 45 Prozent positiv zu 20 Prozent negativ gewandelt hatten.

9. DAS NEUE PHYSISCHE VEHIKEL DER FINANZDIENSTLEISTUNGEN

Vor rund 40 Jahren stand das Sparbuch für die Identität einer Bank. Dann kamen Schecks, dann Debit- und Kreditkarten und heute sind es mobile Anwendungen. Versicherungen hatten nie ein physisches Vehikel (inzwischen haben sie es doch, mehr dazu später). Die mobilen Anwendungen fast aller Banken und Versicherungen gleichen sich und daraus ergeben sich neue Herausforderungen. Vor allem, weil der Mobilbereich das physische Vehikel ist, über das sich Finanzinstitute differenzieren sollten – sowohl in puncto Design als auch bei den Funktionen. Auf den Smartphones konkurrieren Sie nicht nur mit anderen Finanzanbietern, sondern auch mit allen anderen Apps.

10. DER MOBILBEREICH IST DER SCHLÜSSEL ZUR FINANZIELLEN INKLUSION

Die Bill und Melinda Gates Foundation identifizierte Mobile Banking als eine der vier Errungenschaften, die das Leben der Menschen in armen Ländern in den nächsten 15 Jahren schneller verbessern werden als zu jeder anderen Zeit in der Geschichte. Unter anderem haben das vielgepriesene Unternehmen M-Pesa in Kenia, Société Génerales Yoban'tel in Senegal und BBVA Bancomer's Dinero Movil in Mexiko gezeigt, dass der Mobilbereich große Kundensegmente begünstigt, die zuvor keine wirtschaftlichen Leistungen erhielten. Traditionelle Bankkonzepte gelten als zu kostenaufwändig, um den Armen zu dienen. Das Gleiche gilt für Versicherungen, aber auch diese Unternehmen kommen dank der Mobiltechnologie in puncto Inklusion voran.

Bild: © BIMA

»Smartphones führen dazu, dass Kunden die aktive Kontrolle wollen.«

BIMA bietet in 15 Entwicklungsländern in Afrika, Lateinamerika und Asien Mikroversicherungen und verwendet dafür ein mobilgetriebenes Modell. Gustaf Agartson, Gründer und CEO von BIMA, erklärt: »Traditionelle Versicherungsgesellschaften tun sich schwer, Menschen, die von weniger als 10 Dollar am Tag leben, zu bedienen. Und das ist eine Schande, weil Versicherungen ein hochwirksames Instrument sind, das verhindern kann, dass eine Familie bei Krankheit oder Verletzung wieder in die Armut abrutscht. BIMA bietet seinen Kunden den Zugang zu Mikroversicherungen, die per Prepaid-Mobilkrediten, Rechnungsstellung, Mobilgeld oder bar bezahlt werden. Die Policen beginnen bei 0,23 US-Dollar pro Monat und können in täglichen Raten bezahlt werden. Innerhalb weniger Jahre hat BIMA mehr als 22 Millionen Kunden gewonnen.
Vor Kurzem haben wir beschlossen, in den Gesundheitssektor zu expandieren. In Entwicklungsländern müssen Menschen weit reisen und lange Wartezeiten auf sich nehmen, um mit einem Arzt zu sprechen. Unser mobiler Gesundheitsdienst macht es leicht, sich schnell und kostengünstig über einen Tele-Doktor-Service medizinischen Rat zu holen. Die Mitgliedschaften sind in Drei-, Sechs- oder Zwölf-Monatspaketen buchbar und beinhalten eine unbegrenzte Zahl an Telefonberatungen mit einem qualifizierten Arzt für die ganze Familie.«
Diese Liste mit zehn Bereichen, in denen mobile Lösungen das Customer-Engagement in der Finanzdienstleistungsindustrie beeinflussen, wird ständig weiterwachsen. Das Potenzial der Smartphones und ihrer Nutzungsoptionen ist bei Weitem nicht ausgeschöpft. Es ist noch gar nicht so lange her, dass das erste iPhone auf den Markt kam. Die Möglichkeiten sind endlos. Neue innovative Applikationen werden sich auf das Customer-Engagement auswirken.

WAS KOMMT ALS NÄCHSTES – WAS WIRD IN DEN NÄCHSTEN JAHREN PASSIEREN?

DAS INTERNET DER DINGE

Mobile Anwendungen entwickeln sich ständig weiter, gleichzeitig rollt eine neue Welle an digital vernetzten Geräten auf uns zu. In den kommenden Jahren wird praktisch jedes Produkt vernetzt sein; man spricht vom »Internet der Dinge«. Laut Gartner gab es 2015 bereits rund fünf Milliarden vernetzte Gegenstände, zumeist Geräte wie Computer, Smartphones und Tablets. Bis 2020 werden es 25 Milliarden solcher Objekte sein, die zusammen einen Wirtschaftswert von 1,9 Billionen US-Dollar besitzen werden. 80 Prozent davon werden Dienstleistungen im Umfeld der vernetzten Objekte sein. Der größte Anteil dieser Objekte wird auf vernetzte Geräte entfallen. Denken Sie an Fernseher, Autos, Haushaltsgeräte, Sicherheitssysteme, andere tragbare Geräte – sogenannte Wearables – und so weiter. Zu dem Zeitpunkt werden vernetzte Geräte ein ganz normales Massenmarktphänomen sein.

Für die erwartete Verfünffachung der vernetzten Geräte gibt es vielfältige Treiber:

- Technologische Entwicklungen: billigere Chips, kleinere Sensoren, eine größere Bandbreite und eine bessere Verfügbarkeit von Cloud-Speicherplatz.
- Sinkende geringfügige Grenzkosten für das Erweitern der Konnektivität und/oder Rechnerleistung. Die Kosten sind so niedrig, dass die Hersteller jetzt schon Konnektivität ausbauen, ohne spezifische Pläne für die Nutzung zu verfolgen.
- Die Vielfalt und Popularität von Smartphones und Tablets, die als Kundenkontrollmedien für (andere) vernetzte Geräte dienen können.
- Die Macht der großen Namen in der Konsumtechnologie: Amazon, Apple, Google, Microsoft, Philips, Samsung und Siemens, die ausnahmslos das Internet der Dinge zu einem Fokus ihrer Unternehmensstrategie ernannt haben.
- Zahlreiche Tech-Start-ups, die auf Basis des Internets der Dinge innovative Produkte und Dienstleistungen entwickeln.
- Enorme Investitionen der Autohersteller, die nach neuen Einnahmequellen suchen, sowie der Gesundheitsdienstleister, die Möglichkeiten zur Kosteneinsparung benötigen.

Ähnlich revolutionäre Auswirkungen wie die der Mobiltechnologie auf das Customer Engagement in der Finanzdienstleistungsindustrie, erwarten wir auch vom Internet der Dinge und von vernetzten Geräten. Diese Entwicklung sehen wir hauptsächlich für Finanzinstitute, vernetzte Fahrzeuge, vernetzte Wohnhäuser, vernetzte Gesundheitsdienstleistungen und intelligente Städte.

VERNETZTE AUTOS

SELBSTFAHRENDE AUTOS

Selbstfahrende Autos sorgen für Schlagzeilen. Es wird erwartet, dass zwischen 2020 und 2025 vollautonome Fahrzeuge auf den Markt kommen werden, abhängig davon, welchen Automotive-CEO Sie fragen. Natürlich wird diese Entwicklung viel früher eintreten. Als Tesla seinen Autopiloten verkündete, der die Marke dem selbstfahrenden Auto näherbringen würde, dachten die meisten Menschen, es handele sich um ein neues Merkmal eines marktreifen Typs. Nichts traf weniger zu. Tesla bot diese Funktion in seinem nächsten Software-Update an und machte sie auch allen Fahrern des Tesla Modell S verfügbar. Im Oktober 2016 kündigte der Hersteller an, alle derzeit produzierten Modelle seien bereits mit der notwendigen Hardware ausgerüstet, um autonom zu fahren.

INTELLIGENTER

Autos brauchen nicht autonom zu sein, um den Fahrzeugmarkt potenziell aufzumischen. Das gelingt ihnen auch, indem sie immer intelligenter werden. Eine zunehmende Zahl an Pkw ist mit Kameras ausgerüstet, die die Straße scannen, auf andere Verkehrsteilnehmer achten, Linien, Bordsteine und Hindernisse auf dem Straßenbelag erkennen und die ideale Route bestimmen. Das Auto kann seinen Fahrer zum Beispiel durch Vibrieren des Lenkrads warnen, wenn er sich von der idealen Route entfernt, oder automatisch bremsen, um eine angemessene Distanz zum vorausfahrenden Fahrzeug einzuhalten. Die integrierte Technologie misst die Wetterbedingungen und erkennt das Fahr- und Reaktionsverhalten sowie die Konzentration des Fahrers.

KONNEKTIVITÄT

Heute entwickelt man Fahrzeuge so, dass sie sich mit der Außenwelt verbinden, zudem will man den Aufenthalt im Auto verbessern. Der Bildschirm für das Navigations- und Stereosystem dient auch dem Internet. Mithilfe von Apps kann man schnell die Wettervorhersage oder Verkehrsdaten aufrufen, Musik und Videos streamen oder sich über Kinozeiten, Hotels und Restaurants informieren. BI Intelligence schätzt, dass bis 2020 75 Prozent der weltweit ausgelieferten Autos die notwendige Hardware für eine Verbindung mit dem Internet aufweisen werden. Sobald die Verbraucher vernetzte Pkw kennen und den entsprechenden Komfort erleben, wird sich diese Ausstattung zum Massenstandard entwickeln. Vernetzte Fahrzeuge bringen auch Zugang zu neuen Daten. Kombiniert mit der Bedeutung der Software, öffnen sich den Fahrzeugherstellern neue Umsatzquellen. Und genau darauf setzen sie.

Auch der berühmte Hersteller von landwirtschaftlichen Maschinen, John Deere, erkennt die Bedeutung von Daten. Das Unternehmen hat die Software in jedem Fahrzeug zum wahren Produktkern bestimmt. Für diese Firma ist ein John Deere-Traktor sozusagen ein Softwarepaket, das in ein Konstrukt aus vielen Tausend Kilo an mechanischen Teilen eingebettet ist. Würde das Unternehmen seine Software mit einem Copyright schützen wollen, erhielte es den exklusiven Zugang zu allen Daten, die das Fahrzeug generiert. GM versucht derzeit das Gleiche.

Bild: ©NestLabs

VERNETZTE HÄUSER

In einem jüngst ausgestrahlten Fernsehwerbespot des US-Telekommunikationsanbieters AT&T kommen zwei junge Leute in einer Hütte im Wald an, wo ihre Eltern auf sie warten. Wie sich herausstellt, waren die beiden jungen Menschen zuvor im Haus ihrer Eltern. »Ist zu Hause alles in Ordnung?«, fragt der Vater in rhetorischer Manier. »Ja, natürlich«, murmelt eines der Kinder abwesend. »Klar ist es das«, sagt der Vater halb zu sich selbst, wissend, dass sein Sohn sich wahrscheinlich nicht umgeschaut hat. Er nimmt sein Smartphone, wirft einen Blick auf sein Haus, und stellt über eine mobile Anwendung alles ab, was angeblieben ist: mehrere Lichter, den Fernseher und einen laufenden Wasserhahn.

SMARTERE HÄUSER

In den kommenden Jahren werden immer mehr Häuser weltweit vernetzter und intelligenter werden. Zu den Beispielen vernetzter Geräte im Haus gehört praktisch alles – Drucker, die automatisch neue Tonerkartuschen bestellen, intelligente Deckenventilatoren, aber auch das drahtlose Musiksystem Sonos, Waagen und Rasensprenger. Laut Untersuchungen von BI Intelligence wird sich der Markt für vernetzte Haushaltsgeräte zwischen 2015 und 2020 verzehnfachen.

PLATTFORMEN ENTWICKELN

Die meisten vernetzten Geräte sind Einzellösungen. Im Allgemeinen sind sie noch nicht in der Lage, mit anderen vernetzten Objekten im Haus zu kommunizieren. Apple HomeKit, SmartThings (von Samsung übernommen) und Nest Labs (von Google übernommen und inzwischen Teil der Holding Alphabet Inc.) wollen Plattformen entwickeln, damit die vernetzten Geräte miteinander kommunizieren und von einer einzigen Schnittstelle aus arbeiten. Das sollte zu einer einheitlicheren Erfahrung führen, was wiederum den Bedienungskomfort hebt.

SmartThings produziert und verkauft einen Hardware-Hub mit einer Smartphone-App und Cloud Service für 100 US-Dollar, die gemeinsam viele Tausend unterschiedliche Geräte vernetzen können – von Thermostaten über Schlösser, Alarmsysteme bis zu Wassersensoren, Beleuchtung und vielem mehr. Es ist naheliegend, dass Samsung den SmartThing Hub nutzen wird, um seine Smartphones und andere Elektrogeräte noch stärker im Leben der Nutzer zu verankern. Samsung bietet bereits vernetzte Geräte in seinem Produktportfolio. Inzwischen könnten diese Anbieter die Geräte mit allen möglichen neuen Erfindungen synchronisieren, die jeden Tag auf den Markt kommen. Natürlich könnte der Hub auch auf jedem Samsung-Gerät, zum Beispiel den Fernsehern, werksseitig vorinstalliert werden.

NEUE SCHNITTSTELLEN

Tragbare Technologien, zum Beispiel Smartwatches, vernetzen sich mit intelligenten Haushaltsgeräten und ermöglichen den Nutzern, ihr häusliches Umfeld weiter zu personalisieren. Ein Nutzer könnte es zum Beispiel so einrichten, dass ihm seine Lieblingsmusik in jeden Raum folgt, den er betritt. Ein weiterer Trend, der die Verwendung von vernetzten Haushaltsgeräten befördert, ist der Verzicht auf eine Schnittstelle (trendwatching.com spricht von »no interface«). Sprache, Gestik, Berührungen und Augenbewegungen steuern die Technologie. Diese Form der Interaktion mit Technologie wird immer natürlicher und innovativer und wird den leichten, komfortablen Umgang mit vernetzten Haushaltsgeräten steigern.

Withings hat modische und intelligente Produkte und Dienstleistungen für einen gesünderen und ausgewogeneren Lebensstil entwickelt. Das Withings-Ökosystem nutzt die gesammelten Daten, um die Nutzer zu coachen, zu motivieren und zu informieren. So werden die Anwender zu körperlicher Aktivität ermuntert und befassen sich mit zentralen Aspekten ihrer Gesundheit. Bild: © Withings

VERNETZTE GESUNDHEIT

QUANTIFIED SELF

An Weihnachten 2015 war Fitbit, eine der beliebtesten Fitness-Apps, die meistheruntergeladene Anwendung in Apples App Store. Nicht nur kranke Menschen nutzen solche Geräte. Das Gegenteil ist der Fall. Eine wachsende Zahl an Menschen schätzt es, Abläufe und Dinge zu kontrollieren. Es macht Spaß, mithilfe einfacher Technologien zu überprüfen, was man tut, wie man schläft, was man isst und wie man sich fühlt, wie oft man trainiert und so weiter. Dieser Trend ist auch unter »Quantified Self« bekannt: Es geht darum, Wissen über sich selbst zu gewinnen, indem man die eigenen Körperfunktionen und das eigene Verhalten mithilfe von Technologie verfolgt. Alle möglichen mobilen Anwendungen, aber auch in Kleidung und Schuhe eingenähte oder unter die Haut implantierte Sensoren messen den Herzschlag, den Blutdruck, den Schlafrhythmus oder die tägliche Joggingroutine.

Dazu gehören alle möglichen biometrischen Daten, von deren Existenz der durchschnittliche Verbraucher nichts ahnte. Diese Daten lassen sich bedienerfreundlich mittels unterschiedlicher Grafiken abbilden, die den Nutzer zu mehr Sport, mehr Schlaf oder zu weniger Alkoholkonsum anspornen. Dieses Kontrollieren kann sogar abhängig machen. Denn es ist befriedigend zu wissen, dass Sie diese Woche weitergelaufen sind als zuvor oder dass Ihre aktuelle Diät wirkt. Es lädt aber auch dazu ein, die objektiven Daten auszuwerten, sie auf das persönliche Befinden zu beziehen und die eigene Gesundheit besser zu verstehen. Wenn sich »Self-Tracker« wie ein welkes Salatblatt fühlen, überprüfen sie zuerst ihre Daten, bevor sie zum Arzt gehen.

DER GELDWERT

Verbraucher schätzen diesen Mehrwert, sodass sie mehr für vernetzte Geräte und damit für ihr Quantified Self bezahlen. Laut Untersuchungen der Gesellschaft für Konsumforschung (GfK) sind Menschen bereit, rund 100 Euro mehr für eine vernetzte Personenwaage und 50 Euro mehr für einen vernetzten Blutdruckmonitor auszugeben als für nicht vernetzte Modelle.

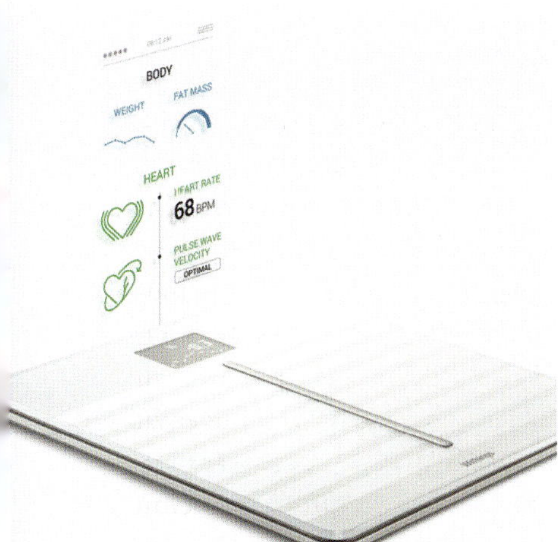

Bild © Withings

Das bieten vernetzte Geräte:

- Der smarte Fitnessdress von Athos verwendet 30 Sensoren zur Messung der Herz- und Muskelaktivität sowie der Atemfrequenz, damit sein Träger richtig trainiert, Verletzungen vermeidet und schneller Ergebnisse erzielt.
- Cuptime ist ein intelligenter Becher, der Ihre Trinkgewohnheiten mit Ihrer körperlichen Verfassung und Ihren Aktivitäten abgleicht und Sie daran erinnert, Wasser zu trinken, damit Sie hydriert bleiben.
- Die smarte Schlafmaske Neuroon überwacht die Hirnwellen und ermöglicht Ihnen, weniger, aber effizienter zu schlafen, indem sie Powernapping fördert.
- Stir Kinetic Desk verfolgt die Sitz- und Stehgewohnheiten am Schreibtisch. Ein Algorithmus passt in angemessenen Abständen die Tischhöhe an, damit der Nutzer regelmäßig seine Sitz- oder Stehposition ändert und agiler wird.
- Die intelligenten Essstäbchen des chinesischen Internetgiganten Baidu stellen fest, ob das Essen mit minderwertigem Öl aus Schlachtabfällen, Fettabscheidern oder fetthaltigen Abwässern gewonnen oder mit wiederverwendetem Frittieröl zubereitet wurde, das potenziell kontaminiert oder sogar giftig ist.
- Der Haltungssensor De Lumoback warnt seinen Träger, wenn dieser zu lange in einer falschen Körperhaltung verharrt.
- Schuhe mit Sensoren messen die Körperhaltung und Aktivitäten von Patienten, die kurz zuvor einen Schlaganfall erlitten haben. Dass ein Mensch nach einem solchen Vorfall wieder gehen lernt, ist eines der wichtigsten Ziele der Rehabilitation.
- GPS basierte Smartphone-Apps helfen Patienten, die an Alzheimer oder Demenz leiden. Wenn die App feststellt, dass sich der Betreffende an einem unbekannten Ort aufhält, nachts oder bei schlechtem Wetter draußen herumirrt, werden die Familie oder die Betreuungsperson per Signal alarmiert, damit diese den Patienten schnell finden und nach Hause bringen können.
- Apples Gesundheitsplattform HealthKit sammelt Daten aus vielen Quellen, von Ernährungs- und Trainingsapps über vernetzte Personenwaagen bis zu Instrumenten, die Blutzuckergehalt und Blutdruck messen. Laut Reuters implementierten bereits Anfang 2015 mehr als die Hälfte der 25 führenden US-amerikanischen Krankenhäuser ein HealthKit-Pilotprogramm.

VERBESSERTE GESUNDHEITSVORSORGE

Die Beispiele im letzten Kasten zeigen, dass wir uns mühelos von Anwendungen des Quantified Self zu professionellen medizinischen Applikationen bewegen. Dabei handelt es sich um vernetzte Geräte, die Gesundheitsdaten außerhalb des regulären klinischen Kontextes sammeln, zum Beispiel biometrische Daten, Lebensstil und Symptome. Solche Echtzeitdaten bieten große Chancen, Patientenakten exaktere Informationen hinzuzufügen, die bessere Entscheidungen, Ergebnisse sowie eine optimale Gesundheitsvorsorge ermöglichen. Die gesammelten Daten erlauben, eine Entwicklung mithilfe vernetzter Geräte viel schneller aufzudecken, als sie ein Arzt feststellen könnte. So ist es möglich, einzugreifen, bevor ein Problem akut wird, und die Kostenquote für Klinikaufenthalte zu senken.

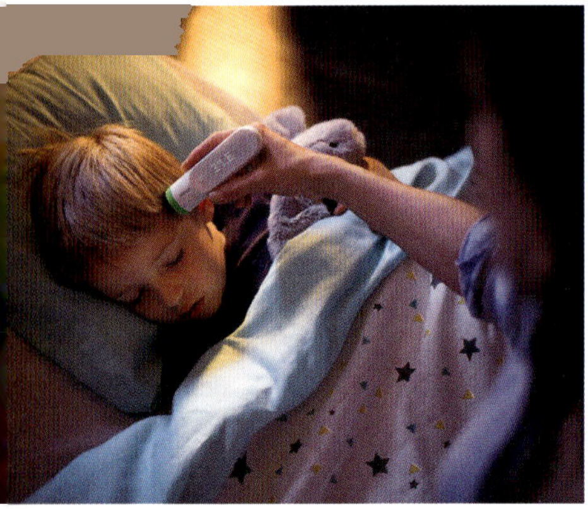

Bild © Withings

Oliver Werneyer, Customer Technology Manager bei Swiss Re Life Capital: »Solche Plattformen zentralisieren und digitalisieren Ihre persönlichen Daten. Bisher sind diese Informationen nicht an einem zentralen Ort verfügbar. Daher lässt sich das Potenzial dieser Daten noch nicht ausschöpfen. Daher müssen wir als Rückversicherer mit neuen Datenquellen arbeiten, um auf die Daten zuzugreifen und neue Kompetenzen zu entwickeln. Wenn Versicherer den Body-Mass-Index oder das EKG einer Person kennen, können wir diese Informationen als Teil unserer Kernkompetenz der Risikobewertung nutzen. Wenn Versicherer wissen, wie viele Schritte eine Person innerhalb einer bestimmten Zeit geht, werden wir diese neuen Daten bestmöglich nutzen, um die Versicherungsbeiträge sowohl für Kunden als auch unser Geschäft zu optimieren.«

Auf lange Sicht bietet die enorme Datenmenge viele beeindruckende Möglichkeiten für die klinische Forschung. Stellen Sie sich vor, wie Daten von Menschen aus der ganzen Welt verdichtet und Wissenschaftlern zugänglich gemacht werden. Welche enormen Durchbrüche ließen sich damit erzielen? Kein Wunder, dass die vernetzte Gesundheit eine wachstumsstarke Industrie ist.

Im Zusammenhang mit vernetzten Gesundheitsgeräten spricht Theo Bouts, Global Head of Life and Health von Allianz SE, lieber über das »Internet der Menschen« als das »Internet der Dinge«. »Womöglich werden sie persönlich weitaus wichtiger, als vernetzte Geräte in Autos und Wohnhäusern. Menschen tragen sie auf der Haut, wobei diese Geräte Daten bereitstellen, die auch unter die Haut gehen. Persönlicher beziehungsweise intimer geht es nicht. Eine zunehmende Zahl sogenannter Self-Tracker wird sich womöglich einen Chip implantieren lassen. Wenn wir vom ›Internet der Menschen‹ sprechen, betonen wir die menschliche Seite.«

INTELLIGENTE STÄDTE

AUF DIE BEDÜRFNISSE DER BÜRGER ZUGESCHNITTEN

Eine »intelligente Stadt« ist auf die Bedürfnisse ihrer Bewohner zugeschnitten. Eine menschenfreundlichere Stadt, die Vernetzung zum Wohl eines humaneren, lebenswerteren Orts nutzt, basierend auf Effizienz und Ökologie. Die Entwicklung intelligenter Städte wird immer wichtiger, weil der Urbanisierungstrend ungebrochen ist. Mit zunehmendem Wachstum der Städte wachsen auch die Herausforderungen an die Infrastruktur, Ressourcen und Lebensbedingungen. Mittels Informationen und Technologie, die helfen, den städtischen Rhythmus besser zu verstehen, versuchen intelligente Städte die Lebensqualität für ihre Bürger zu verbessern. Denken Sie an die optimale Planung des öffentlichen Nahverkehrs oder von Behörden, Echtzeitverkehrssteuerung während Stoßzeiten, die Verbesserung der Lebensqualität und des allgemeinen Sicherheitsgefühls, ganz einfach mithilfe der Straßenbeleuchtung.

- Waze ist eine Verkehrs- und Navigationsapp für Gemeinden. Mithilfe von Crowdsourcing sammelt diese App Informationen zu den Standorten und Strecken der Pendler in Los Angeles County. Aufgrund der Daten von 10 Prozent all dieser Menschen schlägt Waze alternative Routen vor, um Verkehrsstaus zu vermeiden. So sparen alle Beteiligten Zeit und Geld.
- Park-Apps mit mobiler Bezahlfunktion gibt es bereits in vielen Ländern und Städten. Das intelligente Parksystem in San Francisco führt Sie zu freien Parkplätzen und berechnet den Preis aufgrund der aktuellen Verfügbarkeit. Je weniger Parkplätze zu einem Zeitpunkt an einem bestimmten Ort frei sind, desto teurer wird es.
- Philips, globaler Marktführer im Bereich Beleuchtung, ermöglicht der Stadt Los Angeles, ihr Straßenlicht mittels Mobil- und Cloud-Technologie zu steuern. Diese neue Generation der LED-Straßenbeleuchtung spart Energie, senkt die Wartungskosten und bietet optimales Licht, das Sicherheit schafft.

Ist Nachhaltigkeit kostenlos?
Bild: © Reinventing Customer Engagement

> Vernetzte Geräte werden zum Massenmarktphänomen.

Die Daten für intelligente Städte lassen sich unter anderem mithilfe der genannten vernetzten Geräte generieren, aber auch mittels Debitkartenzahlungen. So beeinflussen zum Beispiel die Daten vernetzter Autos künftig die Stadtplanung. Örtliche Nahverkehr- und Städteplanungsbehörden arbeiten bereits mithilfe der Lauf-App Strava. Die Daten dienen als Input für Straßenbauprojekte und Stadtplanung. Im Rahmen intelligenter Städte werden vernetzte Autos die Straßen sicherer machen, die Zahl der Unfallopfer senken, Verkehrsstaus vermeiden, den Treibstoffverbrauch und damit die Kohlendioxidemissionen senken.

Auf Basis gesammelter Transaktionsdaten lieferte BBVA der Stadt Madrid neue Erkenntnisse. Eine Stadt mithilfe von Daten zu verstehen, die über die tatsächliche Nutzung und Wirtschaftsaktivität informieren, bietet zahlreiche Hinweise für die Stadtplanung. Datenmodellierung und -analyse führen zu einer besseren und rationaleren Verwendung der öffentlichen Ressourcen. BBVA arbeitet zum Beispiel mit Tourismusbehörden, um mehr über Touristenaktivitäten in der Stadt zu erfahren. Auf Basis des Kaufverhaltens kann die Stadt verschiedene Touristensegmente besser mit Angeboten bedienen.

Bild: © Ymke Sie

> So wie Werbung das Geschäftsmodell des Internets ist, scheinen Versicherungen das Geschäftsmodell des Internets der Dinge zu sein.

DATEN GEWINNBRINGEND NUTZEN

Bisher haben Banken mehr Vorteile aus der Mobiltechnologie gezogen als Versicherungen, zum Beispiel durch Mobile Banking und mobile Bezahlfunktion. Auf der anderen Seite scheinen Versicherer stärker vom Internet der Dinge zu profitieren. Einige Stimmen behaupten, so wie Werbung das Geschäftsmodell des Internets ist, sei die Versicherung das Geschäftsmodell des Internets der Dinge. Finanzinstitute nehmen das Internet der Dinge zunehmend ernst – wobei sie den Geräten weniger Bedeutung beimessen als den generierten Daten.

Wir unterscheiden im Bank- und Versicherungswesen zwei Phasen der Nutzung und Implementierung von Daten mithilfe vernetzter Geräte: Produktoptimierungen und Innovationen im Bereich Customer Engagement. Wir wollen beide Phasen eingehender betrachten.

ERSTE PHASE: PRODUKT-OPTIMIERUNG

In der ersten Phase nutzen Unternehmen die zusätzlichen, heute verfügbaren Daten, um traditionelle Finanzdienstleistungen zu optimieren. Dabei unterscheiden wir insbesondere die fünf folgenden Formen:

1. AUSGEFEILTES UNDERWRITING

Die großen Datenmengen eines vernetzten Fahrzeugs bieten zum Beispiel viele granulare Details über das Auto und das tatsächliche Fahrverhalten. Diese Informationen sind wichtig, um Risikofaktoren besser zu verstehen und traditionelle Underwriting-Faktoren zu ergänzen. Der Fahrstil eines Fahrers bietet wahrscheinlich verlässlichere Hinweise als Alter, Wohnort und andere bisherige Kriterien. Es eröffnen sich Chancen zur Verbesserung versicherungsstatistischer Tabellen, einer engmaschigen Risikosegmentierung, eines präziseren Underwritings sowie einer ausgefeilteren Preisgestaltung.

2. SCHADENSFÄLLE UND BETRUGSVERSUCHE REDUZIEREN

Daten sollen auch vermehrt dazu dienen, den Versicherungsbetrug zu bekämpfen und die Schadensregulierung zu verbessern. So wurden zum Beispiel Prozesse rationalisiert, um Schadensfälle effizienter, genauer und schneller abzuwickeln. Bisher müssen sich Versicherungen darauf verlassen, wie der Kunde einen Fall schildert. Vernetzte Geräte sind zunehmend in der Lage, den Anbietern Echtzeitinformationen über Unfälle zu liefern. Außerdem kann ein Versicherer über den konkreten Unfallzeitpunkt hinausblicken. Zum Beispiel kann er sich über alle Ereignisse kurz vor dem Unfall, währenddessen und kurz danach einen Überblick verschaffen. So sind Unfallverursacher besser aufzuspüren und Versicherungsbetrug lässt sich leichter feststellen.

3. RISIKOMANAGEMENT

Sensoren und Maschine-zu-Maschine-Kommunikation erzeugen mehr Datenpunkte, die Banken in vielfacher Hinsicht unterstützen, zum Beispiel im Risikomanagement und in der Kreditanalyse. Man denke an das Echtzeitmanagement von Kreditsicherheiten: Kreditwerte, die geleast oder finanziert werden beziehungsweise einen Kredit decken, bewerten, überwachen und überprüfen. Mehrere Banken und Leasinggesellschaften verbessern mittels Trackinggeräten bereits den Betrugsnachweis und das Non-Payment-Management. Mithilfe vernetzter Geräte können die Unternehmen die Standorte der Aktiva und Manipulationsversuche aufdecken.

Die Geräte dienen aber auch dazu, Qualität und Zustand von Kreditsicherheiten zu bestimmen, um zum Beispiel den aktuellen Wert eines Fahrzeugs zu erfahren. Dies ermöglicht wiederum eine exaktere Risikobewertung und -preisgestaltung. Und schließlich erlauben vernetzte Geräte, den geleasten Vermögenswert per Remote-Funktion zu blockieren, zum Beispiel ein Auto oder eine Baumaschine, und die Wiederbeschaffung zu erleichtern, falls der Kunde den Hinweis nicht versteht.

4. ECHTZEIT-ÜBERWACHUNG

Sensoren, die entlang des Hauptprozesses einer Produktionsstätte installiert werden, ermöglichen den kreditgebenden Banken, zu prüfen, ob diese Maschinen tatsächlich verwendet werden und Umsatz generieren. Außerdem sichert die Echtzeitüberwachung des Produktionsvolumens und des -bestands die Kreditgeber ab. Den Zustand von Vermögenswerten nachzuverfolgen – von Fahrzeugen bis zu Industriemaschinen – erlaubt den Banken, ihre Kunden zu belohnen oder abzumahnen. Diese Vorgänge sind abhängig von der Nutzungsintensität oder vom Zustand des geleasten Vermögenswerts nach Ablauf der Vertragslaufzeit.

5. NUTZUNGSBASIERTE PRODUKTE

Bisher konnten Versicherungen nur wenige beziehungsweise historische Informationen nutzen, um ihre Beiträge zu berechnen. Im Mittelpunkt einer traditionellen Risikokalkulation für die Gebäudeversicherung stehen das Haus, der Standort und der Hausrat. Eine der wichtigsten Ursachen für Verluste – der Bewohner – entgeht der Aufmerksamkeit. Dennoch ist es meist ein Bewohner, der die Garagentür offenlässt, vergisst, das Gas abzustellen oder eine Überschwemmung im Bad verursacht.

Viele Versicherer bieten bereits Preisnachlässe auf die Gebäudeversicherung, wenn der Kunde Sicherheits- oder Brandschutzsysteme installiert hat. Mithilfe vernetzter Überwachungssysteme können die Unternehmen inzwischen prüfen, ob der Kunde alle Fenster und Türen schließt, den Herd abstellt und die Alarmanlage einschaltet. »Nutzungsbasierte Versicherungskonzepte« versuchen, an diesen neuen Möglichkeiten zu verdienen. Die Beitragsgestaltung orientiert sich mehr oder weniger an echtzeitgenerierten Daten über das Auto, das Fahrverhalten und an kontextbezogenen Umgebungsdaten. Nutzungsbasierte Versicherungskonzepte werden vor allem in Italien, Großbritannien und den USA immer wichtiger.

Allerdings ist der nachträgliche Einbau eines Telematiksystems

> Vernetzte Geräte liefern Echtzeitinformationen über Kreditsicherheiten, versicherte Gegenstände und Unfälle.

BMW ist einer der ersten Autohersteller, der Telematik ab Werk bietet. Zudem entwickelte der Konzern, gemeinsam mit der Allianz, ein nutzungsbasiertes Versicherungskonzept. Schweizer Käufer eines BMW i3 oder i8 erhalten sieben Tage lang eine Gratis-Vollkaskoversicherung von BMW Car Insurance. Diese kann der Autobesitzer einfach über das Mobiltelefon aktivieren. Nach Ablauf der Frist erhalten die Kunden einen Überblick über die verfügbaren Optionen, einschließlich der BMW FlexiMile-Versicherung. Dieses Produkt, hinter dem ebenfalls die Allianz steht, richtet sich an Kunden mit bis zu 5.000 Meilen Fahrtstrecke pro Jahr und kostet 25 Prozent weniger als andere Versicherungen. Die in das Fahrzeug integrierte Telematiktechnologie verfolgt die tatsächlich gefahrenen Meilen. Fährt jemand mehr als 5.000, wird dies auf Basis einer Pauschale pro Meile berechnet. Ein monatlicher Bericht informiert den Kunden stets über die gefahrenen Meilen. Sollte sich das gewählte Produkt nicht rentieren, kann der Nutzer per Anruf kostenlos zu einem anderen Versicherungsprodukt wechseln.

ein wenig aufwändig. Sind Fahrzeuge ab Werk vernetzt, steigt der Absatz nutzungsbasierter Versicherungen enorm. Banken können auf ähnliche Weise Produkte zur Vermögenswertfinanzierung entwickeln, zum Beispiel, indem sie die Ratenhöhe von der tatsächlichen Nutzung und dem Verschleiß einer Maschine anstatt von Abschreibungszeiträumen abhängig machen. Das Überwachen der Produktion und Bestände erlaubt dynamische Raten, basierend auf Echtzeitdaten zum Umlaufkapital und Cashflow. Und wenn Sie feststellen, dass eine bestimmte Maschine konstant ausgelastet ist, wäre dies sogar der Anlass, eine Investition in die Produktionserweiterung vorzuschlagen.

TrueMotion, 2016 mit dem DIAmond Award ausgezeichnet, entwickelte eine App, die mittels Mobiltelefonsensoren die Gewohnheiten von Autofahrern misst. Da die Hauptdatenquelle von TrueMotion das Mobiltelefon des Fahrers und kein im Auto vorinstalliertes System ist, spart das Unternehmen die Hälfte der Implementierungs- und Administrationskosten, im Vergleich zu Hardware- und nutzungsbasierten Lösungen.

DATENBASIERTER LOCK-IN-EFFEKT

Mehrere Versicherungen haben einen weiteren Vorteil aufgespürt, den die Daten vernetzter Geräte bieten. Mithilfe dieser Lösungen lassen sich zum Beispiel Daten über den individuellen Fahrstil sammeln, die nicht auf einen anderen Versicherer übertragbar sind. Wenn Kunden aufgrund ihres Fahrverhaltens einen signifikanten Preisnachlass genießen, wechseln sie den Anbieter eher nicht. So entsteht ein traditioneller Lock-in-Effekt. Sobald sich vernetzte Fahrzeuge und nutzungsbasierte Versicherungen in der Breite durchsetzen, werden die Regulierungsbehörden diese Wechselhürde wahrscheinlich zu verhindern versuchen und zügig für einen einfachen Datentransfer sorgen.

ZWEITE PHASE – INNOVATIVES CUSTOMER ENGAGEMENT

LÖSUNGEN JENSEITS DER PRODUKTOPTIMIERUNG

Finanzinstitute sollten über den Einsatz immer größerer Datenmengen hinausdenken, um traditionelle Finanzprodukte zu verbessern. Diese Denkweise ist notwendig, weil die zu versichernden Objekte schnell immer innovativer werden. Für Finanzinstitute ergeben sich neue Chancen aus vernetzten Geräten nicht nur aufgrund der Datenflut, sondern auch weil Interaktionspunkte und -häufigkeit zunehmen.

Wenn wir eine Zehn-Punkte-Liste dazu erstellen, wie Mobiltechnologie das Customer Engagement von Finanzinstituten beeinflusst, können wir das auch für andere vernetzte Geräte tun. Diese Aufstellung ist möglich, sobald wir sehen, wie Verbraucher mit den vernetzten Geräten umgehen und wie diese ihr Verhalten, ihre Erwartungen und Bedürfnisse verändern. Diese »Zehn Punkte« Liste liefert bereits einige Hinweise. Das Internet der Dinge schafft neue Customer-Engagement-Kanäle, andere Erwartungen an die Bedienungsfreundlichkeit, den Service und an neue physische Produkte. Die zunehmende Gewöhnung fördert Vertrauen, Loyalität und die Bereitschaft zur Weiterempfehlung. Und wenn man die Daten der vernetzten Dinge richtig anwendet, verstärkt sich die Informationsasymmetrie weiter zugunsten der Verbraucher.

Finanzinstitute sind gut beraten, die Chancen des Internets der Dinge wahrzunehmen, um einen permanenten Dialog zu führen, aus bedeutungsvollen Interaktionen neue Muster zu filtern und somit engere Kundenbeziehungen zu pflegen. Es gilt, Kräfte zu bündeln. Neben der Kosteneinsparung bieten vernetzte Geräte neue Chancen, das Customer Engagement zu verbessern, innovative Produkte und Dienstleistungen sowie neue Geschäftsmodelle zu entwickeln. Nachfolgend werfen wir einen Blick auf einige Applikationen der zweiten Phase sowie bereits vorhandene Gegebenheiten.

> Neue Chancen für Customer Engagement, innovative Produkte und Dienstleistungen sowie neue Geschäftsmodelle.

1. NEUE POINTS OF SALE

So wie jedes Smartphone ein Point of Sale (PoS) ist, ist im Prinzip auch jedes vernetzte Gerät ein potenzieller PoS. Die meisten Banken wissen, dass sich die Zahlungsvorgänge aufgrund des Internets der Dinge deutlich verändern werden. Dieser Trend bietet Chancen, birgt aber auch Gefahren. Dank vernetzter Geräte können Kunden nicht nur an der Kasse, sondern schon beim Betreten des Geschäfts identifiziert werden. Banken kooperieren daher mit Einzelhändlern und Treueprogrammen, um Verbrauchern auf Basis von Ortung und Funksignalen Echtzeitangebote zu unterbreiten. So können sie Kunden, die ein Geschäft oder ein Einkaufszentrum betreten, Preisnachlässe oder Kredit zu Sonderkonditionen oder Vor-Ort-Versicherungen für das Produkt bieten, das jemand kauft.

Zahlungsexperten gehen davon aus, dass die große Mehrheit der Bezahlvorgänge noch vor 2025 vollautomatisiert sein wird. So wie bei Uber, wo die Rechnung im Hintergrund beglichen wird, werden vernetzte Fahrzeuge ebenfalls automatisch für Maut, Tanken oder Aufladen bezahlen – von Maschine zu Maschine. Der Finanzdienstleister, der diese Abläufe abwickelt, bleibt unsichtbar. Das beschränkt natürlich die Nutzung dieser Geräte für andere Zwecke. Außerdem positionieren sich auf diesem Gebiet auch andere Akteure als die traditionellen Banken.

Der Amazon-Dash-Button, der im Frühjahr 2015 auf den Markt kam, vereinfacht den Nachkauf von mehr als 250 Haushaltsgütern, von Waschmitteln über Windeln bis zu Einwegrasierern. Dafür bringen Kunden WLAN gerüstete Bestellknöpfe einer bestimmten Marke an verschiedenen Plätzen im Haushalt an – zum Beispiel an die Waschmaschine oder den Kühlschrank –, und verlinken diese direkt mit ihren Amazon-Prime-Konten. Geht das jeweilige Produkt zur Neige, drückt der Nutzer einfach nur den Knopf. Amazon wickelt die Zahlung via seines eigenen Bezahlsystems Amazon Payments ab und liefert frei Haus.

2. KUNDEN WERDEN MÄCHTIGER

Die meisten Menschen wollen sich in allen Lebensbereichen richtig entscheiden. Aber bis vor kurzem standen ihnen die nötigen Daten nicht zur Verfügung. Vernetzte Geräte bieten Verbrauchern eine ganze Welt an Informationen, die sich verfolgen, teilen und zur Entscheidung nutzen lassen. Mithilfe von Daten können Finanzinstitute Menschen helfen, ihr Leben zu verbessern, indem sie Daten auswerten und ihnen Feedback geben. Zum Beispiel können sie einem Nutzer nahelegen, weniger auszugeben, da er sich ansonsten zu hoch verschuldet, Schaden erleidet oder seine Aussichten verschlechtert. Sie können Kunden auch (finanzielle) Dienstleistungen bieten, um ihr Leben mehr zu genießen. Diese Daten versetzen Finanzinstitute und Versicherer in die Lage, neuen Mehrwert zu bieten, wobei Service der tägliche Sweetspot ist.

Die perfekte Symbiose zwischen mobilen und anderen vernetzten Geräten findet statt, wo Smartphones eine wichtige Rolle im Leben der Verbraucher spielen und vernetzte Geräte dem Kunden

Chipin bietet die innovative UBI-Technologie, die ein sicheres Fahrverhalten misst und fördert. Vorbildliche Fahrer, deren monatliches Ergebnis 70 Punkte oder mehr (von 100) erreicht, können bis zu 35 Prozent Preisnachlass auf ihren Versicherungsbeitrag erhalten. Bild: © Chipin

praktisch an jeden Ort folgen. Eingebettete Sensoren, die auf den Zustand und die Verfügbarkeit von Waren achten, ermöglichen zum Beispiel eine neue Handelsfinanzierung. Sie eröffnen kleinen und mittleren Unternehmen eine neue Dimension, da diese nun weltweit Geschäfte machen können, und das bei geringerem Risiko.

3. NEUE DIENSTLEISTUNGEN

Vernetzte Objekte werden viele neue Informationen generieren, die nicht nur direkt, sondern auch indirekt mit dem Finanzprodukt verbunden sind. Denken Sie an Daten zum täglichen Leben zu Hause oder am Arbeitsplatz oder auf Reisen, zur Interaktion der Menschen mit ihrem Auto oder ihrem Haus, zur persönlichen Stimmungslage, zum Schlaf, zu Entscheidungen in puncto Lebensstil und Gewohnheiten. Wenn Finanzinstitute hier aktiv sind, werden sie wesentlich tiefergreifende Kundeninformationen gewinnen. Umgekehrt werden diese Möglichkeiten zu neuen Produkt- und Serviceinnovationen führen.

Die niederländische private Krankenkasse Achmea begnügte sich nicht mit der Regulierung von Schadensfällen und überlegte sich, wie chronisch kranken Kunden zu helfen wäre. Sie brachte eine Smartphone-App für Diabetes-Patienten auf den Markt. Die App unterstützt die Kunden im Alltag, indem diese auf Knopfdruck erfahren, wo sich der nächste Arzt oder die nächste Apotheke befindet. Außerdem bietet die Anwendung einen Kalender, der die Patienten an die regelmäßige Einnahme ihrer Medikamente erinnert.

Neue Dienstleistungen. Bild: © Discovery

> Mithilfe von Daten können Finanzinstitute Verbrauchern helfen, ihr Leben zu verbessern. Täglicher Service ist der Sweetspot.

4. PROAKTIV UND PRÄVENTIV

Traditionell war ein Versicherungsprodukt eine Dienstleistung im Wartestand, wobei der Bedarf manchmal nicht auftrat. Glücklicherweise, denn in diesem Fall gab es weder ein Schadensereignis noch eine Schadensregulierung. So erhielt der Kunde über die gesamte Laufzeit keinen greifbaren Mehrwert von seinem Anbieter. Diese Zeiten sind inzwischen vorbei. Der Mehrwert einer Versicherung verschiebt sich vom Produkt, welches das Risiko eines Schadensfalles abdeckt, zu Dienstleistungen als substanziellem Teil des Angebots. Die Services werden sich von reaktiv zu proaktiv und präventiv verlagern.

Vernetzte Geräte versetzen Banken und Versicherungen in die Lage, personalisierte Dienstleistungen zu Hause, am Arbeitsplatz oder auf Reisen anzubieten und die Lebensbedürfnisse ihrer Kunden zu erfüllen. So sind zum Beispiel flexible Interaktionen mit Krankenversicherungen und häuslichen Pflegediensten für ältere und pflegebedürftige Menschen, die allein leben, denkbar. Es liegt auf der Hand, dass neue Entscheidungsmöglichkeiten für Kunden das Ansehen von Finanzdienstleistungen sowie das Markenimage aufpolieren.

- Reine Mobilbanken wie Soon und GoBank helfen bei Kaufprozessen. Beide liefern Echtzeit-Bilanzhochrechnungen, die wiederkehrende Ausgaben berücksichtigen, um die Budgetkontrolle zu verbessern und klügere Entscheidungen zu ermöglichen. Diese Applikationen helfen Kunden, ihre Wahl kurzfristig, aber mit langfristiger Perspektive zu treffen. Viele Banken behaupten, Ähnliches zu leisten, und verweisen auf Apps für das persönliche Finanzmanagement. Diese Apps sind jedoch in den seltensten Fällen mit dem Bankkonto des Nutzers vernetzt und auch nicht Teil des Kaufprozesses. Daher sind diese Anwendungen nur ein Promotion-Instrument ohne echten Mehrwert.
- Mit aCasaConMe hat das italienische Unternehmen Intesa Sanpaolo ein häusliches Überwachungssystem auf den italienischen Markt gebracht, das den Versicherer direkt auf Daten zugreifen lässt. Dazu gehört ein Hub, verbunden mit mehreren Sensoren, die Feuer, Rauch, Überschwemmung und Stromausfall anzeigen. Das System kann den Kunden alarmieren und Hilfe, zum Beispiel die Feuerwehr, aktivieren. Der Produktnutzen umfasst nicht nur finanzielle Anreize, sondern auch die Prävention und Hilfe im Schadensfall. Auf diese Weise präsentiert sich Intesa Sanpaolo positiv im Zuhause seiner Kunden. Was noch besser ist – mithilfe eines für eine Versicherung einzigartigen Geräts. Vergleichen Sie das mit dem jährlichen Schreiben Ihrer Gesellschaft, die Ihnen wieder einmal eine Beitragserhöhung mitteilt.

5. INFORMATIONSSYMMETRIE

Neue datenbasierte Dienstleistungen verschieben die Informationsasymmetrie radikal hin zu einer ausgewogeneren Beziehung zwischen Unternehmen und Kunden. Eine Versicherungsgesellschaft kann einen Fahrzeughalter mithilfe nutzungsbasierter Telematik proaktiv über den Fahrzeugzustand informieren, damit er die Wartung verbessert. Diese Daten können die Beziehung zwischen Werkstätten und Kunden deutlich verbessern. Denn Daten erlauben es, objektiver und transparenter miteinander zu reden. Diese Offenheit wirkt dem Misstrauen entgegen, das viele Werkstattkunden im Hinblick auf die Notwendigkeit und Kosten bestimmter Reparaturen empfinden. Mithilfe der Informationen lassen sich Reparaturkosten realistisch einschätzen. Außerdem sind die Verbraucher in der Lage, Kostenvoranschläge verschiedener Werkstätten einzuholen und objektiv zu vergleichen.

Die bluetoothfähige Kinderzahnbürste Philips Sonicare For Kids regt auf spielerische Weise zu gesundem Zähneputzen an. Die Zahnbürste verbindet sich mit einer App, auf der die Kinder ihren eigenen Sparkly – eine lustige App-Figur – adoptieren und ihm helfen, sich die Zähne richtig zu putzen, damit er glücklich ist. Sensoren zeigen an, ob alle Zähne genug Aufmerksamkeit erhalten und signalisieren dem Kind, die Bürste zum nächsten Mundbereich zu bewegen, um weiter gründlich zu reinigen. Eltern verfolgen die Dauer und Häufigkeit des Zähneputzens mithilfe der Elternfunktion der App. 98 Prozent der Eltern finden es mithilfe dieser App leichter, die Kleinen zu einem längeren und besseren Zähneputzen zu bewegen. Philips kooperiert mit großen Zahnversicherungsgesellschaften. Natürlich ist es nur eine Frage der Zeit, dass ähnliche Sensoren eine beginnende Karies anzeigen und auf diese Weise die Informationsasymmetrie zwischen Zahnarzt, Patient und Versicherung verändern.

Eine sinkende Informationsasymmetrie nutzt Kunden und Unternehmen. Für die Ford Motor Company haben wir in mehr als 40 Ländern ein neues System zur Fahrzeugwartung und -reparatur eingeführt, die sich in eine verbesserte Kundenerfahrung übersetzt hat. Die Fahrzeugannahme und -inspektion gemeinsam mit dem Fahrer durchzuführen, steigerte die Kundenzufriedenheit um 36 Prozent und den Umsatz in zweistelliger Höhe. Dieses Konzept haben wir auch bei Al Tayer Motors in den Vereinten Arabischen Emiraten implementiert, einem der weltweit größten Importeure und Autohändler der Marken Ford und Lincoln sowie von Ferrari, Maserati, Jaguar und Land Rover. Boulos Massoud, Senior Vice President Aftersales des Handelsunternehmens, sagt: »Dank des interaktiven Annahmeprozesses können die Kunden den Zustand ihrer Bremsen oder Reifen selbst überprüfen, anstatt der Werkstatt blind vertrauen zu müssen. Bisher haben Kunden einen Anruf aus der Werkstatt eher gefürchtet, weil das oft eine hohe Rechnung bedeutete. Wenn die Autobesitzer heute die Werkstatt verlassen, haben wir ihre Erwartung bereits gesteuert, sie enger an uns gebunden und ihr Vertrauen gestärkt. Indem wir Kunden zu jedem anderen Problem beraten und zeitnahe Informationen liefern, tragen wir zu ihrem Wohlbefinden bei.« Bild: © Reinventing Customer Engagement

6. AKTIVE TEILNAHME

Instrumente und Feedback sowie eine weitere Verschiebung der Informationsasymmetrie befähigen Kunden, bei Produkten und Dienstleistungen wesentlich aktiver zu sein. Das mag belanglos klingen, verändert die Beziehung jedoch grundlegend. Der Quantified-Self-Trend zeigt nicht nur den Bedarf nach einer größeren Kontrolle und Eigenständigkeit, sondern auch den Wunsch, sich proaktiv einzubringen: bei der Bewertung von Symptomen, bei der Interaktion mit Anbietern im Gesundheitswesen sowie bei einer verbesserten eigenen Gesundheitsvorsorge und persönlichem Wohlbefinden.

Eine aktuelle Umfrage im Rahmen des Harris Interactive Health Days in den USA ergab, dass 30 Prozent der Befragten »sehr daran interessiert sind, Mobiltelefone und Tablets für Gesundheitsdienstleistungen zu verwenden, wie zum Beispiel das Messen von Blutdruck und Blutzuckergehalt und sogar für das Erstellen einer Diagnose«. Mithilfe vernetzter Geräte übernehmen Kunden mehr Eigenverantwortung und agieren auf Augenhöhe mit Finanzinstituten. Der nachfolgende Kasten führt einige Beispiele auf, die ein Teilhabemodell erkunden; die Anreize reichen von freundlich-unverbindlich bis konkret.

Bild: © TBWA / Kuala Lumpur

- Das malaysische Unternehmen Etiqa MotorTakaful, der Fahrzeugversicherer der Maybank Group, entwickelte eine mobile App, um junge Menschen vom Rasen abzuhalten. Um diese zu gewinnen, setzt die App SafeTrack auf Musik. Sie animiert die Anwender, langsamer zu fahren, indem sie mit kostenlosen Musikdownloads lockt. Dafür nutzt die App exklusive Zugriffsrechte auf das lokale Indie-Label The Wknd sowie Life-Auftritte und B-Einspielungen lokaler Künstler. Mithilfe von Geschwindigkeitsmesser und Ortungsfunktion identifiziert sie das Fahrtempo und Geschwindigkeitsbegrenzungen innerhalb eines Gebiets. Die Nutzer können die kostenlosen Musikstücke nur beziehen, wenn sie unterhalb des Tempolimits bleiben und mit der Funktion SafeMileage Meilen sammeln.
- AllRight ist eine App zur Gewichtssteuerung, die von Noom entwickelt und in Südkorea von der Allianz eingeführt wurde. Die App hilft Nutzern, auf Basis einer wissenschaftlichen Datenanalyse gesünder zu leben. AllRight registriert alle täglichen Aktivitäten und sportlichen Betätigungen, bietet Kalorienplanung, Tipps, Rezepte für gesunde Mahlzeiten und so weiter. Dafür greift sie auf eine Datenbank zurück, in der die Kalorien aller Markenlebensmittel gespeichert sind, einschließlich der Mahlzeiten bekannter Fastfood-Ketten. Eine Art Ampelsystem mit rotem, gelbem und grünem Licht hilft, gesunde und ungesündere Lebensmittel zu erkennen, zumindest in Bezug auf die Gewichtssteuerung. Außerdem erteilt der AllRight Coach jeden Tag maßgeschneiderte »Aufgaben« für einen gesünderen Lebensstil.
- Die US-amerikanische Krankenversicherung Harvard Pilgrim belohnt eine gesunde Ernährung mit Bargeld. Ein Punktesystem erstellt eine Rangliste der Nahrungsmittel auf

> Die Basis vollkommen neuer Geschäftsmodelle: von einem transaktionsorientierten zu einem beziehungsbasierten, kollaborativen und an Teilhabe orientierten Modell.

Basis ihres Nährwerts. In mehreren großen Supermarktketten können die Kunden an der Kasse ihre Treuekarten registrieren lassen, um ihre Einkäufe elektronisch nachzuverfolgen. Die erreichte Punktzahl wird mithilfe des Durchschnittswerts ihrer monatlichen Lebensmitteleinkäufe ermittelt.

- Chunyu Mobile Health ist ein wachstumsstarker chinesischer Pionier im Bereich eHealth – elektronische Gesundheitsleistungen –, der 90 Millionen registrierte Nutzer zählt. Unter anderem bietet Chunyu eine von VitalHealth Software entwickelte Lösung mit Regeln für medizinische Entscheidungen, die eine Krankenversicherung automatisch alarmieren, wenn sich der Gesundheitszustand eines Patienten verschlechtert. Diese medizinischen Entscheidungsregeln zu verwenden, trägt nicht nur zu einer effizienten und hochwertigen Gesundheitsvorsorge bei. Diese Lösung senkt auch die Kosten für die Krankenversicherungen, weil sich mithilfe frühzeitiger Benachrichtigungen mögliche gesundheitliche Komplikationen von vorneherein vermeiden lassen. Die Philosophie des Programms lautet, Patienten zu stärken, indem sie mehr Verantwortung für ihre Gesundheit tragen.
- Die russische Alfa Bank ermuntert ihre Kunden, fit zu bleiben, indem sie ihnen eine Belohnung in Form von Bargeld verspricht. Eine Jogging-App verfolgt das tägliche Training. Je mehr ein Nutzer läuft, desto mehr Geld darf er von seinem Girokonto auf ein Sparkonto transferieren, das mit einer attraktiven Verzinsung lockt.
- Kunden, die am Programm On Track des australischen Lebensversicherers MLC teilnehmen, verwenden eine intelligente Armbanduhr – eine sogenannte Smartwatch –, die Atmung, Herzfrequenz, Schlaf und körperliche Aktivitäten ihres Trägers misst. Wenn sich der Lebensstil und die Gesundheit eines Kunden innerhalb von 90 bis 160 Tagen verbessern, erhält dieser einen Preisnachlass von 5 bis 10 Prozent auf seinen Versicherungsbeitrag. Diese Rabatte belaufen sich auf viele hundert Dollar an Beiträgen pro Jahr. Außerdem zeichnet sich damit ein höherer Wert für den Kunden ab, als er allein durch seine Police erhält.

7. NEUE GESCHÄFTSMODELLE

Im Gesundheitswesen ist man sich einig, dass die derzeitigen Systeme in den meisten entwickelten Ländern aufgrund der Bevölkerungsüberalterung und steigender Gesundheitskosten nicht nachhaltig sind. Traditionell basieren Gesundheitsleistungen auf persönlichen Interaktionen, verbunden mit hohen Kosten. Vernetzte Geräte ermöglichen Krankenversicherungen und Anbietern in diesem Sektor, mehr Menschen zu erreichen und die Interaktionen mit Patienten zu erweitern.

Die Möglichkeiten, Daten zwischen allen Beteiligten auszutauschen, diese Daten optimal zu nutzen und Patienten Remote-Dienste anzubieten, verändern das Geschäftsmodell grundlegend. Durch diese Neuerungen bleibt Gesundheitsvorsorge effizient, erschwinglich und zugänglich. Vernetzte Gesundheitsgeräte bilden daher die Basis für vollkommen neue Prozesse in dieser Branche. Es vollzieht sich ein Wandel vom transaktionsorientierten Modell zu einem beziehungsbasierten, kollaborativen und an Teilhabe orientierten Geschäftsmodell, das Kunden unterstützt, ihre Gesundheit möglichst selbst zu kontrollieren.

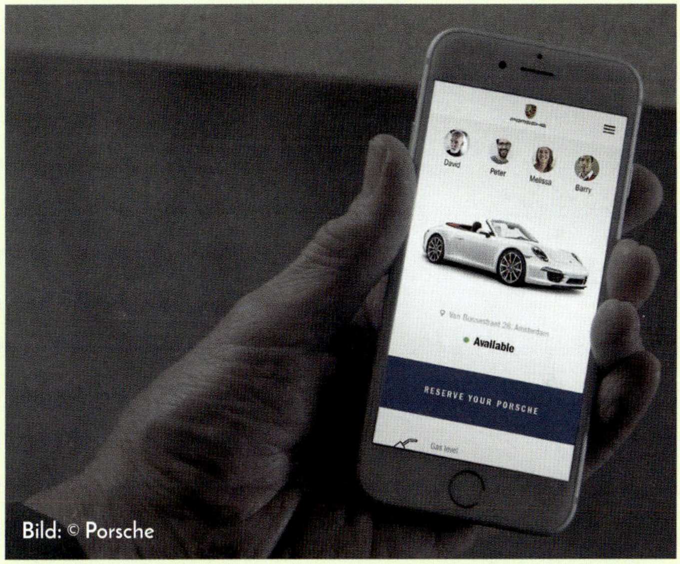

Bild: © Porsche

Mit dem Konzept »Share a Porsche« erforscht die Luxusautomarke neue kommerzielle Modelle. Maarten den Hartoog, Projektmanager bei Porsche, sagt dazu: »Das Konzept besteht darin, den Trend der Sharing Economy und die Chancen vernetzter Fahrzeuge anzuwenden.« Bis zu vier Freunde können einen Porsche nutzen, ohne ihn kaufen zu müssen. Share a Porsche ist ein privates Leasing-Produkt, bei dem jeder Teilnehmer eine feste monatliche Gebühr bezahlt. Vodafone Automotive liefert die Telematiklösungen und die digitale Plattform. Share a Porsche ist ein perfektes Beispiel für die neue Ära, das Auto als Dienstleistung zu nutzen. Fahrer haben mehr Entscheidungsmöglichkeiten, ein Auto zu kaufen, zu mieten, zu teilen und zu »poolen«, mit jeweils unterschiedlichen Kostenmodellen. Auf diese Weise wird der Porsche für eine wesentlich breitere Kundenzielgruppe zugänglich.

PHASE 1 VERSUS PHASE 2

INSIDE-OUT VERSUS OUTSIDE-IN

Die Beispiele der ersten Phase der Datennutzung aus vernetzten Geräten, mit Fokus auf Produktoptimierung, sind inside-out betrachtet. Alle diese Anwendungen beziehen sich auf die Umsetzung interner Ziele und verwenden Daten, um Risiken zu senken, Kosteneffizienz zu verbessern sowie kurzfristige Gewinne zu schaffen. Dem Kunden bringen sie geringen oder keinen Mehrwert. In erster Linie vermindern sie Reibungsverluste innerhalb der Finanzinstitute. Die Beispiele der zweiten Phase nehmen dagegen den Kunden zum zentralen Ausgangspunkt.

WENIGER VERSUS MEHR INFORMATIONSASYMMETRIE

Der Kunde gibt Daten heraus, erhält aber kaum etwas im Gegenzug. Alle Applikationen, die wir unter »Produktverbesserung« gesehen haben, verstärken die Informationsasymmetrie. Diese Entwicklung kann nicht im Interesse der Kunden sein. Im Gegensatz dazu reduzieren die Applikationen unter »innovatives Customer Engagement« die Informationsasymmetrie.

NACHAHMUNG VERSUS DIFFERENZIERUNG

Bis zu einem gewissen Grad ist der Kostenfokus verständlich, weil es kurzfristig betrachtet am wichtigsten ist, Kosten zu senken. Die ersten Applikationen des Internets der Dinge verbesserten die Kreditprüfung, das Underwriting und das Schadensmanagement. Bezeichnenderweise finden wir diese Systeme in Programmen des digitalen Wandels. Nutzungsbasierte Versicherungskonzepte gelten oft als ultimative Innovation. Aber da fast alle Versicherer ähnliche nutzungsbasierte Produkte anbieten, differenzieren sich diese »Innovationen« kaum voneinander. Solche Produkte werden sich in kürzester Zeit in standardisierte Nachahmerangebote verwandeln, die nur über den Preis konkurrieren. Und dieses Vorgehen führt meist zu einer ruinösen Abwärtsspirale.

Für Finanzinstitute ist es möglich, direkt von der Zehn-Punkte-Liste zu lernen. Die zunehmende Verbreitung und Nutzung vernetzter Geräte verändert das Kundenverhalten – in Bezug darauf, wie wir leben, Geschäfte machen und mit Banken und Versicherern interagieren. Bei den Anwendungen der zweiten Phase, mit Fokus auf innovativem Customer Engagement, schaffen wir Mehrwert für Kunden – eine Outside-in-Perspektive. Diese Applikationen sollten zu digitalen Transformationsprogrammen gehören. Die Idee, dass Kunden eigenverantwortlicher agieren, und ein an Teilhabe orientiertes Modell sollten Finanzinstitute über Kosteneinsparungen hinaus denken lassen, wenn sie mobile Lösungen und andere vernetzte Geräte in ihre primären Prozesse integrieren.

EXISTENZIELLE FRAGEN

Wenn Ihr Wert als Verbraucher besser quantifizierbar ist, werden Unternehmen – von Nike und Fitbit bis zu Banken und Versicherern – Ihr Verhalten auf die eine oder andere Weise beeinflussen wollen. Die Ziele dieser Absicht sind zum Beispiel, dass Sie besser mit Geld umgehen, sicherer Auto fahren, ein verantwortlicherer Hausbesitzer oder Patient werden. Wenn es positive Anreize gibt, werden die Verbraucher mitmachen. Mehr oder weniger freiwilliges Feedback kann sich allerdings nahtlos in kalte Forderungen verwandeln. Erkenntnisse über das Verhalten von Menschen lassen sich leicht an bestimmte Interessen und Beitragshöhen oder sogar an Berechtigungen für bestimmte medizinische Leistungen koppeln.

Wie wünschenswert ist eine solche Entwicklung? Was wird aus dem Solidaritätsprinzip? Am Ende könnten Versicherer normativ agieren, was kein Problem ist, solange es sich um den Fahrstil dreht. Aber Applikationen, die gesundheitliche Daten verwerten, sind eine andere Sache. Darf ein Versicherer entscheiden, was gesund ist und was nicht? Neue Geschäftsmodelle bieten nicht nur neue Chancen, sondern werfen auch neue Dilemmata auf. Tatsächlich geht es um existenzielle Fragen. Derzeit sind alle Beteiligten fasziniert von der Fülle der neuen Möglichkeiten, die vernetzte Geräte bieten. Diese Begeisterung steht auch im Kontext der aktuellen Herausforderungen für Finanzinstitute. Mittelfristig werden sich die neuen Trends deutlich auf die Gesellschaft und die Industrie auswirken. Es gilt, die Dinge gründlich zu durchdenken, weil es um Werte und Ethik geht.

Theo Bouts von der Allianz kommentiert das folgendermaßen: »Die Kompetenz der Verbraucher, mit den Gesundheitsdaten der vernetzten Geräte richtig umzugehen und sie korrekt zu deuten, ist natürlich begrenzt. Daher können Anbieter solcher Geräte erwägen, sich aktiv einzubringen. Aus einer breiteren Perspektive betrachtet, führt der Zugang zu persönlichen Gesundheitsdaten zu neuen Dilemmata für Versicherer. Möchten wir wirklich in diese Interpretation eingreifen? Wollen wir schlechte Nachrichten überbringen? Wie viel Verantwortung wollen wir auf diesem Gebiet übernehmen und was wollen wir definitiv nicht?« Sicher eröffnen sich viele Möglichkeiten, fährt er fort: »Derzeit sichern Versicherer Risiken ab, von denen wir meist gar nicht wissen, ob sie vorkommen werden. Bis ein Schadensfall eintritt, leistet ein Unternehmen nichts Greifbares für den Kunden. Das wirkt sich natürlich auf den wahrgenommenen Wert aus.

Denken Sie an einen Kunden mit einer chronischen Erkrankung. Derzeit gelten solche Fälle als ›minderwertige Risiken‹, was ihre Unattraktivität andeutet. Stellen Sie sich vor, welchen Mehrwert wir diesen Menschen mit Service rund um vernetzte Geräte bieten. Bei ungefähr 500 Millionen Diabetespatienten sollte es nicht schwerfallen, ein nicht nur für Kunden, sondern auch für die Anbieter förderliches Geschäftsmodell zu entwickeln. Stellen Sie sich vor, was das für den wahrgenommenen Wert unseres Angebots bedeutet. Wir schaffen konkrete Dienstleistungen. Warum sollte es unmöglich sein, nicht nur an Beiträgen, sondern auch an Services zu verdienen?«

WAS ZU TUN IST

EIN INTEGRALER BESTANDTEIL DES LEBENS

Bild © Alipay

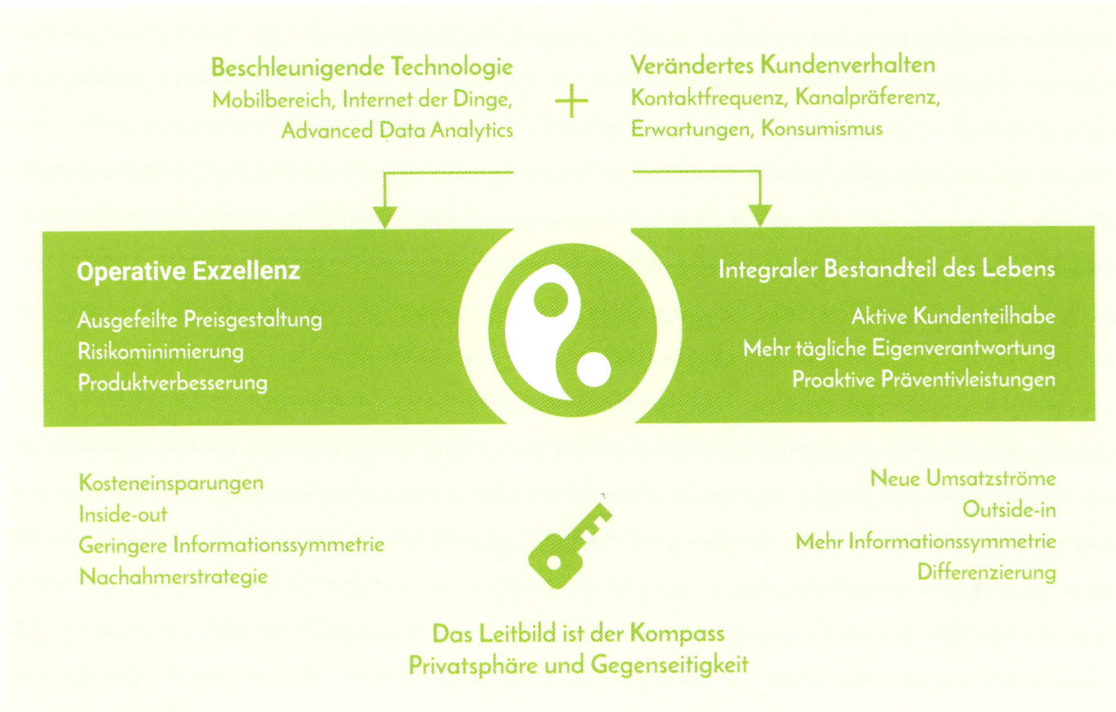

Das Internet der Dinge wird verständlicherweise oft als vierte Stufe der industriellen Revolution bezeichnet. Smartphones bieten Finanzdienstleistungen fantastische Wege. Andere vernetzte Geräte lassen noch viel mehr Vorteile erwarten. Die Menschen sind immer online. Smartphones und vernetzte Geräte gewähren Finanzinstituten einen nie dagewesenen Einblick in das Leben ihrer Kunden und ermöglichen, wirklich daran teilzunehmen. Dank der Mobilität begleiten Finanzanbieter ihre Kunden heute ständig. Für Verbraucher ist es bereits normal, Services über Mobiltechnologie zu nutzen, auch in puncto Banken und Versicherungen. Daher ist der Mobilbereich nicht nur geeignet für die tägliche Routine, sondern auch dafür, die Kundenbeziehung zu festigen.

Andere vernetzte Geräte begleiten Verbraucher im Alltag – zu Hause, im Auto, am Arbeitsplatz. So eröffnet sich die Chance, nah bei den Menschen zu sein und Teil ihres Lebens zu werden. Es ist möglich, notwendige Services zu bieten, die das alltägliche Leben entlasten. Banken und Versicherungen sollten Applikationen entwickeln, die Kunden unterwegs einbinden, Self-Tracking im Alltag fördern, Menschen eigenverantwortlicher werden lassen und ihnen helfen, mehr aus ihrem Leben zu machen. Insgesamt sollten diese Lösungen finanziellen, körperlichen und psychischen Nutzen, einschließlich Schutz und Sicherheit, bieten.

MACHEN SIE IHR LEITBILD ZUM KOMPASS

Smartphones, vernetzte Geräte und Datennutzung sind kein Hype. Die Beziehung zwischen Unternehmen und Kunden verändert sich ständig, und dies wird in den kommenden Jahren weitergehen. Die Folgen vernetzter Geräte für die Markenpolitik, Geschäftsmodelle, Produkte und Dienstleistungen sind gewaltig. *Integraler Bestandteil des Lebens* ist ein ambitioniertes Versprechen. Dieser Ansatz meint eine lebenslange Verpflichtung, keine vorübergehende Modeerscheinung. Es bedeutet, dass Finanzinstitute sich fragen sollten: In welchem Lebensbereich unserer Kunden wollen wir präsent sein? Wie können wir ihnen helfen? Für diese Fragen brauchen die Anbieter einen Kompass, der aus ihrem Leitbild besteht. Die langfristige Verpflichtung gehört zum Leitbild, das aus den Wurzeln und der DNA einer Firma entsteht. Unternehmen, die ein integraler Bestandteil des Kundenlebens sein wollen, sollten dieses Ziel in ihrem Leitbild verankern.

SIMON SINEKS ZWECK

Sich mit Leitbildern zu befassen, ist dank Simon Sineks Bestseller *Frag immer erst: warum* und seiner von Millionen Menschen aufgerufenen YouTube-Videos beliebt. »Menschen kaufen nicht, was Sie tun, sondern die Gründe, weshalb Sie es tun.« Es geht also um einen Zweck, der die reinen Finanzziele eines Unternehmens übersteigt, um Bedeutung, die Folgen für das Leben anderer und die Gesellschaft als Ganzes. Der Unternehmenszweck, der sich in seinem Leitbild – dem sogenannten Mission Statement – ausdrückt, sollte die Intention mit den Kundeninteressen vereinen. Dieses Vorgehen kann die Grundlage für eine stärkere und bedeutsamere Kundenbeziehung bilden.
Denken Sie daran, dass »mit Absicht« meint, dass man bewusst handelt und zu etwas entschlossen ist. Das Leitbild sollten wir beim Wort nehmen: Das Leitbild, das ein Unternehmen anleitet. Was will die Organisation anders machen? Wie will sie sich abgrenzen? Daraufhin sollte das Unternehmen hundertprozentig daran arbeiten, dieses Ziel zu erreichen.

DREI EBENEN

Die Strategieberatung VODW hat die Leitbilder der größten und angesehensten Finanzinstitute der Welt untersucht, einschließlich die der Fortune-Global-500-Banken und -Versicherungen. Laut dieser Studie lassen sich diese Leitbilder in drei Ebenen unterteilen:

1. GESELLSCHAFTSFOKUS

Ein Beispiel ist: »Die Entwicklung einer starken Wirtschaft und einer gesunden, wohlhabenden Gemeinschaft unterstützen.«
Zweifellos sind Finanzinstitute aus der Gesellschaft nicht wegzudenken, dennoch sind sie in alltäglichen Produkten und Dienstleistungen schwer zu greifen und sichtbar zu machen. Das birgt die Gefahr, dass das Leitbild schnell zu einem Lippenbekenntnis wird. Das Leitbild ist zu allgemein, um die Geschäftsstrategie zu lenken, und daher als Kompass für das Ziel des integralen Bestandteils des Lebens nicht einsetzbar.

2. KUNDENFOKUS

Ein Beispiel ist: »Unseren Kunden zu finanziellem Wohlstand und somit zu Ruhe und Entspannung verhelfen.« Finanzinstitute, mit einem solchen Leitbild auf der mittleren Ebene, sind offensichtlich am besten für das Ziel positioniert, zum integralen Bestandteil des Lebens zu werden. Allerdings ist das Leitbild in greifbares Geschäft zu übersetzen, zum Beispiel, indem das Unternehmen Ereignisse im Leben seiner Kunden analysiert und entsprechend agiert. Das mag trivial klingen, aber welches Finanzinstitut weiß tatsächlich, wann ein Kunde heiratet? Dabei ist die Hochzeit eines der wichtigsten Ereignisse im Leben, das den privaten Finanzhaushalt oft neu ordnet.

3. DIENSTLEISTUNGS-FOKUS

Ein Beispiel ist: »Pionier in puncto überzeugendem Service.« Die operative Basis lässt sich leicht in nachweislich konkreten Nutzen für Kunden und Mitarbeiter übersetzen. Dieses Leitbild ist jedoch angreifbar, da es einfach zu kopieren ist. Außerdem kann die Basis leicht wanken. Das Leitbild ist vergleichbar mit einer Beziehung, in der man sich um die schmutzige Wäsche kümmert und den Geschirrspüler ausräumt, sich aber nicht mehr fragt, warum man mit seinem Partner zusammen ist, und wohin die Verbindung führen soll.

Mehrere neue Markteinsteiger scheinen sich in puncto Differenzierung ausschließlich auf die operative Ebene zu konzentrieren, indem sie Lösungen für die Probleme der Kunden im Umgang mit traditionellen Unternehmen anbieten. Die Unternehmer hinter den neuen Anbietern befinden sich jedoch ausnahmslos auf einer persönlichen Mission: Sie empfinden eine Berufung, die sich auf eine anspruchsvollere Ebene bezieht.

Lemonade ist ein neuer P2P-Versicherer, hinter dem Sequoia und Aleph sowie die Rückversicherer Lloyd's, Berkshire Hathaway und andere stehen. CEO Daniel Schreiber sagt: »Das Versicherungsgeschäft ist eine der unbeliebtesten Branchen. Einer der Hauptgründe ist der ausgeprägte Interessenskonflikt im Kern des Geschäftsmodells der Versicherungen. Für mich als Versicherer ist jeder an Sie ausgezahlte Dollar ein Dollar, der mir in meinem Ergebnis fehlt. So verdienen wir im Wesentlichen damit Geld, dass wir Gründe finden, einen Schadensfall abzulehnen. Einen größeren Interessenskonflikt können Sie nicht finden.
Lemonade baut auf einer neuen Art Versicherungsmodell auf. Unser Ausgangspunkt ist, grundsätzlich nicht im Konflikt mit unseren Kunden zu stehen. Sie können Ihr Geld nicht damit verdienen, dass Sie die angebotene Leistung verweigern. Wir brauchten ein breiteres Leitbild: Wie können wir das Geld zum Nutzen der Gemeinschaft vorhalten? Das Ziel ist folgendes: Wenn Sie einen Schadensfall ›retuschieren‹, um Geld von der Versicherung zu kassieren, schaden

> Ein beispielloser Einblick in das Leben der Kunden – die Chance, zum integralen Bestandteil ihres Lebens zu werden. Ein ambitioniertes Versprechen, das eine langfristige Verpflichtung bedeutet.

Sie keinem anonymen Unternehmen, dem Sie sowieso nicht vertrauen, sondern Freunden und der Gemeinschaft als Ganzes, also Ihrem wichtigen Umfeld. Dieser Ansatz verändert das Verhalten. Wir nennen es zweckorientierte Partnerschaft. Dabei geht es nicht um Selbstlosigkeit, sondern um aufgeklärtes Eigeninteresse, um Anreize und eine neue Balance, sodass alle Beteiligten fairer agieren.«

DAS LEITBILD ÜBERPRÜFEN

Das Leitbild muss dem Zeitgeist und den Herausforderungen des Finanzinstituts entsprechen. Zu den wichtigen Punkten gehört in den kommenden Jahren, dass die Technologie Kundenwünsche beeinflusst, und wie Banken und Versicherer mit ihrer Klientel umgehen. Auch den letzteren Aspekt sollte ein verständliches und richtungsweisendes Leitbild beachten. Im Leitbild sollte sich die Bedeutung der Kunden sowie der Mehrwert widerspiegeln, den das Unternehmen für diese Menschen erzielen will.
Finanzinstitute mit einem Leitbild auf niedrigster oder höchster Ebene sind gut beraten, dieses auf der mittleren Ebene zu schärfen: Mehr Kundenfokus ist der Kompass, der dem Leitmotto *integraler Bestandteil des Lebens* eine nachhaltige Bedeutung verleiht. Insbesondere in einer Zeit, in der jeder in der Organisation so unabhängig und flexibel wie möglich handeln kann, sollte das Leitbild konkret formuliert und breit kommuniziert werden. Auf diese Weise entsteht ein gemeinsames Verständnis, sodass jeder seinen Beitrag leisten und entscheiden kann, ob bestimmte Initiativen sinnvoll sind oder nicht. Andernfalls ist das Leitbild nur eine hohle Phrase.

ÜBER ZENTRALE PRODUKTFUNKTIONEN ABGRENZEN

Wenn Sie für das Leben Ihrer Kunden wichtig sein wollen, sollten Sie sich nicht auf Nebensachen beschränken. Vielmehr sollten Sie den zentralen Bedarf bedienen und sich somit abgrenzen. Über diesen Kern der Kundenbedürfnisse funktioniert Ihr Angebot. Aufgrund dieses Kerns nutzen Verbraucher Ihre mobile App häufig; er reicht weit über den Effekt gelegentlicher »Wow«-Funktionen, wie Social Payments, hinaus.
Dieser Mehrwert gilt auch bei anderen vernetzten Geräten: Die Internetverbindung sollte eine Funktionalität bieten, über welche diese Geräte ansonsten nicht verfügen. Dennoch versuchen viele neue Finanzdienstleistungsprojekte sich über sogenannte Nice-to-have-Funktionen zu differenzieren, zum Beispiel Facebook-Integration oder Peer-to-Peer-Zahlung. Trotz Facebooks großer Popularität sind diese Gründe nicht ausreichend, um die Bank oder den Versicherer zu wechseln. Diese Tatsache spiegelt sich auch im mühseligen Wachstumsprozess solcher Geschäftskonzepte wider, gleich ob es Projekte von einem Markteinsteiger oder einem etablierten Anbieter sind.

BBVA verkündet in seinem Leitbild, »jedermann die Ära der Möglichkeiten nahezubringen«. Dieses Versprechen wird zum Beispiel dadurch greifbar, dass Daten zur Wirtschaftsentwicklung bestimmter Stadtteile, kombiniert mit neuem Mehrwert für Bankkunden, genutzt werden. Wenn Kunden die Dynamik der realwirtschaftlichen Aktivität eines Stadtviertels verstehen, werden sich voraussichtlich mehr Unternehmen und Entrepreneure am Markt behaupten (und mehr Arbeitsplätze schaffen). Wenn ein Ladenbesitzer expandieren will, kann BBVA anhand der Transaktionsdaten die Wirtschaftslage in seiner Straße bestimmen. So erfährt der Unternehmer, welche Verbraucher in diesem Stadtviertel einkaufen, welche Geschäfte besonders populär und welche Shops unbeliebter sind. Diese Erkenntnisse interessieren Geschäftskunden ebenso wie die Bank.

Oder stellen Sie sich vor, Sie besäßen eine erfolgreiche Mode-Einzelhandelskette und wollten mehrere neue Filialen eröffnen. Mithilfe der Transaktionsdaten erfahren Sie bis ins Detail, wo Ihre vorhandenen Kunden leben und einkaufen und sogar, wo vergleichbare Kundensegmente leben und einkaufen. Oder Sie informieren sich darüber, wie Sie im Verhältnis zu Ihren Wettbewerbern abschneiden. Auf diese Weise berät die Bank Sie nicht nur zu Finanzplänen, sondern auch über den richtigen Standort für eine neue Filiale und die besten Gebiete für Außenwerbung.

Im Wesentlichen bieten die Daten zusätzliche Informationen für die Geschäftsplanung und senken das Risiko, sowohl für die Bank als auch für die Entrepreneure. Wenn BBVA ihre Klientel besser kennt, kann sie ihr bessere Kredite bieten. Und neben der reinen Finanzierung erhalten die Kunden weiteren Mehrwert: Beratung zum richtigen Standort und wie die Modekette mehr verdient. BBVA ist mithilfe eines neuen Ansatzes zu dieser Lösung gelangt, durch die Beantwortung folgender Fragen: Wie lauten die tieferen Bedürfnisse unserer Privat- und Geschäftskunden? In welchem Kontext spielen unsere Produkte eine Rolle? Wie können wir die Daten nutzen, um unseren Kunden mehr zu bieten?

> Sie sollten sich nicht auf Nebensachen beschränken. Vielmehr sollten Sie die zentralen Kundenbedürfnisse bedienen und sich somit abgrenzen.

»Discovery: ›Wenn Sie ein gesünderes Verhalten fördern, können Sie nachhaltigere Versicherungen anbieten.‹«

DISCOVERYS VITALITY-PROGRAMM

Das Leitbild der 1992 gegründeten südafrikanischen Versicherung Discovery lautet, ein Krankenversicherungsmodell zu schaffen, das Menschen gesünder macht. 25 Jahre später ist dieser Firmenzweck nach wie vor der Kompass für jeden Schritt des Unternehmens, um so seinen Kunden zu einer besseren Gesundheit und mehr Wohlbefinden zu verhelfen. Adrian Gore, Gründer und CEO von Discovery: »Wenn Sie ein gesünderes Verhalten fördern, können Sie nachhaltigere Versicherungen anbieten. Die Verhaltenswissenschaft besagt, dass Menschen Anreize brauchen, um sich zu ändern.«

Discoverys Shared-Value-Versicherungsmodell, auf Basis seines Wellnessprogramms Vitality, beruht auf diesen Überzeugungen Gores. Das Vitality-Programm ist ein komplettes Wellness-System, welches das gesamte Leben eines Kunden begleitet – von der Körperaktivität bis zur Ernährung. Es interagiert persönlich und regelmäßig mit den Versicherten und motiviert sie durch maßgeschneiderte Programme, ihr Wohlbefinden zu steuern, besser zu leben und gesündere Entscheidungen zu treffen. Außerdem bietet das Programm Kunden zahlreiche Wellness- und Präventionsangebote und belohnt gesundes Verhalten. So profitieren sowohl die Versicherten als auch die Gesellschaft.

Das Verhalten wird klinisch und versicherungsstatistisch über das Customer Engagement gemessen, mit dem Vorteil einer dynamischen Preisgestaltung auf Basis des individuellen Risikos. Die Kundenerfahrung beginnt damit, dass die Versicherten personalisierte Gesundheitsziele erhalten. Mittels Erkenntnissen aus der Verhaltensökonomie erhalten die Anwender im Laufe eines dreistufigen Prozesses Anreize und Unterstützung, um zu ihren persönlichen Gesundheits- und Fitnesszielen zu gelangen: Erfahren Sie Ihren Gesundheitszustand, verbessern Sie Ihre Gesundheit und genießen Sie die Belohnung.

Kunden, die internetfähige Gadgets von Fitbit, Garmin oder Polar verwenden, sammeln Punkte, indem sie ihr Training aufzeichnen. Ein breites Partnernetzwerk deckt alle Lebensbereiche ab (zum Beispiel Ernährung, Sportstudio, Reisen). Dazu gehören Unternehmen wie Woolworth, British Airways und Virgin Active. Wenn Verbraucher gesunde Lebensmittel in einem Partnersupermarkt des Vitality-Programms einkaufen, erhalten sie 25 Prozent Preisnachlass auf alle gesunden Nahrungsmittel.

Das Programm erfreut sich einer breiten Reichweite, die eine Nachahmung erschwert. Im Jahr 2015 sahen sich Vitality-Mitglieder in Südafrika und Großbritannien innerhalb von sechs Monaten fast 900.000 preisreduzierte Filme an, und allein in Südafrika trainiert alle 0,85 Sekunden ein Vitality-Mitglied in einem Partnerfitnessstudio. Jeden Tag werden 19 Millionen Rand für gesunde Nahrungsmittel ausgegeben. Discoverys Wettbewerbsvorteil liegt in seiner Fähigkeit, die Anreize so zu strukturieren, dass das beste gesundheitliche Ergebnis erzielt wird. Das Programm ist dynamisch und verändert sich ständig, weil das Unternehmen stets nachverfolgt, wie die Menschen auf Anreize reagieren und wie sich ihr Verhalten langfristig auf die Gesundheit auswirkt.

Im vergangenen Jahr führte Discovery die Vitality Active Rewards ein. Dieser innovative Nutzen belohnt Kunden sofort mit einem wöchentlichen kostenlosen Kaffee oder Smoothie, wenn sie individuelle, kurzfristig gesetzte sportliche Ziele erreichen, die auf ihren Trainingsplan und ihre Fitness zugeschnitten sind. Dieser Bonus resultiert aus Forschungen, die besagen, dass regelmäßiger Sport langfristig der beste Weg für eine bessere Gesundheit ist. Discoverys erfolgreiches Vitality-Programm verbreitet sich weltweit mithilfe von Partnern, wie dem chinesischen Unternehmen Ping An, AIA in mehreren asiatischen Ländern, John Hancock in den USA, Manulife in Kanada und Generali in Europa.

Jüngst kündigte der Konzern ein Joint Venture mit Sumitomo und SoftBank in Japan an. Das Vitality-Netzwerk besteht aus Partnerversicherern, die sich am Vitality-Modell und den globalen Bonuspartnerschaften, Technologieverbünden sowie an akademischen und Medienpartnerschaften beteiligen. Adrian Gore dazu: »Mithilfe solcher Partnerschaften verhelfen wir unseren Kunden zu einer besseren Gesundheit und Zusatznutzen, den Versicherern zu hervorragenden Ergebnissen, und wir tragen zu einer gesünderen Gesellschaft bei. Wir freuen uns, dass auf diese Weise immer mehr Menschen weltweit besser leben.«

Der von Menschen errichtete Teufelsberg in Berlin. Während des Kalten Krieges befand sich hier eine US-amerikanische »Abhörstation«. Heute ist das Gelände eine Spielwiese für Künstler.

PRIVATSPHÄRE UND GEGENSEITIGKEIT

Im Frühjahr 2014 erwarb Facebook die beliebte Fitness-App Moves. Am selben Tag versprachen die Moves-Gründer auf Twitter, sie gäben keine Daten weiter. Elf Tage später änderte das Unternehmen seine Datenschutzbestimmungen. Was meinen Sie, was dann geschah?

PARADOX DER PRIVATSPHÄRE

Auf der einen Seite mögen es die Menschen, alles zu kontrollieren. Aus diesem Grund schätzen sie Apps, die ihnen sofort antworten, Komfort und eine gewisse Macht bieten – maßgeschneiderte Leistungen auf Basis persönlicher Daten. Auf der anderen Seite wird ihnen immer stärker bewusst, dass eine kostenlose App zwar kein Geld kostet, sie im Austausch jedoch mit Daten bezahlen. Allmählich wird ihnen klar, dass sie zwar die Daten liefern und diese betrachten, dass aber ein Dritter ihre Daten besitzt, der diese für seine Zwecke verwendet. Und das missfällt vielen Verbrauchern. So offenbart sich das Paradox der Privatsphäre.

BIG BROTHER

Dass Kundendaten zunehmend ausgeschöpft werden, veranlasst immer mehr zu Besorgnis über den Schutz der Privatsphäre. Den meisten Menschen behagt es nicht, ihre persönlichen Daten großen Unternehmen auszuliefern. Für viele Verbraucher ist Big Data gleichbedeutend mit Big Brother. Leider haben sie mit dieser Annahme oft recht.

Der Schutz der Privatsphäre ist ein Grundrecht. Finanzinstitute müssen auch jenseits der rechtlichen Vorschriften die Sorgen vieler Kunden über einen Datenmissbrauch ernst nehmen. Es muss für Verbraucher klar ersichtlich sein, wann, wo, wie und von wem die Daten gesammelt, verarbeitet, gespeichert und verwendet werden. Außerdem sollten es die Kunden sein, die entscheiden, welche Daten wofür genutzt werden dürfen. Und sie sollten diese Daten löschen können. Finanzinstitute müssen vollkommen offenlegen, welche Daten sie besitzen und was sie damit vorhaben. Das bedeutet, dass sie die Verbraucher über die Vor- und Nachteile ihrer Datenprozesse aufklären müssen. Erst danach sollten Kunden aktiv zustimmen, dass ihre persönlichen Informationen weiterverarbeitet werden. Zudem sollten sie diese Freigabe jederzeit zurückziehen können. Letzten Endes gehören die persönlichen Daten ausschließlich den Menschen.

GEBEN SIE KUNDEN ZEIT, SICH ZU GEWÖHNEN

> Im Jahr 2011 brachte der US-Versicherer Progressive die nutzungsbasierte Fahrzeugversicherung Snapshot auf den Markt. Studien belegen, dass die Kunden nach wie vor Aufklärung benötigen. Ganze 11 Prozent der Verbraucher sind über den Schutz ihrer Privatsphäre besorgt, obwohl Snapshot keine GPS-Ortung verwendet. Die größte Skepsis rührt jedoch daher, dass Geräte wie Snapshot einen schlechten Fahrstil aufdecken und Versicherungsbeiträge ansteigen anstatt sinken lassen.

Kunden von Finanzinstituten sollten sich daran gewöhnen dürfen, dass die Anbieter ihre Daten nutzen. Ferner ist es sinnvoll, dass Verbraucher auch die Vorteile dieser Verwendung kennenlernen. Dieser Prozess wird bisher noch versäumt. Außerdem sollten Unternehmen so geduldig sein, die Kunden schrittweise mit den neuen Angeboten vertraut zu machen. Wenn Anbieter die Verbraucher einen neuen Mehrwert erleben lassen, können die Unternehmen das Vertrauen in die Datennutzung fördern, den Informationsaustausch beschleunigen und gleichzeitig den Kunden Gutes tun.

> Eversafe ist eine Lösung für die geradezu epidemische Zunahme des finanziellen Missbrauchs älterer Amerikaner. Eversafe »schützt das Werk eines Lebens«. Das System überwacht täglich die Konten, Kreditkarten und -berichte älterer Bürger und warnt sie und ihre nahen Angehörigen, wenn es verdächtige Aktivitäten feststellt. Die Start-up-Initiative Eversafe richtet sich an einen Markt, der allein in den USA viele Milliarden Dollar ausmacht. Es wäre ein menschlicher Zug, wenn Banken diesen Service anböten. Es sollte jedem Anbieter klar sein, dass ältere Mitbürger finanziell verwundbarer und besonders zu betreuen sind. »Wir kümmern uns darum, machen Sie sich keine Sorgen.«

GEGENSEITIGKEIT

Wir glauben, dass Gegenseitigkeit die Antwort ist. Die meisten Daten, die Finanzinstitute im Verlauf einer Kundenbeziehung sammeln, werden nicht in Form von Informationen zurückgegeben. Wenn eine Bank oder ein Versicherer eine transparente, wertschaffende Beziehung zu seinen Kunden anstrebt, sollte das Unternehmen Daten zurückerstatten, die für diese Personen hilfreich sind. Nähmen Finanzinstitute diese Gegenseitigkeit ernst, würden sich die Kundenbeziehungen erheblich verbessern.

Mit Sicherheit sehen Verbraucher die Datenverwendung seitens der Banken und Versicherer anders, wenn sie selbst ihre Daten kontrollieren. Im Gegenzug können die Anbieter werthaltige Angebote unterbreiten. Verbraucher sind durchaus bereit, Zugeständnisse beim Schutz ihrer Privatsphäre zu machen, wenn sie dafür attraktive Leistungen erhalten. Dieser Nutzen kann eher gering sein, wie Zeitersparnis, ein verbesserter Service, personalisierte Dienste oder die Chance, von Services oder Angeboten mit größerem finanziellen Wert zu profitieren.

GEBEN SIE MEHR ALS SIE NEHMEN

Finanzinstitute sollten ambitioniertere Ziele verfolgen. Wenn sie Kunden darum bitten, persönliche Daten nutzen zu dürfen, sollten die Anbieter im Gegenzug interessante Erkenntnisse und Anwendungen liefern, die diese Daten generieren. Geben Sie mehr als Sie nehmen. Der Mehrwert, den Finanzinstitute auf Basis von Kundendaten bieten, sollte die Kosten dafür, Privatsphäre preiszugeben, übersteigen. Finanzinstitute sollten Sachverhalte kombinieren, die Verbraucher selbst nicht verbinden können und/oder an deren Kombination sie nie dächten.

> Der Mehrwert, den Finanzinstitute auf Basis von Kundendaten bieten, sollte die Kosten dafür, Privatsphäre preiszugeben, übersteigen.

SUPERKRÄFTE

Finanzinstitute sind gut beraten, ihren Kunden aufgrund der verfügbaren Daten Superkräfte zu übertragen. Denken Sie an den Erfolg der Suchmaschinen, die Menschen auf Knopfdruck über alles Mögliche informieren. Oder an Google Translate und andere Übersetzungstools, die es Ihnen abnehmen, Sprachen lernen zu müssen. Oder an GPS-Navigationssysteme, die Sie zu Ihrem Ziel leiten, ohne dass Sie die Gegend kennen. Oder an Apps, die blinden Menschen mittels Sensoren helfen, sich durch eine unbekannte Stadt oder ein fremdes Gebäude zu bewegen, und die sogar vorbeigehende Passanten erkennen. Oder an 3D-Drucker, mit denen sie ihre eigenen Produkte drucken. In den kommenden Jahren werden wir erleben, ob Banken und Versicherer in der Lage sind, ihren Kunden derartige Superkräfte zu bieten.

Es ist sicher nicht leicht für Finanzinstitute, die Chancen der vernetzten Geräte auszuschöpfen. Nicht nur aufgrund der Fragen zum Schutz der Privatsphäre und den damit verbundenen Kompetenzen, sondern auch, weil sich die Technologie und die Marktdynamik rasant weiterentwickeln. Das Internet der Dinge geht weit über das Versicherungs- und Bankwesen hinaus. Die Daten aus vernetzten Geräten sind für viele andere Dienstleistungen verwendbar, sodass immer mehr Wettbewerber mitspielen.

Ein Fernsehspot des amerikanischen Telekommunikationskonzerns AT&T macht deutlich, wie die Branchengrenzen aufgrund der Konnektivität verschwimmen. Für AT&T haben die Innovationen auf diesem Gebiet den Bereich der häuslichen Sicherheit in ein von digitaler Kommunikation getriebenes Business verwandelt – in das Geschäft dieses Konzerns. Autohersteller, Hersteller von Konsumelektronik und Technikgiganten wie Amazon, Google und Apple denken genauso. Und wir können mit Recht davon aus-

Bild: © Ymke Sie

gehen, dass Unternehmen oder Branchen, die vom digitalen Datenaustausch profitieren können, ebenfalls einen begehrlichen Blick auf Finanzdienstleistungen werfen.

Wir sprechen über ein komplexes Ökosystem mit unterschiedlichsten Teilnehmern – von Autoherstellern und Konsumelektronikmarken bis zu Kommunikationsanbietern und Technologiegiganten wie Apple und Google –, die sowohl miteinander kooperieren als auch konkurrieren. Wie Tiere verschiedener Arten, von denen jedes versucht, das Rudel anzuführen. Was passiert, wenn diese Unternehmen erkennen, welche Chancen Kundendaten im Versicherungs- oder Bankwesen eröffnen?

Kehren wir für einen Augenblick zum Restaurantbesitzer in Manhattan zurück, den wir zu Beginn dieses Kapitels erwähnten. Welche Optionen hat er? Der französische Starkoch Alexandre Gauthier fand die Lösung. Auch ihn bekümmerte, dass seine Gäste sich mehr fürs Fotografieren seiner kulinarischen Kreationen interessierten, als sie zu verspeisen – um sich anschließend zu beschweren, das Essen sei kalt. Damit die Menschen ihre Telefone weglegen und stattdessen zu Messer und Gabel greifen, finden sie in den Speisekarten des von Michelin preisgekrönten Gauthier-Restaurants nun kleine Piktogramme in Form von durchgekreuzten Kameras. Es funktioniert.

Für viele App-Entwickler sind die generierten Daten kein Nebenprodukt, sondern der eigentliche Wert. Bei 23andMe können Sie für 100 Dollar Ihr DNA-Profil untersuchen lassen. Bis zum Jahr 2015 haben schon mehr als eine Million Menschen davon Gebrauch gemacht. Letztlich plant das Unternehmen, mithilfe aller bisher gesammelten Daten zum »Google für persönliche Gesundheit« zu werden.

IGARANTI IST IMMER DABEI

Bild © Garanti Bank

iGaranti ist ein spielerisches Mobile-Banking-Konzept der türkischen Bank Garanti, das sich vorrangig an die Generation Y richtet: Studenten und Berufsanfänger zwischen 18 und 26 Jahren. Nach unserer Auffassung macht iGaranti es vollkommen richtig. Es hebt sich hervor, weil es bis in die kleinsten Verästelungen des Lebens seiner Kunden reicht. Didem Dincer Başer, Executive Vice President Digital Banking bei der Garanti Bank, erklärte uns das Leitbild hinter diesem Konzept und das Angebot von iGaranti.

VERTIEFEN SIE SICH INS LEBEN DER KUNDEN UND HELFEN SIE IHNEN

»Die Generation Y tickt so anders, dass wir ein neues Geschäftsmodell für dieses Segment entwickeln wollten. Diese jungen Menschen leben buchstäblich mobil. Ein typischer Vertreter der Generation Y wacht morgens neben seinem Smartphone auf. Noch bevor er aufsteht, checkt er sein Mobiltelefon. Facebook, das Wetter, WhatsApp und alles andere. Wenn er das Haus verlässt, überprüft er die Verkehrslage. Auf dem Weg zur Arbeit sucht er auf Shazam einen Song und markiert ihn. Am Arbeitsplatz hört er wahrscheinlich Spotify oder einen anderen Musik-Streaming-Service. Er sucht auf Foursquare ein Restaurant, um mittags dort zu essen, spricht über Skype mit seiner Freundin und postet anschließend auf Instagram Fotos von seiner Katze.

So sieht ein typischer Tag aus. Und dieses veränderte Kundenverhalten beziehungsweise die neuen Präferenzen waren unser Ausgangspunkt. Uns fasziniert, dass diese Apps täglich benutzt werden – nicht einmal pro Woche oder einmal pro Monat. Vielmehr sind sie wie lebende Apps, die einen Mehrwert schaffen, von dem der Kunde quasi abhängig wird. Und das wurde unser ultimatives Ziel: einen lebendigen Service zu entwickeln, der Verbraucher häufig Kontakt aufnehmen und Mehrwert erleben lässt.

Wir haben dieses Kundensegment auf verschiedene Weise erforscht, um wichtige Erkenntnisse dazu zugewinnen, wofür sie ihr Geld ausgeben und welches ihre finanziellen Anliegen sind. Diese Generation verbringt ihre Zeit mit Freunden und mit Ausgehen. Ihre finanziellen Bedürfnisse sind nicht direkt mit Bankprodukten verknüpft. Diese jungen Menschen interessieren die monatliche Miete und die Sorge, dass das Geld bis zum nächsten Monatsersten reicht. Und sie wollen begrenzte finanzielle Mittel mit einem ausgefüllten Sozialleben vereinbaren. Um diesen Kunden etwas zu bieten, müssen wir ihnen bei ihren Wünschen helfen.«

DIFFERENZIEREN SIE SICH ÜBER ZENTRALE BEDÜRFNISSE

»Auf Basis dieser Erkenntnisse haben wir unser Wertversprechen formuliert. Im Zentrum des iGaranti Angebots steht der ›proaktive Finanzstatus‹. Wir machen dieses Wertversprechen durch vier Kernfunktionen greifbar, um die

Kundenbedürfnisse individuell zu erfüllen. Die erste Kernfunktion sind ›Push-Meldungen‹, damit unsere Nutzer ständig über ihre Kontobewegungen auf dem Laufenden sind. Die zweite Kernfunktion ist die sogenannte ›Geldleiste‹, die vorausschaut, wie der Kontostand am Monatsende aussehen wird und die außerdem den folgenden Monat abbildet.

›Cash Tank‹ ist die dritte Kernfunktion, mit der sich auf Tastendruck ein Kontoauszug erstellen lässt, ohne dass man sich vorher authentifizieren muss. Und zu guter Letzt bieten wir die ›Ausgabenverfolgung‹, die im Wesentlichen darüber informiert, wofür der Kunde sein Geld ausgegeben hat. Diese vier Kernfunktionen sind die Säulen des ›proaktiven Finanzstatus‹, und sie bilden das Zentrum des iGaranti-Konzepts. Natürlich sind diese Funktionen vollständig miteinander integriert. Ohne Frage können Sie mit iGaranti auch Geld überweisen. Der wirkliche Bedarf der iGaranti-Zielgruppe reicht tiefer. Sie wollen jede Veränderung ihrer finanziellen Situation lückenlos überblicken. iGaranti bietet zentrale Finanzdienstleistungen völlig neu an.«

PERSÖNLICHE TEILHABE

»Die Kunden von iGaranti können ihre App personalisieren und zu ihrem Dashboard machen. Möchten sie mehr als die vier Kernfunktionen nutzen, stehen im App-Center rund 20 weitere Funktionen bereit, die sich dem Dashboard auf Wunsch hinzufügen oder von ihm entfernen lassen. Ich selbst benutze sieben oder acht Funktionen. Im Schnitt sind es drei oder vier, die aktiv verwendet werden. Das ist eine ganz neue Erfahrung. Sobald die Kunden eine weitere Funktion ausprobiert haben, verwenden sie diese öfter.«

DATEN NUTZEN, UM KUNDEN KONTROLLE ZU GEBEN

»Ähnlich wie Soon's ›Safe to Spend‹ erstellt iGaranti eine Ausgabenvorschau auf Basis der bisherigen Bewegungen. So können Kunden ihren aktuellen Kontostand, regelmäßige Zahlungsverpflichtungen und Sparbeträge auf einen Blick erkennen. Aufgrund dieser Vorschau erteilt ein Avatar proaktiv Ratschläge.«

PRIVATSPHÄRE UND GEGENSEITIGKEIT

»Auf Basis des individuellen Ausgabenverhaltens erkennt iGaranti die bevorzugten Marken eines Kunden. Mithilfe dieser Informationen unterbreiten wir exklusive Angebote der Lieblingsmarken, zum Beispiel eine Rückzahlung von 20 türkischen Lira (TL) bei einem Einkauf über 100 TL in einem beliebigen Migros-Supermarkt. An der unteren Bildschirmleiste wird ein Migros-Supermarkt in der Nähe des Kundenstandorts vermerkt. Die Anwender können drei solcher Angebote wahrnehmen. Die entsprechenden Rückvergütungen kommen dem Sparguthaben zugute, wobei iGaranti dem Kunden den Gesamtbetrag anzeigt, den dieser mithilfe der iGaranti-Spezialangebote gewonnen hat.«

Das Ziel, Teil des Lebens zu werden und die Kunden zu unterstützen, bedeutet nicht den Abschied von Finanzdienstleistungen. Ganz im Gegenteil – die Idee lautet, zentrale Finanzdienstleistungen anhand profunder Erkenntnisse über das Kundenverhalten neu auszurichten. Auf diesem Gebiet gibt es wesentlich mehr zu tun, als den regelmäßigen Kontoauszug so zu verkleinern, dass er auf einen Smartphone-Bildschirm passt. Zudem sollten wir uns nicht auf Kernleistungen, ohne jeglichen Zusatzservice, beschränken. Didem Dincer Başer resümiert: »Für uns sind die Entwicklungen wie ein Abenteuer, mit echtem Erforschungscharakter. Wir lernen ständig dazu und empfinden es so, als würden wir völliges Neuland betreten.«

KAPITEL 2
KONTEXTBASIERTE ÖKOSYSTEME

Bild: © Ruud Baan für Nationale Niederlanden anlässlich des Rotterdam-Marathons im Jahr 2015

Wenn Sie bei jeder Joggingrunde die Nike+ Running App aktivieren, registriert sie die gelaufene Distanz, Ihr Lauftempo und die gewählte Route. Die gesammelten Informationen lassen sich mit der Nike+ Online-Plattform synchronisieren, sodass Sie Ihre Fortschritte im Verlauf der Zeit messen können. Außerdem bietet die App Wege, um mit Ihren Freunden in Kontakt zu treten und sich gegenseitig zu motivieren und anzuspornen. Jogger können eine Gruppe erstellen oder sich einer vorhandenen Gruppe anschließen und gemeinsam ein Ziel verfolgen. In jeder Gemeinschaft teilen die Läufer ihre Erfolge, feuern sich gegenseitig an oder kämpfen um den ersten Platz auf dem sogenannten Leader Board. Analysten haben die Daten aller Nike+-Nutzer, zum Beispiel in New York, kombiniert und Laufkarten mit beliebten Routen erstellt. Eindeutig könnte Nike mithilfe all dieser Informationen den besten Zeitpunkt für den Kauf neuer Laufschuhe bestimmen.

Mit einem Konzept wie Nike+ hat das Unternehmen den Dialog mit seinen Kunden auf allen Ebenen verändert: sein Geschäftsmodell, seine Marke, sein Angebot und die Kundenerfahrung. Das Portfolio des Anbieters konzentriert sich nicht mehr allein auf Schuhe mit erschütterungsdämpfenden Sohlen oder auch ohne. Der Mehrwert erstreckt sich auf weitere Bereiche: viele neue Services, die Bedürfnisse erfüllen und dazu beizutragen, dass Athleten noch größeren Spaß an ihrem Sport haben. Die Kundenerfahrung trifft heute auf wesentlich mehr Kontaktpunkte und bietet größere Teilhabe und Leidenschaft als bisher. Mithilfe der gesammelten Daten kann Nike ein persönliches, maßgeschneidertes Angebot erstellen.

So entwickelt sich ein Unternehmen weiter, dass sich nicht allein auf Produkte und Verkauf konzentriert, sondern auch Services schafft und Beziehungen aufbaut. Hinter Nike+ verbirgt sich eine ganz andere Welt. Der Anbieter ist damit in der Lage, weitaus mehr Geräte für die persönliche sportliche Betätigung miteinander zu verknüpfen und daher die Nutzerfrequenz auf seiner Plattform Nike+ wesentlich zu erhöhen. Mit Nike+ Fuel Lab hat das Unternehmen zudem ein Partnerschaftsprogramm gestartet, um verschiedene Geschäftsfelder, die neue Technologien für bessere Lösungen für Sportler nutzen, in einer Plattform zu integrieren. Jeder Partner agiert auf seine Art in der Sportbranche. Um das Potenzial dieser Kooperationen auszuschöpfen, arbeitet Nike an weiteren technischen Services, neuen NikeFuel-Algorithmen sowie an Erfahrungsdesigns. Der Anbieter baut, ergänzend zu seiner Produktpalette, ein »Ökosystem« an Partnern, Geräten und Diensten rund um messbare persönliche Leistungssteigerung durch Sport. Diese umfassenden und vernetzten Produkte und Dienstleistungen werden zum De-facto-Marketing des Unternehmens. Eine Firma, die über enge Beziehungen zu seinen Kunden verfügt, muss weniger werben. Das Ziel lautet, die Zahl der Nike+-Mitglieder in wenigen Jahren auf 100 Millionen zu steigern.

WAS IST NEU - WAS IST IN DEN LETZTEN JAHREN PASSIERT?

VON PUSH ZU PULL

PUSH IST WENIGER EFFEKTIV

Nahezu alle stimmen überein, dass sich die Finanzdienstleistungsmärkte von Push zu Pull verschoben haben. Mehrere Entwicklungen haben zum schwindenden Einfluss der Push-Strategien, zugunsten der Pull-Strategien, geführt:

- Ein zunehmender Vertrauensverlust, aufgrund dessen Menschen ihre Finanzentscheidungen allein treffen, ohne eine Bank oder einen Versicherer zu fragen.
- Eine wachsende Zahl selbstbestimmter Kunden, die sich entsprechend verhalten.
- Die Möglichkeiten der neuen Technologien, zum Beispiel der verbesserte Zugang zu Informationen, und der hohe Stellenwert von Suchmaschinen und Vergleichsportalen.
- Dass Kunden traditionelle Werbung immer weniger akzeptieren.

MARKETINGDURCHBLICK

In den letzten Jahren ist die Welt wesentlich transparenter geworden. Früher konnten Sie ein »ordentliches« Produkt durch cleveres Marketing zu einem Verkaufsschlager machen. Heute ist es unmöglich, Vorteile anzupreisen, die der Artikel nicht oder nicht ausreichend aufweist. Und es ist auch sinnlos, ein Produkt kosmetisch zu verbessern, wenn es nicht hält, was es verspricht. Verbraucher durchschauen solche Manöver, zumal ihnen vielfältige Wege offen stehen, ihre Erfahrungen mit anderen zu teilen. Aus diesem Grund hat die Zugkraft traditioneller Push-Strategien rapide abgenommen.

LEAN FORWARD

Früher dominierten sogenannte Lean-Back-Medien (die passiv konsumiert werden), vor allem das Fernsehen und die Presse. Heute lautet das Schlagwort »Lean-Forward-Medien«: Internet, soziale Medien, Mobiltechnologie. Sich auf die reine Botschaftsvermittlung zu beschränken, passt nicht zu Medien, welche die Verbraucher aktiv nutzen. Lean Forward bedeutet, dass Kunden aus eigener Initiative einen Dialog mit einem Produkt- oder Serviceanbieter beginnen und aktiv mit ihm interagieren.

Die Technologie hilft den Verbrauchern, besser informierte und rationalere Entscheidungen zu treffen, und das nutzen sie. Bevor sie sich an eine Bank oder einen Versicherer wenden, haben Kunden bereits einen erheblichen Teil des Kaufprozesses allein durchlaufen.

Zwar sind sich Banken und Versicherungen des Wechsels von Push zu Pull bewusst, aber sie haben ihre Strategien zur Einbeziehung von »Kundenwelten« und die dafür erforderlichen Kompetenzen kaum angepasst. Sie verlassen sich nach wie vor in erster Linie auf Push-Konzepte, wie viele andere auch. Die Unterschiede zwischen Push und Pull sind jedoch erheblich. Diese Ansätze unterscheiden sich vor allem dadurch, wie Verbraucher betrachtet und angesprochen werden. Push und Pull grenzen sich voneinander ab, sowohl in puncto Konzept als auch bei der Anwendung.

Mastercards virtueller Assistent interagiert mit zukünftigen Kunden.
Bild: © Mariska van der Heijden

PUSH-STRATEGIEN

Push betrachtet Kunden als passive Konsumenten, die auf ausgesandte Stimuli reagieren, während sie bequem auf dem Sofa sitzen. Irgendwo in einer Marketingabteilung lässt irgendjemand sich etwas einfallen, um Kunden sozusagen zwangsweise zu füttern. Push bedeutet, die Produkte über welchen Kanal auch immer zu den Kunden zu bringen und Wege zu finden, wie man sie Interessenten vorstellt. Hier ist von traditionellem Outbound-Marketing die Rede. Zu den wichtigsten Beispielen gehören Fernseh-, Radio- und Plakatwerbung, Direct Mail und Kaltakquise. Oder denken Sie an Gratis-Parfümproben in den Kosmetikabteilungen der Kaufhäuser. Push lässt sich klischeehaft beschreiben als Werbung mit dem Zweck, Verbraucher mit einem endlosen Strom an Produktmerkmalen zu bombardieren, bis jemand schließlich klein beigibt und kauft. Anschließend erhält der Kunde auf ähnliche Art alle möglichen »Cross-Sell-Angebote«. Auch auf den neuen Kanälen dominieren noch die alten Methoden. Nach wie vor gibt es traditionelle Werbemittel wie Pop-ups oder Anzeigeneinspielungen vor Beginn eines YouTube-Clips, die nicht wegzuklicken sind. Facebook verdient sehr gut mit Werbung. Die meisten Unternehmen nutzen CRM als Push-Programm und sprechen Verbraucher auf unerwünschte Weise an. Zwar sind diese Angebote möglichst auf das Kundenprofil abgestimmt, aber sie sind dennoch ungewollt. Solang sie mit marginalen Erlösen leben können, akzeptieren Unternehmen die geringen Response-Zahlen, die hohen Streuverluste und die wenigen Kunden, die regelmäßig die Opt-out-Funktion wählen. Aktivitäten wie diese zielen nicht auf eine Beziehung oder einen lebenslangen Wert ab. Push ist naturgemäß aufdringlich. Und da die Zielgruppe mit unerbetenen Angeboten bombardiert wird, sind mit Push-Strategien adressierte Kunden nicht sehr aktiv.

PULL-STRATEGIEN

Pull ist in jeder Hinsicht das Gegenteil von Push. Pull gibt dem Kunden die Kontrolle und betrachtet Menschen als aktive Konsumenten, die ihre Bedürfnisse selbst signalisieren. Die modernen Verbraucher recherchieren ständig. Sie browsen durch verschiedene Websites und suchen nach Erfahrungen anderer. In Pull-Märkten durchforsten die Käufer gemeinsam den Wettbewerb. Sie lesen die Kritiken Gleichgesinnter und bitten ihre Facebook-Freunde um Empfehlungen.

Ein Kunde sucht nicht nach spezifischem Produktnutzen. Er hat ein Bedürfnis und schaut nach einer Lösung, die diesen Bedarf mittels einer aktiven Erkundung erfüllt. Produktvorteile zu vermitteln, bringt daher nicht viel. Es ist sinnvoller, den Interessenten zuzuhören und über den Bedarf zu sprechen. Nicht das Angebot der Woche, sondern die Bedürfnisse der Verbraucher prägen die Marktdynamiken. Nicht die Marke, sondern der Kunde entscheidet, wann und wo er oder sie gern angesprochen werden möchte.

Pull-Strategien sind das Gegenteil von Kaltakquise. Pull betrachtet das Customer Engagement als kundengetrieben. Dazu gehört auch die Einladung an den Kunden, zu entscheiden, ob und wann er sich an Sie wenden möchte. Pull bedeutet, es den Verbrauchern leicht zu machen, Sie zu finden und zu Rate zu ziehen. Pull-Strategien führen meist zu einem intensiveren Engagement, weil die Konsumenten sich an Unternehmen wenden, mit denen sie selbst gern zusammenarbeiten möchten. Dieses Verhalten spiegelt sich zum Beispiel in Offline- und Online-Mundpropaganda wider. Menschen teilen der Welt mit, wenn sie glücklich und zufrieden sind.

PUSH VERSUS PULL

Push	Pull
Unternehmenszentriert: Das Finanzinstitut startet die Initiative	Kundenzentriert: Der Kunde startet die Initiative
Einwegkommunikation, mehrfach	Kontinuierlicher interaktiver Dialog
Kunden zum sofortigen Handeln auffordern	Engagement, Beziehung pflegen
Verkaufen	Hilfe
Verkaufsabschluss als Endziel	Lebenslanger Wert
Cross Sales fördern – Wiederholungsverkäufe erzielen	Förderung von Cross Buy – echte Loyalität
Vorhersagbare Nachfrage	Nicht vorhersagbare Nachfrage
Unternehmensgenerierte Inhalte	Kunde bringt sich ein

AKTUELLE PULL-INITIATIVEN

Finanzinstituten stehen mehrere Wege offen, die zunehmende Bedeutung von Pull-Strategien zu nutzen – in der physischen und der digitalen Welt.

1. PRÄSENZ AN VERKEHRSREICHEN STANDORTEN

Die Relevanz physischer Standorte hat sich in den letzten Jahren enorm verändert. In zahlreichen reifen Märkten erleben Bankfilialen und Versicherungsagenturen, wie ihr Kundenaufkommen schrumpft. Am Ende werden viele Niederlassungen schließen müssen. Diese Entwicklung ist unumkehrbar. Laut Scratchs Millennial Disruption Index, gehen 71 Prozent der Millennials lieber zum Zahnarzt als in eine Bankfiliale. Wir erleben auch mehrere Finanzinstitute, die ihrem vertrauten Filialkonzept neues Leben einhauchen. Diese Anbieter eröffnen ihre Zweigstellen dort, wo die Verbraucher sich aufhalten, anstatt sie an unfrequentierte Orte zu locken.

- Die Filialen der Metro Bank im Einzugsgebiet von London befinden sich alle in Hauptstraßen, wo man eher Modegeschäfte wie Ted Baker erwartet. Während die meisten Niederlassungen keine Schließfächer mehr anbieten, macht die Metro Bank genau das. Innerhalb von zwei Wochen sind diese Boxen ausverkauft. Abgesehen davon, dass sie ein echter Erfolg sind, erzielen die Gebühren für die Bankschließfächer genug Umsatz, um die Miete für jede Filiale abzudecken.
- Genertel (der Direktversicherungszweig des italienischen Konzerns Generali) eröffnete seine LifePark-Konzeptfiliale nur einen Häuserblock vom Mailänder Dom entfernt. Der Flagship-Store bietet eine reichhaltige Erfahrung mittels eines einfachen Versprechens: »Der größtmögliche Schutz«.
- BRD, die zweitgrößte Bank Rumäniens und Teil der Group Société Générale, gründete BRD Express: kleine Filialen an verkehrsreichen Standorten, zum Beispiel Supermärkte, Einkaufszentren, Flughäfen und Universitäten.
- Für die US-amerikanische Bank PNC bieten mobile Filialen einen günstigeren Weg, ihre Bestandskunden zu bedienen und die Marke Interessenten zu präsentieren, Neukonten zu eröffnen und neue Produkte vorzustellen. Nach drei Monaten wird die Niederlassung an einen anderen verkehrsreichen Standort mit neuen potenziellen Kunden verlegt.
- US Bancorp betreibt Filialen in den Zentralen großer Konzerne, zum Beispiel Starbucks, Best Buy und 3M. Bankinter in Spanien gründete sogenannte Unternehmensimplantate: Büros in Firmenniederlassungen, die zu bestimmten Zeiten während der Woche an den Standorten von Servicegrößen wie McKinsey, Accenture, Deloitte und KPMG öffnen. Auf diese Weise rückt die Bank so nah wie möglich an die Mitarbeiter der großen Organisationen heran.

Ein riesiges U-Boot bahnt sich in der Via dei Mercanti, einen Steinwurf vom Mailänder Dom entfernt, seinen Weg durch den Asphalt, um auf die Eröffnung des LifePark Protection Store von Genertel und Europ Assistance aufmerksam zu machen.
Bild: © M&C Saatchi Italien

2. SETZEN SIE AUF PARTNER MIT HOHER KUNDENFREQUENZ

Wenn Sie nicht genügend Kundenfrequenz generieren, nutzen Sie die Kundenbeziehungen anderer, zum Beispiel von Partnern wie Einzelhandelsketten oder Autohändlern.

- Generali arbeitet mit Future Group zusammen, dem mit Abstand größten Handelskonzern Indiens, mit mehreren beliebten Einzelhandelsketten und mehr als 157,5 Hektar Verkaufsfläche sowie 300 Millionen Kunden in 102 Städten. Die gemeinsamen Initiativen reichen von zukunftsorientierten Versicherungen bis zu Büros für Schadensregulierung in Einkaufszentren mit hoher Kundenfrequenz.
- Mapfre tat sich mit der brasilianischen Baumarktkette Super Bahia zusammen, um in jedem Super-Bahia-Markt private Hausratversicherungen zu verkaufen.
- Ping An ging eine Partnerschaft mit den Internetgiganten Alibaba und Tencent ein, um Zhong An, Chinas erste Online-Versicherungsgesellschaft zu gründen und die Kompetenzen und Vorzüge aller Partner zu nutzen.

- Die polnische Alior-Bank hat gemeinsam mit Einzelhandelsketten ein Angebot zur Konsumfinanzierung entwickelt. Auf der Online-Plattform des Einzelhändlers werden 100 Prozent der Anträge innerhalb von 90 Sekunden papierlos bearbeitet. Das Ergebnis: 185.000 Kreditanträge innerhalb der ersten sechs Monate.
- Das brasilianische Finanzinstitut Banco Bradesco rüstete die Bankautomaten von 50.000 Einkaufszentren, unter anderem Carrefour, aus, um Finanzprodukte zu vermarkten.
- In Saudi-Arabien platzieren Großbanken wie die Al Rajhi Bank Mitarbeiter in den Showrooms großer Autohändler, um Finanzierungsangebote vor Ort zu unterbreiten, und unterstützen so die Autoverkäufer dabei, mehr Abschlüsse zu erzielen.

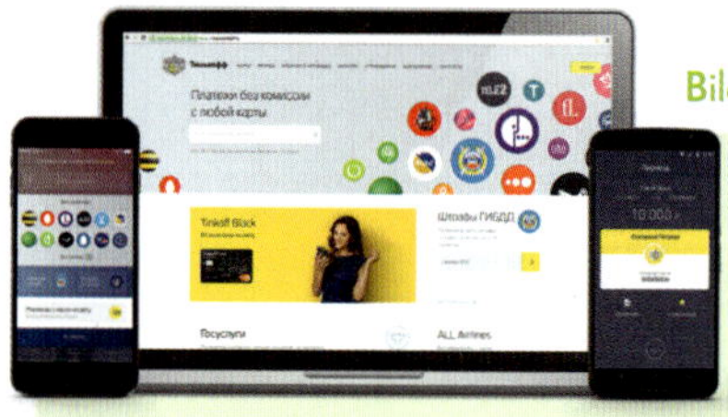

Bild: © Tinkoff Bank

TINKOFF

Die russische Tinkoff Bank emittierte in Partnerschaft mit Google Play, eBay und AliExpress eine Reihe von Co-Brand-Kredit- und -Debitkarten. Oliver Hughes, CEO von Tinkoff: »Abhängig vom Treueprogramm erhalten Kunden bis zu 10 Prozent ihrer Einkäufe in Form von Bonussen zurück, die sie für ihren nächsten Erwerb verwenden können. Wir arbeiten mit den größten internationalen Online-Händlern zusammen, darunter AliExpress, eBay und Google Play, aber auch mit nationalen Unternehmen wie Lamoda und Rendez-Vous.« Die Tinkoff Bank hat sich darüber hinaus mit einer anderen Art von »High-Traffic«-Partnern zusammengetan, um nationale Reichweite zu erzielen. »Unsere ›intelligente Kurier‹-Plattform, mit mehr als 1.300 Agenten, macht uns zum größten Kuriernetz für Lieferungen von Tür-zu-Tür in Russland. Aufgrund unserer Präsenz in ganz Russland sind wir heute der zweitgrößte Anbieter im Kreditkartenmarkt.«

3. NUTZEN SIE SUCHMASCHINEN UND VERGLEICHSPORTALE

Suchmaschinen, Test- und Vergleichsportale spielen eine zentrale Rolle im Online-Auswahlprozess für nahezu jede Produktkategorie – Banken und Versicherungen eingeschlossen. Diese Unternehmen betrachten Suchmaschinen und Vergleichsportale mit gemischten Gefühlen, da sie ein zweischneidiges Schwert sind. Auf der einen Seite vermitteln sie Kunden Durchblick und Komfort und bringen den Finanzhäusern ein erhebliches Geschäft. Im Bereich Schaden bzw. Sachversicherungen kann dieses Business sich auf 30 bis 40 Prozent der Verbraucher belaufen. Auf der anderen Seite sind Finanzinstitute sowohl die steigenden Kosten als auch die enge Verbindung zu Suchmaschinen und Vergleichsportalen ein zunehmender Dorn im Auge – die Abhängigkeit ist wahrscheinlich größer, als es klug und notwendig ist. Sich zu stark auf Suchmaschinen und Vergleichsportale zu verlassen, ist womöglich keine nachhaltige Strategie. Wenn Finanzinstitute zu stark von Dritten abhängen, laufen sie Gefahr, zu einem austauschbaren Standardprodukt zu werden. Am Ende können sie nichts weiter sein als ein Dienstleister beziehungsweise White-Label-Anbieter.

VERGLEICHSPORTALE: DAS ZWEISCHNEIDIGE SCHWERT

Mehrere Versicherer unter unseren Kontakten fürchten folgende Entwicklungen:

- Viele Verbraucher beginnen ihren Weg zum Abschluss einer Versicherung auf den Websites der ihnen bekannten Marken. Danach besuchen sie ein Vergleichsportal, um kostengünstigere Alternativen zu bewerten. Selbst wenn das erste Unternehmen das Beste ist, kehren die Verbraucher meistens nicht auf die Website dieses Versicherers zurück, sondern schließen die Police an diesem Punkt des Verkaufsprozesses ab: auf dem Vergleichsportal. Somit muss der Versicherer eine hohe Provision an dieses Portal zahlen, die oft über der durchschnittlichen Provision eines Maklers liegt – und das, obwohl der Kunde sich sowieso schon für diesen Anbieter entschieden hatte.
- Die Verbraucher, die ihre Verträge über Vergleichsportale abschließen, sind nicht unbedingt die besten Kunden oder schaffen das profitabelste Geschäft. Der Versicherer erzielt seine Umsätze hauptsächlich in Segmenten, in denen er einer der günstigsten Anbieter ist, und das sind meist nicht die profitabelsten Segmente. Diese Kunden sind von Natur aus preissensibler, rechnen schärfer und sind daher auch weniger loyal. Untersuchungen der britischen Consumer Intelligence Agency zufolge steigen die Wechselraten bei Nutzung der Vergleichsportale potenziell um mehr als 30 Prozent. Nach Angaben vieler uns bekannter Führungskräfte von Versicherungen weisen diese Kunden auch ein deutlich ungünstigeres Schadensprofil auf.
- Sich auf den Preis zu fokussieren, anstatt auf den Versicherungsumfang und den Service, kann Versicherer bewegen, einfach ihre Policen abzuspecken, anstatt die Kunden zu einer passenden Lösung zu führen.
-

Finanzdienstleister sollten darüber nachdenken, wie sie den Vergleichsportalen Macht entziehen können. Einige Beispiele:

- Die US-Versicherung Progressive bietet innerhalb des gewünschten Versicherungsumfangs eines Interessenten Wettbewerbsvergleiche auf ihrer eigenen Website, selbst wenn Progressive teurer als sein Mitbewerber ist. Die Kunden finden diese Information ohnehin. Daher ist es besser, wenn das Unternehmen den Preis und andere Unterschiede selbst erklärt. Da auf Basis desselben Versicherungsumfangs verglichen wird, sehen die Kunden nur Gleiches neben Gleichem und der Preis ist der einzige Unterschied.
- Der britische Versicherer Admiral hat sein eigenes Vergleichsportal gegründet. Der niederländische Versicherer Achmea hat mit Independer das größte Vergleichsportal in diesem Markt gekauft. Das Vergleichskonzept GoBear, ein Joint Venture mit Aegon, erobert derzeit Südostasien.
- Bieten Sie unterschiedliche Produkte auf Ihrer eigenen Website, die nicht auf Vergleichsportalen stehen, oder einen Produktansatz nach dem Bausteinprinzip: einfache, kostengünstige Posten, die auf den Vergleichsportalen gut abschneiden. Sobald Interessenten eine Versicherung abgeschlossen haben, können sie mühelos weitere Merkmale hinzufügen und das Produkt komplexer werden lassen.
- Steigern Sie mithilfe einer relevanten und einprägsamen Markenstrategie das Erinnerungsvermögen der Kunden – die sogenannte Top-of-mind-Awareness, wie es im Marketing-Fachjargon heißt.
- Nutzen Sie die Macht der Kundenrezensionen; wenn die Zahlen hier steigen, müssen Sie den Service ausbauen.

> Die Kontaktfrequenz mit Kunden ist ein wesentlicher Wachstumsmotor.

4. NUTZEN SIE DIE AKTUELLE FREQUENZ

Banken verfügen über unumstößliche Pull-Instrumente: Zahlungen und Kontoauszüge. Wie oft werden Überweisungen getätigt? Wie oft überprüfen Verbraucher ihren Kontostand? Die Kundenfrequenz existiert bereits, aber wie übersetzen Sie diese in eine höhere Schlagzahl? Aus diesen Interaktionen lässt sich viel mehr herausholen, wobei die Herausforderung darin besteht, die Chance zur Kundenansprache besser zu nutzen.

Laut der amerikanischen Moven Bank lässt die Kontaktfrequenz mit den Kunden das Geschäft schneller wachsen. Mircea Mihaescu, COO, Moven: »Wir arbeiten daran, das Privatkundenkonto in eine Finanz-App zu verwandeln, die Kunden drei- bis fünfmal am Tag nutzen. Wir möchten von unseren Kunden hören: ›Moven gibt mir ein sofortiges Feedback über meine Ausgaben. Sie helfen mir, klüger zu entscheiden und motivieren mich zum Sparen.‹«

Zu diesem Zweck bietet die Banking-App dieses Anbieters zahlreiche Funktionen für die aktive Nutzung, darunter eine sofortige Meldung nach jeder Transaktion. Um eine tragfähige Kundenbeziehung aufzubauen, nutzt Moven die täglichen Ausgaben, damit der Verbraucher sich enger an die Bank bindet.

- Die polnische mBank zeigt uns, wie ein Unternehmen Zahlungen nutzt, um die Beziehung mit Verbrauchern zu festigen. Jedes Mal, wenn ein Kunde Geld an ein Hotel, eine Fluggesellschaft oder einen Reiseveranstalter überweist, bietet die Bank während des Vorgangs eine Reiseversicherung an. So stieg der Absatz bereits um 30 Prozent.
- Die holländische SNS Bank nutzt Inbound-Marketing für ihren Website-Traffic. Die Bank kombiniert Offline-Daten mit Echtzeit-Onlineverhalten, um personalisierte Inhalte zu bieten. Kunden interessieren sich für diesen Content dreißigmal mehr als für Mailings oder Broschüren. Das »nächstbeste Angebot« wird fünfmal eher angeklickt.
- Auf Basis des erwarteten Einkommens und der voraussichtlichen Ausgaben schlägt der in iGaranti inte-

grierte Avatar Kunden proaktiv vor, mit einer einzigen Bildschirmberührung einen bestimmten Betrag von ihrem Girokonto auf ihr Sparkonto zu überweisen. Ganze 20 Prozent der Kunden folgen dieser Aufforderung. iGaranti zeigt, dass es einen ständigen Kundendialog ermöglicht, wenn ein Girokonto neue Funktionen des persönlichen Finanzmanagements (PFM) umfasst. Wichtig ist, dass dieses System des persönlichen Finanzmanagements nicht nur auf die Vergangenheit zielt, sondern auch auf die Zukunft. Zudem ist PFM ein logischer Teil der täglichen Banking-App-Routine. Viele Banken betrachten PFM-Funktionen immer noch als reine Verkaufsförderung oder eine isolierte Spielerei. Das rächt sich durch begrenzte Penetration, einen geringen Mehrwert und wenig Nutzung.

Versicherer wagen erste Pull-Initiativen, indem sie Traffic im »Mein-Konto«-Bereich nutzen. Bei Letzterem handelt es sich meist um mehr oder weniger traditionelle Kundenakten, die nun online sind. Dort finden Sie Ihre Versicherungsbedingungen oder den Bearbeitungsstatus eines Schadensfalls. Viele Versicherer verfolgen mit »Mein-Konto« ambitioniertere Ziele, um mehr zu erreichen. Sie fragen sich: »Wie können wir diesen Bereich interessanter gestalten und den Kunden davon überzeugen, ihn öfter zu nutzen? Wie können wir durch den ›Mein-Konto‹-Bereich Cross Sales steigern und Kosten senken?«

TREFFEN SIE KUNDEN, WO DIESE BEREITS SIND

Der gemeinsame Nenner der aktuellen Pull-Initiativen lautet, »dorthin gehen, wo die Kunden sind« – indem Anbieter bestehende Mittel anders einsetzen, kostenlos die Attraktivität Dritter sowie den bereits vorhandenen Traffic nutzen. Es scheint noch kein breites Gespür für die Welt der neuen Technologien zu geben. So wie Smartphones und andere vernetzte Geräte sich als großer Fortschritt im Leben der Kunden erweisen, werden auch die Pull-Strategien ihren Weg machen. Dabei geht es nicht allein darum, am selben Ort wie die Kunden zu sein. Wie in der Einleitung erwähnt, gilt es, die Lücke zwischen dem Finanzinstitut und dem Kunden zu schließen. Das bedeutet, von der Transaktion zur Interaktion, von einer Einwegkommunikation zu einem Dialog überzugehen. Darüber hinaus den Schritt von der Interaktion zur Nähe zu vollziehen, indem sich der Dialog vom Informationsaustausch zu proaktiven Handlungen wandelt. Pull-Strategien spielen dabei eine zentrale Rolle.

WAS KOMMT ALS NÄCHSTES -
WAS WIRD IN DEN KOMMENDEN JAHREN PASSIEREN?

PULL PLATFORMEN
UND MARKTPLÄTZE

Kaufhäuser sind Pull-Plattformen. Im Erdgeschoss Parfümproben anzubieten, ist Push-Marketing. Bild: © Ymke Sie

In zahlreichen Vorstandssitzungen, an denen wir in den letzten Jahren teilgenommen haben, kam immer wieder ein Thema zur Sprache: die Angst vor Google, Facebook und Apple. Mit der zunehmenden Popularität von Unternehmen wie Uber, Alibaba und Airbnb ist die Liste unerwünschter Eindringlinge immer länger geworden, wobei die Angst inzwischen konkret artikuliert wird. Inwiefern werden Finanzdienstleistungen demnächst »Uber-isiert«? Uber ist das größte Taxiunternehmen der Welt, ohne nur ein einziges Taxi zu besitzen, (das gleiche Prinzip gilt für Alibaba und Airbnb auf ihrem jeweiligen Gebiet). Es ist nicht sehr nützlich, darüber nachzudenken, wie »keine Taxis zu besitzen« auf Finanzdienstleistungen Anwendung finden könnte. Die erwähnten Unternehmen verfolgen alle vollkommen andere Geschäftsmodelle, die sich nicht auf »keine eigenen Taxis besitzen«, »keinen Lagerbestand vorhalten« und so weiter beschränken. Für das Thema dieses Buchs – Customer Engagement – ist besonders interessant, dass diese Unternehmen nicht einfach willkürlich Pull-Instrumente anwenden, sondern das Pull-Konzept buchstäblich in ihrer DNA tragen. In dieser Hinsicht können Finanzinstitute viel von diesen Firmen lernen.

> Im Lauf der Zeit hat Apple einige erfolgreiche Pull-Plattformen, wie den iTunes Store und den Apple Store, entwickelt. Beide bringen Angebot und Nachfrage zusammen. Viele Menschen entscheiden sich aufgrund der Marke und des Designs für ein iPhone, doch der Erfolg verdankt sich zum großen Teil der riesigen Zahl an Apps, für die Apple eine Plattform geschaffen hat. Im vorhergehenden Kapitel erwähnten wir das Apple HealthKit. Auch ein vergleichbares Apple HomeKit existiert. Beide können auf ihrem jeweiligen Gebiet zu erfolgreichen Pull-Plattformen werden.

EIN ANDERER ANSATZ

In vielen Ländern und für viele Verbraucher ist Geld ein Symbol für gesellschaftlichen Aufstieg. Die Bedeutung des Geldes überträgt sich jedoch nicht automatisch auf Finanzdienstleistungen. Wie viele Verbraucher interessieren sich ernsthaft für Finanzprodukte? Wenn Sie einen IT-Berater fragen, welche betriebliche Sozialleistung ihm am wichtigsten ist, wird er wahrscheinlich den Firmenwagen nennen, nicht die betriebliche Rente. Das zeigt, dass Finanzinstitute Kunden anders ansprechen müssen.

ACHT SCHLÜSSELMERKMALE

Wir haben die Pull-Plattformen der zuvor genannten Unternehmen analysiert – nichttechnische Unternehmen wie Nike, aber auch die ersten Finanzinstitute und Fintechs, die erfolgreiche Initiativen dieser Art gestartet haben. Dabei ist festzustellen, dass diese ausnahmslos ihren eigenen Mix aus acht Schlüsselmerkmalen besitzen: (1) Sie lösen echte Probleme, (2) sie nutzen Inhalte, Instrumente und Verbindungen gewinnbringend, (3) sie bilden Communities, (4) sie denken über die Kunden hinaus, (5) sie nutzen vorhandene Daten, (6) sie setzen auf Angebote jenseits vertikaler Lösungen, (7) sie schöpfen Netzwerkeffekte aus und (8) sie schaffen Wert auf unkonventionelle Weise.

1 ECHTE PROBLEME LÖSEN

Erfolgreiche Pull-Plattformen lösen Kundenprobleme auf unkonventionelle Weise; ohne Reibungsverluste, Herausforderungen hinter den finanziellen Bedürfnissen. Unter Einsatz von Technologie ermöglichen sie ihren Kunden, die Kontrolle zu behalten, zu lernen und umfassender informiert zu sein, effektivere und schnellere Entscheidungen zu treffen und einen besseren Service zu erhalten, der auf ihre Bedürfnisse abgestimmt ist.

> Alipay: ›Händler wollen kein neues Bezahlsystem, sie wollen neue Kunden.‹

DOTFNB

Bis vor wenigen Jahren bot die südafrikanische Regierung finanzielle Anreize für den Einsatz von Computern in der Schule, indem sie den Eltern der Kinder hohe Zuschüsse zahlte, um Computer und Tablets anschaffen zu können. Als diese Zahlungen versiegten, standen die Eltern vor einem großen Problem. Da sprang die First National Bank (FNB) in die Bresche. Kunden der FNB können einen Kredit zu attraktiven Konditionen erhalten, um diese Geräte zu kaufen: Der Kredit ist die ersten beiden Jahre zinslos. Falls die Kreditkunden noch kein Konto bei der FNB haben, können sie umgehend eines eröffnen. Die bargeldlosen Filialen von dotFNB spielen eine zentrale Rolle. Sie kombinieren Technologie mit menschlichen Interaktionen. Besucher können nicht nur mit einem Banker sprechen, um über Finanzprodukte zu diskutieren, sie können auch ein neues Gerät auswählen und es mit dem Berater für FNB online und über mobile Kanäle einrichten.

Durch dieses Konzept sind die neuen digitalen Stores, mit mehr als 4.000 Besuchern pro Monat, zu einem wichtigen Instrument für Customer Engagement und Kundenakquisition geworden. Gleichzeitig erleichtern diese Stores es, digitale Services und Kanäle zu nutzen, die für die Kunden komfortabler und für FNB kosteneffizienter sind. Das Programm ist ein Riesenerfolg und hat FNB an die Spitze der Tablet-Verkäufe befördert – noch vor elektronischen Einzelhandelsgeschäften.

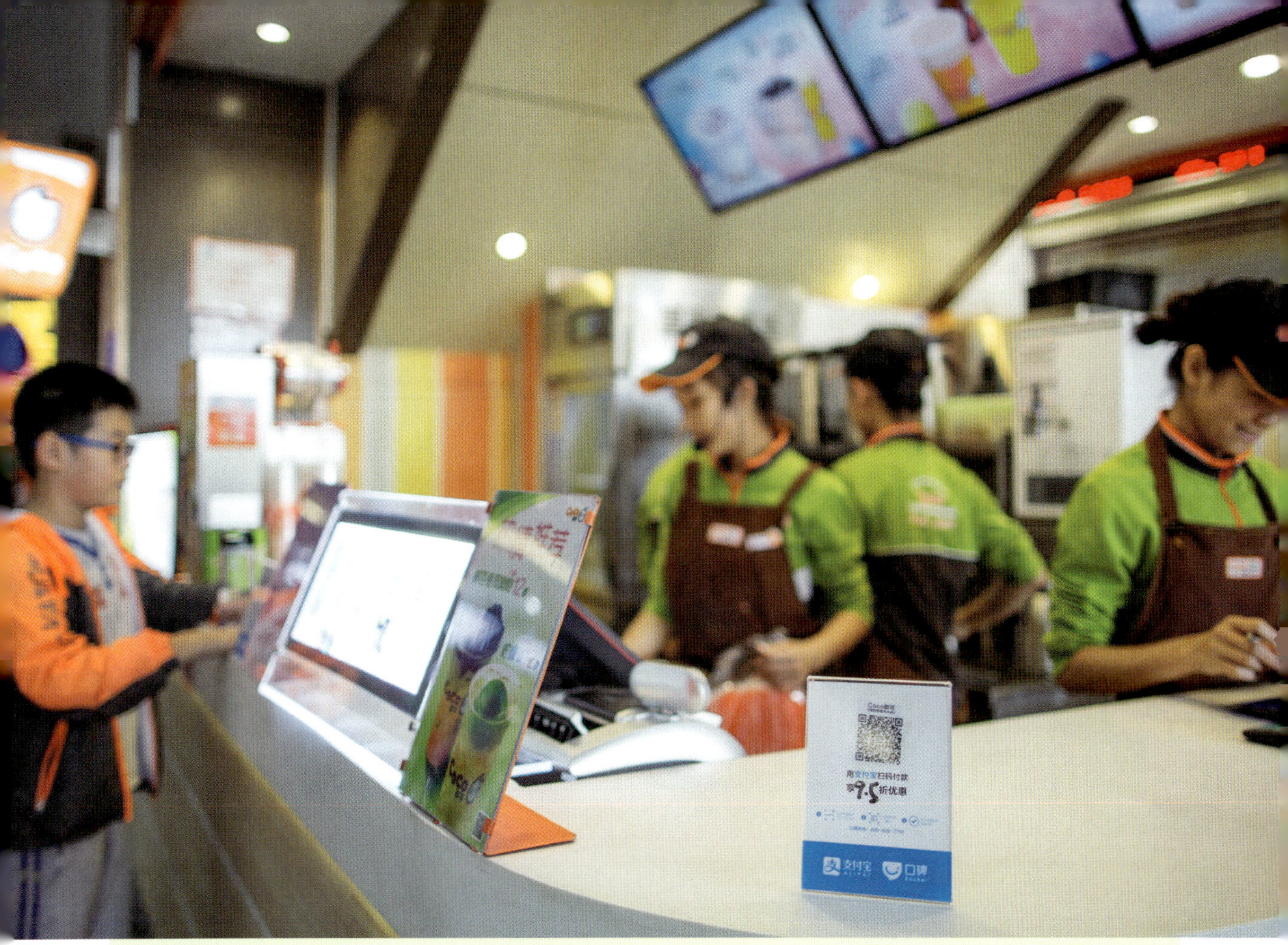

Bild: © Alipay

ALIPAY

Bei Alipay geht es nicht nur um Zahlungsabwicklung, sondern um Kundenbeziehungen, wie Sabrina Peng, President Alipay International, sagt: »Alipay ist eine globale Lifestyle-Super-App, die 5 Prozent der Weltbevölkerung nutzt. Alipay bereichert den Alltag der Menschen um einen neuen Lebensstil, zum Beispiel, indem es Händler auf verschiedene Weise mit Nutzern zusammenbringt. Geschäfte können Alipay nutzen, um ihre Offline-Services zu vermarkten, inklusive Sonderangeboten, Gutscheinen oder Coupons und einen Stadtplan, um den gewünschten Store zu finden. Nutzer können alle Geschäfte in der Nähe mit Bildern aufrufen. Des Weiteren erhalten sie Discount-Codes und posten Feedback, was den Geschäften wiederum mehr Traffic und Kundenaufkommen einbringt.
Da die Nutzer die App überall bedienen – online und offline, Tag und Nacht –, entstehen große Datenmengen, die einem verbesserten Kundenservice zugutekommen. Anwender mit einer hohen Kreditbewertung können zum Beispiel ohne Kautionszahlung ein Hotel buchen. Auch die Händler profitieren von den gesammelten Daten: Sie sehen, wie Verbraucher ihre Apps nutzen, und optimieren die Kundenerfahrung und die Konversionsrate aufgrund der Erkenntnisse. Mithilfe der Alipay-App können sie sogar ein Mitglieds- oder Treueprogramm entwickeln. Das Konzept zielt darauf ab, Geschäften und Nutzern gleichermaßen Mehrwert zu bieten. Die Zahlungsfunktion ist lediglich ein Teil des Kaufzyklus. Die Händler wollen kein neues Bezahlsystem; sie wollen neue Kunden.«

2 INHALTE, INSTRUMENTE UND VERBINDUNGEN

Pull-Plattformen bieten einen hohen Mehrwert in fragmentierten, unvollkommenen Märkten – geprägt von vielen Anbietern, schwer vergleichbaren Produkten, einem schwachen Vertrieb, einer Fülle verstreuter Detailinformationen, vielen Personen mit Interesse an diesen Informationen und/oder den Produkten sowie einer ausgeprägten Informationsasymmetrie. Das erklärt auch, wie populär Vergleichsportale für Finanzservices und wie wichtig Suchmaschinen für Verbraucher im Kaufprozess sind. Erfolgreiche Pull-Initiativen kombinieren Inhalte, Instrumente und Verbindungen für die Nutzer.

DANONE

Unser Kollege Eduard de Wilde, Director Digital von VODW, stand Danone bei der Entwicklung einer Pull-Plattform zur Seite, die Mütter, von der Schwangerschaft bis zu den ersten Kinderjahren, in der »frühen Ernährungsphase«, unterstützt. Tom de Waard, Global Digital Experience Director von Danone Nutricia Early Life Nutrition: »Die BLX-Plattform hilft Müttern auf vielfältige Weise, von der Schwangerschaft bis zu den ersten 1.000 Lebenstagen ihres Babys, der ›frühen Ernährungsphase‹, die grundlegend für die Gesundheit des Kindes ist. Dazu gehört die Präsenz in Online-Medien – Paid, Owned und Earned Media –, über die Mütter Informationen sammeln und sich miteinander austauschen; ein digitales Markenprodukt (eine mobile App), das Mütter rund um die Uhr informiert und Services bietet. Die verschiedenen Datenquellen werden in einer Datenbank konsolidiert. Auf diese Weise entstehen informative Profile, die dank Multichannel-Anreicherung und Data Mining ständig wachsen. Damit ist Nutricia in der Lage, allen Eltern maßgeschneiderte Leistungen mit individuell abgestimmten Inhalten, Diensten und Instrumenten sowie persönlichem Rat und Angeboten zu unterbreiten, die exakt auf das Alter und den Gesundheitszustand eines Kindes abgestimmt sind. Schon Monate vor der Geburt steht Nutricia im Kontakt mit den Eltern. So entsteht eine Verbindung, mit dem Ergebnis, dass Nutricia-Produkte von Geburt an ein Teil des neuen Lebens sind. Die Resultate der Plattform als ›die Marke der ersten Wahl‹, den NPS und die Interaktionsrate, übertreffen unsere Erwartungen.«

Eduard de Wilde (VODW): »Danones Plattform ist erfolgreich, weil sich das Unternehmen die Zeit nimmt, Beziehungen aufzubauen und zu pflegen. Die Zeit ist wichtig, um Kundenprobleme herauszufinden und zu verstehen, auf welche Hürden die Verbraucher bei ihren Lösungsversuchen stoßen, um ihre Probleme zu lösen; sowie die Zeit, Kunden zu informieren und die Ressourcen auszuwählen. Nur so wird das Angebot zum Zeitpunkt, da der Kunde kaufbereit ist, als ›unriskant‹ empfunden. Dieses Vorgehen ist eine neue Art des Marketings. Die Herausforderung besteht darin, sich die Zeit zu nehmen, geduldig zu sein und nicht der Versuchung zu erliegen, zu schnell – oder noch schlimmer – sofort verkaufen zu wollen.«

MASHREQ MAX

Die Mashreq Bank, ein führendes Finanzinstitut in den Vereinigten Arabischen Emiraten, gründete Mashreq Max, um wohlhabende Privatkunden zu gewinnen. Fahrad Irani, ehemaliger CEO der Retail Banking Group von Mashreq: »Der Kern des Konzepts ist ein Samsung-Tablet, das Neu- und Bestandskunden kostenlos erhalten. Auf dem Tablet sind alle möglichen Apps vorinstalliert. Darunter auch Apps für Bank- und Finanzgeschäfte, die von der Aktivierung bereits bewilligter Kredite über das Aufladen von Guthaben für Mobiltelefone bis zur Zahlung von Versorgungsleistungen in Indien reichen. Außerdem Lebensstil-Apps, die Preisnachlässe und Prämien bieten, sowie Produktivitäts-Apps, zu denen ein Kreditrechner gehört, Videokonferenzfunktionen für den Kontakt mit der Bank und eine Park-App für Dubai. Dank Mashreq Max gewinnt die Bank rund 750 wohlhabende Neukunden pro Monat, (was in einem kleinen Markt wie den Emiraten viel ist). Außerdem ist Mashreq Max ein großartiges Instrument, um Erkenntnisse über Kunden zu gewinnen und ein breites Spektrum an neuen potenziellen Umsatzquellen zu erschließen. Mashreq Max ist, aus unterschiedlichen Blickwinkeln betrachtet, eine äußerst effektive Pull-Plattform.«

Bild: © Mashreq Bank

»Nehmen Sie sich Zeit, um Beziehungen aufzubauen und zu pflegen, damit das Angebot zum Zeitpunkt, da der Kunde kaufbereit ist, als ›unriskant‹ empfunden wird.«

NEUFLIZE

Selbstverständlich lassen sich die Plattformen auch in der realen Welt schaffen. Die französische Privatbank Neuflize OBC, die zu ABN AMRO gehört, ist gut in der französischen Filmindustrie positioniert. Neuflize zählt viele Schauspieler und Filmproduzenten zu ihren Kunden. Die Bank weiß ihre Verbindungen zu dieser Branche intelligent zu nutzen. Sie öffnet dieses Netzwerk für Kunden, indem sie den wohlhabenden unter ihnen ermöglicht, mit Filmemachern in Kontakt zu treten, die ihre Filme finanzieren wollen. Rund 70 Prozent der französischen Filmfinanzierung läuft über diese Bank. Auf diese Weise verstärken sich Service und Image gegenseitig.

Werden diese Plattformen zunehmend genutzt, steigt auch der Wert für Kunden. Offensichtlich entstehen unmittelbare Effekte, weil die Inhalte der Plattformen Nutzen bieten. Überzeugende, vielleicht sogar kuratierte Inhalte sind daher der Schlüssel zum Erfolg. Es gibt aber auch den indirekten Effekt, dass die Plattformnutzung die angebotenen Leistungen verbessert, weil jeder Zugriff einen weiteren Informationsgewinn darstellt. So wie Netflix und Amazon auf Basis der individuellen Nutzung personalisierte Vorschläge machen, werden die Algorithmen mit jedem Gebrauch immer intelligenter, indem sie Anwendern zum Beispiel Inhalte empfehlen. Der Wert der Daten, die von und für Kunden erstellt werden, steigt mit zunehmender Plattformnutzung. Daraus ergibt sich ein Wettbewerbsvorteil, weil die Konkurrenz keine gleichermaßen individuellen Inhalte bieten kann.

3 COMMUNITIES

Viele Pull-Initiativen, die wir unter die Lupe genommen haben, erfüllen eine Community-Funktion oder nutzen diese. Manch eine ermöglicht Verbrauchern, eine aktive Rolle zu spielen oder Inhalte zu teilen. Auf diese Weise verleihen sie die Autorität glaubwürdiger Verbraucher. Denken Sie an die Peer-Informationen, die das Rückgrat von eToro bilden, und die Community von Danone. Die Vernetzung der Nutzer untereinander gewährleistet, dass alle Beteiligten von den Interaktionen profitieren. Mehr Anwender führen zu mehr Interaktionen, die wiederum einen höheren Mehrwert schaffen. Die wahre Herausforderung besteht darin, eine solche Aufwärtsspirale zu starten.

eTORO

Die überwältigende Mehrheit der uns bekannten Privatbanken und Anlageberater erzielen schlechtere Ergebnisse als der Markt. Das ist ein ernstes Problem. Über das Social-Investment-Netzwerk eToro können Privatanleger ihr Portfolio mit dem anderer vergleichen. Das ist eine Art Facebook für Privatanleger. Sie können sehen, wer über viele Jahre eine gute Performance erzielt hat. eToro erlaubt Ihnen, wie die erfolgreichsten Anleger zu investieren. Ihr Porfolio orientiert sich an den Trades, die der »populärste Anleger« Ihrer Wahl durchgeführt hat. Wenn er kauft, kaufen auch Sie; wenn er verkauft, verkaufen auch Sie. Yoni Assia, CEO von eToro: »64 Prozent aller Trades, die via eToro durchgeführt werden, sind Nachahmer-Trades. Das verändert sogar die Branchenmessgrößen. 80 bis 93 Prozent aller Nachahmer-Trades sind profitabel. Für unsere populärsten Trader kann es ein lukratives Geschäft sein, wenn andere Kunden ihre Investmententscheidungen kopieren. Unser ›Popular Investor Program‹ ermöglicht Tradern, bis zu 2 Prozent des Werts der Aktiva zu verdienen, die sie auf diese Weise passiv managen.«
eToro ist eines der besten uns bekannten Beispiele für die neue Kommunikation in der Finanzdienstleistungsindustrie. Transparenter Informationsaustausch bildet den Kern des Geschäftsmodells. Dies erhöht das gegenseitige Vertrauen der Kunden und generiert einen gewaltigen Wert für eToro und seine Mitglieder. Mitte 2016 hatte eToro mehr als 5 Millionen registrierte Nutzer.

» Communities können eine wichtige Rolle dabei spielen, wie Kunden sich Wissen aneignen. «

REPUTATIONSSYSTEM

Einer der Erfolgsfaktoren von eToro ist – unserer Meinung nach –, dass es ein Reputationssystem unterhält, das im Kontext der Hintergrundfaktoren des Investments steht. eToro erzeugt eine ähnliche Einflussdynamik wie Twitter und YouTube, deren Messgrößen für Status und Wirkung die Zahl der Follower beziehungsweise die der Abonnements sind. So wie man auf Twitter mehr eigene Follower gewinnt, indem man Inhalte twittert, die andere interessant genug zum Teilen erachten. Steigt die Zahl der Follower eines Nutzers, wächst auch der Anreiz, sich aktiv zu engagieren. Derartige Reputationssysteme sind ein wichtiges Element in einem Community-Modell.

NEUE ZIELGRUPPEN

Theo Bouts von der Allianz unterstreicht, wie wichtig Communities sind: »Communities können eine wichtige Rolle dabei spielen, wie Kunden sich Wissen aneignen, indem sie ihr Bewusstsein für bestimmte Finanzprobleme, aber auch für getätigte Entscheidungen, schärfen. Insbesondere in Ländern mit anhaltend niedrigen Zinssätzen sind sich die Verbraucher nicht bewusst, wie sich Niedrigverzinsung auf ihre Renten auswirkt. Das Gleiche gilt für das mangelnde Wissen privater Anleger; die Folge sind mickrige Renditen. Versicherer übernehmen diese Rolle nicht. Wahrscheinlich weil es ihnen schwerfällt, außerhalb der traditionellen Vertriebspartner und Provisionsstrukturen zu denken. Am Markt werden Sie sehen, dass solche Lücken von anderen gefüllt werden.

Viele Finanzinstitute tun sich schwer damit, neue Zielgruppen zu erreichen. Wir sehen, dass viele Privatbanken und auch Versiche-

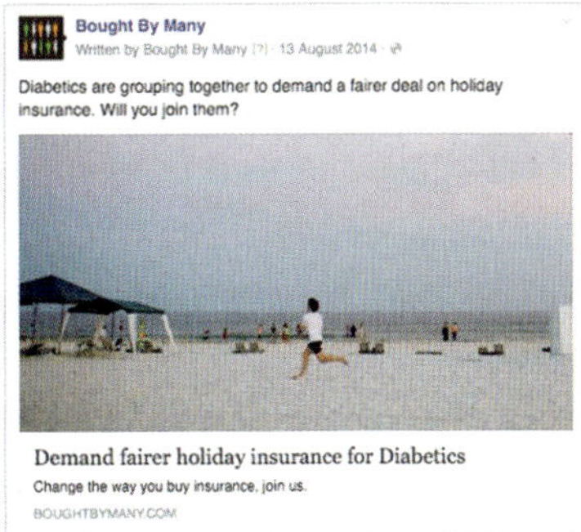

Bild: © Bought By Many

rer mit einer alternden Kundenbasis umzugehen haben. Es scheint, als hätten die traditionellen Segmentierungsmethoden allmählich ausgedient. Wir müssen anders an diese Aufgabe herangehen. Gelegentlich handeln Verbraucher impulsiver als früher. Manchmal agiert ein Kunde als Einzelner, wobei er meist die Familieninteressen vertritt, dann wieder als Angestellter. Häufig bewegt ihn ein größeres Ereignis in seinem Leben zum Handeln oder er verfolgt ein bestimmtes Interesse. Wenn Banken und Finanzinstitute Communities verstärkt einsetzen – interessenbasierte Communities –, fällt es ihnen leichter, den richtigen Ton zu treffen.« Bought by Many ist nach unserer Meinung ein perfektes Beispiel für ein Versicherungskonzept, das sich interessensspezifische Communities zunutze macht.

BOUGHT BY MANY

Es gibt viele Nischenmärkte, die von den Versicherungskonzernen nicht gut bedient werden. Bought By Many kombiniert Suchmaschinenoptimierung mit sozialen Medien, um Menschen mit ähnlichen Versicherungsbedürfnissen miteinander zu verbinden, zum Beispiel Touristen mit Diabetes, Mopshalter oder Eigenheimbesitzer in Gebieten mit erhöhtem Überschwemmungsrisiko. Steven Mendel, Gründer und CEO von Bought By Many: »Wir vertreten die Anforderungen einer Kundengruppe gegenüber der Versicherungsindustrie und verhandeln in ihrem Namen, um der Gruppe vorteilhaftere Konditionen zu bieten, als sie selbst erzielen könnte. Diese Konditionen können ein besserer Preis, besser abgestimmte Vorteile oder beides sein. Wir stellen der Gruppe das Angebot vor und deren Mitglieder schließen ihre Police zu den besseren, von Bought By Many erreichten Konditionen, beim Anbieter ab. So entsteht eine Win-win-Situation für alle Beteiligten. Die Versicherer nehmen nur die Risiken unter Vertrag, die sie versichern wollen, und die Mitglieder von Bought By Many erhalten bessere Konditionen – im Schnitt einen Preisnachlass von 18,6 Prozent. Da jede Gruppe bestimmte Bedürfnisse seiner Teilnehmer vertritt, erfährt das Unternehmen ein tolles Community-Engagement und zieht somit Gewinn daraus, dass Mitglieder neue Mitglieder werben.« Mitte 2016 unterstützte Bought By Many 287 Gruppen mit insgesamt 186.000 Mitgliedern sowie 24 Versicherern.

4 Attraktiv für Nichtkunden

SCOTTISH WIDOWS

Der britische Lebensversicherer Scottish Widows lanciert eine der effektivsten Markenkampagnen der Branche. Scottish Widows wurde als Ikone gegründet, die allen negativen Assoziationen des Worts »Witwe« entgegentritt und stattdessen die positiven Inhalte präsentiert – Stärke, Verlässlichkeit, Integrität, Innovation, Vermächtnis und, was noch besser passt, Selbstverantwortung. Um diese Werte greifbar zu machen, bietet Scottish Widows seinen Kunden eine Palette an Instrumenten im Umfeld von Privatrenten und Geldanlage. Zum Beispiel Lösungen, mit denen sich die Steuerersparnis für einen Kunden berechnen lässt, wenn dieser eine private Rentenversicherung abschließt. Oder um Kunden aufzuzeigen, wie es sich finanziell auswirkt, wenn sie den Abschluss einer privaten Rentenversicherung hinauszögern. Darüber hinaus wird berechnet, wie viel zusätzliches Geld Interessenten in späteren Jahren investieren müssen, um die verpassten Jahre aufzuholen.

Bild: © Scottish Widows

BEWEGEN SIE SICH UPSTREAM

Danone und Scottish Widows verbindet, dass ihre Nutzer keine Kunden sein müssen, um Instrumente und Services zu gebrauchen. Das bedeutet, dass ihre Plattformen auch Interessenten anziehen, die ansonsten nicht auf dem Radar der Unternehmen auftauchen.

Finanzinstitute propagieren in erster Linie Leistungen für bestehende Kunden. Meistens überwiegen aber die Nichtkunden. Warum sollten Sie dieser wesentlich größeren Zielgruppe nichts bieten? Andere Finanzinstitute gehen diesen Weg bereits. Die britische Hypothekenbank Halifax gründete Home Finder, eine intelligente mobile App, die Immobiliensuche, Häuserpreise und Hypothekenrechner in einem bietet. Mit dieser App können Sie Immobilien per Postleitzahl beziehungsweise aufgrund Ihres aktuellen Standorts suchen und die üblichen Funktionen verwenden. Sie können Ihre Suche verfeinern und Fotos und Informationen über das Stadtviertel betrachten. Diese App ist daher innovativ, weil die Nutzer alle Verkaufspreise eines Standorts aus der jüngsten Vergangenheit aufrufen können. Diese Informationen basieren auf den Daten des Grundbuchamts und der interaktiven Hypothekenrechner. Die Menschen interessieren sich nicht für Hypotheken, sondern für ein neues Zuhause.

Als Halifax seine Pull-Plattform entwickelte, durch die das Unternehmen sich auf vorgelagerte Prozesse konzentrieren und potenzielle Neukunden im Vorfeld des Hypothekenprozesses finden kann, blickte es über das Hypothekengeschäft hinaus. Ein weiteres Beispiel ist Personal Capital, eine amerikanische Vermögensverwaltung, die Nichtkunden Instrumente bietet, um sich über die Kompetenzen des Unternehmens zu informieren. Das »Hypotheekdossier« (Hypothekenakte) der Rabobank ermöglicht Interessenten – Kunden und Nichtkunden gleichermaßen – bei ihrer Immobiliensuche alles durchzurechnen oder ihre Hypothek zu refinanzieren. Da die Plattform bessere Informationen und Instrumente umfasst als andere Anbieter, ist sie attraktiv und lockt ständig neue Interessenten an. Diese Unternehmen bewegen sich im Wesentlichen upstream, das heißt, zu den vorgelagerten Prozessen. Sie bauen ihre Marken aktiv durch »Branding by doing« in der Zielgruppe auf. Außerdem gehen sie auf die Kunden von morgen zu und sind weniger abhängig von Suchmaschinen und Vergleichsportalen.

> Bewegen Sie sich upstream: um auf die Kunden von morgen zuzugehen und weniger abhängig von Suchmaschinen und Vergleichsportalen zu sein.

5 JENSEITS DER DATEN

Bei allen bisher vorgestellten Pull-Plattformen spielt die Datennutzung eine zentrale Rolle. Pull-Initiativen liefern wesentlich tiefere Erkenntnisse über die Verbraucher und ihr Verhalten im Zusammenhang mit einem bestimmten Produkt oder Lebensereignis. Dieser Nutzen ergibt sich sozusagen nebenher bei den Pull-Initiativen von Nike+, Danone, Bought By Many und den anderen Plattformen unter Punkt 4, »Attraktiv für Nichtkunden«. Dieses Wissen über Kunden und Nichtkunden lässt sich in bessere Produkte oder Echtzeit-Services übersetzen.

ALL THINGS HAIR

All Things Hair ist ein ausgezeichnetes Beispiel, wie man mittels Big Data gewonnene Informationen nutzt, um relevante und authentische Inhalte zu erzeugen. Unilever ist der drittgrößte Player im globalen Haarpflegemarkt, muss sich aber anstrengen, um weiter zu wachsen. Die Verbraucher sind die Haarpflegeklischees der klassischen Werbung leid und suchen online nach Neuem. Laut Google werden zum Thema Haare jeden Monat rund eine Milliarde (!) Suchanfragen gestellt – etwa, was man gegen gespaltene Haarspitzen machen kann bis zu Stylingideen für eine Hochzeit. Die Hälfte aller Online-Käufer von Schönheitsprodukten sehen sich ein themenrelevantes YouTube-Video während ihrer Suche an. Aber nur 3 Prozent rufen Videos der Schönheitsmarken auf; die übrigen 97 Prozent entfallen auf Vlogger (Video-Blogger).

Entschlossen, das Thema »Haarpflege« auf YouTube zu besetzen, startete Unilever den Kanal All Things Hair, auf dem die Verbraucher durch die neuesten Trends, Tipps und Haarbehandlungen browsen können. All Things Hair sticht hervor, weil es mit Google und einem Team führender Vlogger zusammenarbeitet, von denen viele mehrere Millionen Follower haben. Mithilfe von Googles Datamining informiert Unilever sich in Echtzeit über alles, wonach Verbraucher in puncto Haarpflege suchen. Dazu gehören zum Beispiel die Keywords, die Nutzer besonders häufig bei der Suche anfragen, oder die Trendthemen, die sie interessieren, wie die Frisuren von Prominenten oder Haarpflege im Urlaub. Mithilfe dieser Daten gelingt es Unilever sogar, Haartrends bis zu drei Monaten im Voraus zu erfahren. Auf Basis der Erkenntnisse brieft das Unternehmen die Beauty-Vlogger, die es dafür bezahlt, dass sie auf diese Daten abgestimmte Haarpflegetipps kreieren. Diese Inhalte stellen die Unilever-Produkte, zum Beispiel Tony & Guy, Dove und VO5, vor. All Things Hair stieg in nur zehn Wochen zur Nummer eins der Haarpflegekanäle auf, erreichte 50 Millionen Besucher im ersten Jahr und positionierte sich in YouTubes Engagement-Ranking zwischen Rihanna und Nicki Minaj.

Bild: © Westpac

RUBY CONNECTION

Westpacs Online-Community Ruby Connection richtet sich ausschließlich an Frauen und unterstützt Unternehmerinnen und andere berufstätige Frauen dabei, eine profitable Karriere aufzubauen. Die Community Ruby Connection, die Frauen Weiterbildung, Informationen und ein Netzwerk bietet, umfasst Blogs und Vlogs sowie Profile erfolgreicher australischer Geschäftsfrauen. Des Weiteren erhalten die Frauen dort Orientierung, Ideen und informieren sich über Veranstaltungen im regionalen und städtischen Australien, bei denen sie ihre Erfahrungen und ihr Wissen teilen können. In der Community bieten Mitglieder darüber hinaus Veranstaltungen oder Services an.

Laut Ruby Connection war die grundlegende Frage für diese Plattform: »Was tun wir für die weiblichen Unternehmerinnen in unserem Land? Was ist ihnen wichtig?« Ainslie van Onselen, Director bei Westpac für Frauenmärkte, Inklusion und Vielfalt, sagt: »Westpac war die erste australische Bank mit einer Geschäftseinheit, die ausschließlich Frauen und Mädchen unterstützt, sie in allen Lebensphasen finanziell berät und Wissen vermittelt. Das beginnt bei der ersten Arbeitsstelle, dem Kauf ihres ersten Hauses und der Geburt eines Kindes und reicht bis zur Rentenberatung, damit Frauen später ausreichend abgesichert sind. Mithilfe von Ruby Connection bieten wir allen australischen Frauen diesen Service, mit Wissen, Rat und Unterstützung, wenn sie Hilfe brauchen. Die weibliche Ökonomie ist einer der größten aufstrebenden Märkte der Welt. Indem wir Frauen dabei unterstützen, ihr eigenes Unternehmen voranzutreiben und ihre Finanzen zu kontrollieren, fördern wir das Wachstum der australischen Wirtschaft und helfen unserer weiblichen Klientel dabei, ihre finanzielle Zukunft zu sichern.

GLOBALFARMERS.COM

Die Rabobank ist eine der größten Banken für die Agrar- und Lebensmittelindustrie. Zu ihren Kunden gehören unter anderem viele Bauern. Die Bank gründete GlobalFarmers.com, eine digitale Community, um »Landwirte bei der Herausforderung zu unterstützen, in den nächsten 35 Jahren 77 Prozent mehr Nahrung anzubauen, um die Weltbevölkerung zu ernähren, die bis 2050 neun Milliarden Menschen umfassen wird«. Die Community stellt den Bauern eine Vielfalt an Wissen und Netzwerken zur Verfügung – von Instrumenten wie virtuellen Bodenkarten über die Bodendiagnose bis zum Austausch von Wissen über neue Technologien und Managementideen anderer Landwirte auf der ganzen Welt.

PERSÖNLICHKEIT

Ruby Connection trägt nicht die Marke Westpac und enthält keine eigennützigen Inhalte. Ruby spricht die Sprache ihres Netzwerks, und das verleiht ihr eine sympathische Persönlichkeit. Pull-Plattformen versetzen Banken und Versicherer in die Lage, nüchterne, langweilige Produkte emotional zu gestalten und Kunden die menschliche Seite des Geldes und der Finanzdienstleistungen entdecken zu lassen. Auf diese Weise setzt die Plattform effektive Mechanismen ein, um Informationen der Menschen zu sammeln, die sie freiwillig teilen, und den Nutzern eine Austauschplattform zu bieten.

MARKENSKEPTISCH

All Things Hair, Ruby Connection und GlobalFarmers.com sind Beispiele für (nahezu) markenskeptische Pull-Plattformen. Unilever, Westpac und Rabobank haben sich entschieden, eine Community-Marke aufzubauen, anstatt einer Marken-Community. Das war allem Anschein nach ein weiser Entschluss. Untersuchungen zeigen, dass All-Things-Hair-Inhalte bei den Nutzern doppelt so glaubwürdig ankommen wie Videos unter dem Markendach Unilever. Abgesehen von der Produktreue gewinnen Sie auch die Loyalität der Kunden gegenüber den Communities im Umfeld der Produkte, und das könnte wesentlich wertvoller sein.

Ainslie van Onselen (Westpac): »Bei der Gründung von Ruby Connection ging es nicht darum, Kunden Produkte aufzudrängen, sondern darum, eine Community für Frauen aufzubauen, und für die weibliche Ökonomie mittels Bildung, Information und Netzwerk Werte zu schaffen. Gleichzeitig war die Präsenz von Westpac wichtig, um die Glaubwürdigkeit der Website sicherzustellen. Als Unternehmen präsentieren wir mit Stolz eine Community, die Frauen die Chance bietet, voneinander zu lernen.«

6 ÜBER VERTIKALE LÖSUNGEN HINAUS

»Erfolgreiche Pull-Plattformen wagen sich in neue Rollen vor.«

Nike+ und Danone verlagern sich von einem reinen Produktfokus auf das ergänzende Angebot einer breiten Servicepalette. Alipay hat sich für eine andere Rolle in der Wertschöpfungskette entschieden als die eines Anbieters von Zahlungslösungen. Dieses Unternehmen unterstützt Geschäftsleute aktiv dabei, ihre Umsätze zu steigern. dotFNB ist der größte südafrikanische Einzelhändler für Tablets. Wenn Sie die Probleme Ihrer Kunden lösen wollen, müssen Sie oft mehr leisten als ein Finanzprodukt anzubieten. Erfolgreiche Pull-Initiativen wagen sich in neue Rollen vor, die nicht nur die Kundenbedürfnisse besser erfüllen, sondern auch neue Umsatzströme generieren.

TDC GET

Die Plattform Get des dänischen Telekommunikationsanbieters TDC umfasst zwölf Services, von Online-Zeitungen und -Zeitschriften bis zu Pay-TV und dem Anbieter von Online-Wetten Bet25.dk (35 Prozent aller Dänen verfolgen Fußballspiele via TDC). Auf diese Weise entwickelt TDC sein Geschäftsmodell von Abonnements zu einem inhaltsbasierten Konzept.

DB IMPRESA EXTRA

Die Deutsche Bank Italien gründete für die mehr als vier Millionen kleinen und mittleren Unternehmen die digitale Plattform db Impresa eXtra, mit einer Palette an bankenfremden Services und Softwarelösungen, zum Beispiel Zugang zu Datensets, Instrumente zur Gewinnung von Geschäftsinformationen, Geomarketing und Risikoüberwachung. Die Idee dahinter lautet, ein innovativeres Modell für das Engagement zwischen der Bank und ihren kleinen und mittleren Geschäftskunden zu schaffen.

Bild: © Ping An

PING AN

Ping An hat die Strategie der synergetischen Entwicklung traditioneller und nichttraditioneller Unternehmen übernommen, um Chinas führender persönlicher Finanzdienstleister zu werden – eine Art Finanzsupermarkt. Richard Sheng, Director of Branding & Corporate Communications der Ping An Group: »Wir schaffen unter anderem Portale in nichttraditionellen Bereichen wie Zuhause, Gesundheit, Autos, aber auch Ernährung und Unterhaltung. Zum Beispiel Lufax, ein Online-Finanzmarktplatz, Tian Xa Tong, ein mobiles Social-Finance-Portal, und Wan Li Tong, ein Treueprogramm. Yi Qianbao – was so viel bedeutet wie ›eine Brieftasche‹ – ermöglicht seinen Nutzern unter anderem, Finanzprodukte und -dienstleistungen von Ping An, aber auch von anderen Finanzinstituten zu kaufen. Darüber hinaus haben wir uns an eToro beteiligt, um dieses Konzept auf den chinesischen Markt zu bringen.« Jeder dieser digitalen Services ist ein eigener Geschäftszweig, der sowohl für sich als auch für Ping An Mehrwert schafft. Auf all diesen Plattformen sind viele Nutzer und Interaktionen aktiv; sie verwenden Datamining und ermöglichen Präzisionsmarketing. Richard Sheng: »Relevante Kunden erhalten zum passenden Zeitpunkt Angebote von Ping Ans traditionellen Bank- und Versicherungsaktivitäten. Sie können zum Beispiel ihre Treuepunkte von Wan Li Tong für den Erwerb eines Finanzproduktes einsetzen. Wenn ein qualitativ hochrangiger Kreditnehmer die Website von Lufax aufruft, wird ihm die Ping An Bank vorgestellt. Die neuen Geschäftsaktivitäten steigern nicht nur ihren eigenen Wert. Indem sie die gesamte Kundenbasis vergrößern und neue Synergien ermöglichen, erhöhen sie auch den Wert des gesamten Ökosystems der Ping-An-Unternehmen.«

7 NETZWERK-EFFEKTE

Google finanziert den Verkauf von Online-Werbung durch Händler. Offensichtlich hat Google eine gute Vorstellung vom Markterfolg eines Händlers, sprich Traffic, Umsatzzahlen, Kundenfeedback und Zufriedenheitsrate, aber auch von seiner finanziellen Zuverlässigkeit und seiner Kreditwürdigkeit. Amazon verfolgt die gleiche Strategie wie Google, indem es den unabhängigen Verkäufern auf seiner Plattform Kredite anbietet. Alle erwarten, dass Apple irgendwann den riesigen Pool an iTunes-Nutzern und ihre Kreditkartendaten anzapft, um ihnen Finanzdienstleistungen anzubieten.

GESPEICHERTER WERT

Sowohl Google als auch Amazon können derartige Aktivitäten aufgrund der vielen Millionen Händler, mit denen sie im Kontakt stehen, jederzeit starten. Das ist ihre Stärke: Sie erzielen sogenannte Netzwerkeffekte. Dabei haben sie alle möglichen Werte aufgehäuft – sogenannten Stored Value oder gespeicherten Wert. Traffic-Zahlen, Kundenfeedback und Zufriedenheitsraten sind Beispiele für gespeicherten Wert. Diese angesammelten Aktiva werden später eingesetzt, um, falls nötig, mit neuen Geschäftsmodellen neue Umsatzströme zu generieren. Mit jedem neuen Service stärken sie ihre Position. Netzwerkeffekte lassen sich auch erzeugen, indem sie ihre Aktivitäten auf Partnerplattformen ausführen. So ist PayPal zum Beispiel auf dem Rücken von eBay gewachsen.

LICAITONG

Licaitong ist Tencents Sparsystem. Tencent gehört unter anderem der Social-Messenger-Dienst WeChat und das Online-Bezahlsystem Tenpay. Mithilfe von Licaitong zahlen die Nutzer in den Fonds ein und erhalten Zinsen, die um das 2,5-fache über den üblichen Bankzinsen liegen. Licaitong konnte durch WeChat schnell wachsen. WeChat ist mit 355 Millionen Nutzern Chinas größter Messaging-Dienst, was Tencent auf eine ungeheure Menge an Profilen zugreifen lässt. Um WeChat-Nutzer in Finanzdienstleistungskunden zu verwandeln, führte Tencent während des chinesischen Neujahrs die alte Tradition des Hongbao auf der WeChat-App ein. Im Geiste dieser Tradition konnten die Nutzer Freunden und Verwandten Geld über die App schicken, die, abhängig von ihrem Glück, einen Prozentsatz des Betrags erhielten. Traditionell werden für diese Geldsendungen rote Umschläge verwendet. WeChat übertrug diesen Brauch auf die mobile Welt. Ganz nebenbei verknüpften die Nutzer ihre Debitkarten mit WeChat, sodass dieser Dienst über Nacht 5 Millionen Neuregistrierungen verzeichnete.

> Das Geschäft wächst, indem Netzwerkknoten und Interaktionen zunehmen.

Sberbank Messenger ist eine mobile App für Conversational Commerce. Sie ermöglicht ihren Nutzern, mit anderen zu interagieren und finanzielle Transaktionen zu Tausenden von Produkten und Dienstleistungen zu tätigen. Unternehmen können One-to-one-Gespräche mit Kunden führen, und der Markt bietet den Kunden eine Auswahl an Chat-Kanälen aus einem breiten Spektrum an Anbietern. Darüber hinaus können die Nutzer mithilfe des sicheren integrierten Bezahlsystems Produkte kaufen. Sberbank nutzt die Plattform, um neue Interaktionsformate auszutesten und die Verhaltensmuster der Menschen innerhalb der App zu erforschen. Laut Unternehmensleitbild ist das Ziel, sich an vorderster Front des Trends der multifunktionalen, vertrauenswürdigen Plattformen zu positionieren, auf denen Nutzer sich auf einer einzigen Oberfläche austauschen und auf viele unterschiedliche Services zugreifen.

HENNE ODER EI

Wenn Sie eine Plattform starten, müssen Sie das altbekannte Problem von Ei und Henne lösen. Ein soziales Netzwerk setzt genügend Nutzer voraus; ein Marktplatz benötigt ausreichend viele Käufer und Verkäufer. Viele Finanzinstitute haben dieses Problem von Ei und Henne nicht. Kreditkartenanbieter bringen zum Beispiel Verbraucher und Händler zusammen, um Transaktionen zu ermöglichen. Wir beobachten, dass diese Unternehmen interessante Plattformen entwickeln, um verschiedene Zielgruppen zusammenzubringen. Mastercard dehnt derzeit seine erfolgreiche »Unbezahlbar«-Kampagne auf eine solche Plattform aus. Die riesige Kundenbasis, zu der Verbraucher und Händler gehören, garantiert beinah den Erfolg. Beinah, weil Sie wissen müssen, wie dieses Schwungrad funktioniert und wie Sie es antreiben. Zhong An, (ein Joint Venture von Ping An, Alibaba und Tencent), kooperiert mit Alibabas Online-Shop TaoBao, um Retouren abzuwickeln, und dies nahtlos verfügbar in jeder Transaktion. Am chinesischen Singles Day 2015 verkaufte der Online-Versicherer 308 Millionen Versicherungen.

SKALENEFFEKTE, NEU DEFINIERT

Skaleneffekte gewinnen auf Pull-Plattformen eine besondere Bedeutung. Die Größenvorteile ergeben sich nicht nur aus kontinuierlich verbesserten Prozessen innerhalb des Geschäfts, sondern auch aus dem zunehmenden Mehrwert, den Netzwerkeffekte bieten. Immer mehr hochwertige Partner, Kunden und Interaktionen mit Produkten und Services, aber auch immer mehr Interaktionen zwischen den Nutzern erhöhen den Wert für alle Beteiligten. Das Geschäft wächst, indem Netzwerkknoten und Interaktionen zunehmen.

8 UNKONVENTIONELLE WERTSCHÖPFUNG

Wenn Finanzinstitute mithilfe von Pull-Initiativen eine neue Rolle in der Wertschöpfungskette spielen, stärken sie nicht nur ihr aktuelles Geschäft – zum Beispiel durch Markenbildung oder Knüpfen neuer Kontakte –, sondern erforschen auch neue Umsatzströme und Geschäftsmodelle. Ping An verfährt so mit seinen verschiedenen Plattformen. TDC Get ist ein gutes Beispiel aus der Telekommunikationsbranche.

Bild: © Strands

DIE CARD-LINKED OFFERS VON POSTFINANCE

Das Schweizer Unternehmen PostFinance hat sich mit Strands Finance zusammengetan, um transaktionsbasiertes Marketing zu betreiben. Sogenannte Card-Linked Offers (CLO) zu integrieren – Angebote in Verbindung mit Bankkarten – ermöglicht der Bank, Kundentransaktionen zu analysieren, kontextbasierte Angebote zu erstellen, Händlern Marketingstrategien zu empfehlen und kontinuierlich aus den Kundenreaktionen zu lernen. Unternehmen können zum Beispiel loyale Kunden belohnen, Personen reaktivieren, die in letzter Zeit nichts gekauft haben, oder Verbraucher von der Konkurrenz abwerben. Die Ausgewählten erhalten über ihr Mobiltelefon einen Rabattgutschein von der Bank, den sie annehmen oder ablehnen können. Der Rabatt wird automatisch dem jeweiligen Konto zugeschrieben; der Besitzer muss lediglich per Bankkarte zahlen.

PostFinance erhält einen bestimmten Prozentsatz des Umsatzes – zum Beispiel 5 Prozent –, der mithilfe der Gutscheine erzielt wird. Wenn ein Kunde mittels Rabattgutscheinen 3.000 Schweizer Franken (CHF) pro Jahr ausgibt, erhält die Bank 150 CHF an Umsatz durch diese Aktion. PostFinance kontrolliert die CLO-Plattform vollständig, einschließlich Multi-Pricing-Optionen und Nachverfolgungsoptionen.

DER MULTI-BANK-AGGREGATOR DER DEUTSCHEN BANK

Anstatt darauf zu warten, dass ein Markteinsteiger die Chancen der novellierten EU-Zahlungsdienstrichtlinie PSD2 erkennt und wahrnimmt, arbeitet die Deutsche Bank mit dem Fintech Figo zusammen, um einen Aggregator zu entwickeln. Über diesen können Kunden ihr Vermögen – ihr Bargeld, ihre Kredite und Weiteres, einschließlich der Konten bei anderen Banken – mithilfe einer einzigen App verwalten.

Bild: © Reinventing Customer Engagement

DER MOBILE APP STORE DER CAIXABANK

Die CaixaBank war eine der ersten Banken der Welt mit einem App-Store, mit rund 75 Apps. David Urbano, Mobile Banking Director bei der CaixaBank: »Kunden und Nichtkunden nutzen die Apps auf allen möglichen Geräten, darunter Smart-TVs, wie Samsung und GoogleTV. Die App-Funktionen reichen von der Rechnungszahlung bis zu einem Währungsrechner. Diese Angebote sind kostenlos. Gewinne erzielen wir mit Provisionen, die auf die App-Transaktionen erhoben werden.« Der Mobile App Store hat sich mit 270.000 Downloads und 80.000 Neukunden pro Monat sowie insgesamt zwei Millionen Neukunden, gewonnen über das Mobilportal, bewährt. Dahinter steckt die Idee der CaixaBank, den hohen Zuwachs an Kundenkontakten zu nutzen, um die Zufriedenheit und Loyalität zu steigern.

DIGITALE FLAGGSCHIFFE

Nach der Mobiltechnologie, sozialen Medien und vernetzten Geräten bieten Pull-Plattformen eine neue Kundenschnittstelle. Eduard de Wilde, Director Digital von VODW, bezeichnet sie als Beispiele für digitale Flaggschiffe und vergleicht sie mit den sogenannten Flagship Stores. So werden die großen, exklusiven Filialen renommierter Einzelhandelsketten an den besten Standorten in großen Städten bezeichnet, die besonders repräsentativ für die Marke und ihre Portfolios sind. Die vorgestellten Best-Practice-Beispiele zeigen, dass Pull-Plattformen sich unterschiedlich präsentieren. Einige scheinen systemunabhängig zu sein, andere wirken vollständig integriert. Einige von ihnen verwenden ein spezifisches Medium, andere verwenden verschiedene Medien gleichzeitig, die nahtlos zusammenwirken.

Aber alle haben dieselbe Ausgangsbasis. Eine echte Problemlösung verlangt, dass die Finanzinstitute die Verbraucher in dem Moment ansprechen, wenn Letztere Finanzdienstleistungen tatsächlich brauchen. Folglich müssen Pull-Plattformen den Kunden und seine Bedürfnisse sozusagen umgarnen und eine beidseitige Beziehung aufbauen, um die Top-of-Mind-Awareness, die Markentreue und die Empfehlungsbereitschaft zu verbessern. Sich auf die Problemlösung zu fokussieren, bedeutet auch, ohne Verkaufsdruck zu verkaufen.

Eigennützige Inhalte sind out. Push zu Pull zu verschieben, beschränkt sich nicht darauf, Budget auf Pull-Plattformen zu verlagern. Wie Sie Verbraucher ansprechen, ist nicht die einzige Frage. Viel wichtiger ist, was Sie für sie tun. Folglich müssen sich Marken anpassen – von der Frage »Wie können wir erreichen, dass Menschen mehr von uns kaufen?« zu »Wie können wir ihnen Mehrwert bieten?«. So entstehen Marken heute, und so gelingt es Unternehmen, sich von Suchmaschinen und Vergleichsportalen zu lösen und der Standardisierungsfalle zu entkommen. Bei der Entwicklung von Pull-Plattformen kommt es darauf an, den Kunden zuzuhören, um ihre Bedürfnisse zu erfahren. Diese Erkenntnisse – und das ist neu – müssen zu Mechanismen werden, mit denen sich Kunden gewinnen und eine Beziehung zu ihnen aufbauen und pflegen lässt. So stellen sich neue Herausforderungen an das Kundenbeziehungsmanagement (CRM), als Rückgrat der Pull-Strategie. Die Aufgabe des Kundenbeziehungsmanagements lautet hier, Erkenntnisse zu gewinnen, die Plattform zu dirigieren und kontinuierlich neue wert-haltige Funktionen zu schaffen. Pull-Plattformen stärken das »B« im Kundenbeziehungsmanagement.

SETZEN SIE VERSTECKTE WERTE FREI

Alle aufgeführten Pull-Plattform bieten leichten Zugang zu werthaltigen, cleveren und überzeugenden Inhalten, Instrumenten und Kontakten. Diese Quellen erzeugen den meisten Wert für Kunden, entscheiden über die Attraktivität einer Pull-Plattform und schaffen auf neue Art Wettbewerbsvorteile. Folglich wird relevantes (aber oft verstecktes) Spezialwissen innerhalb der Bank oder des Versicherungsunternehmens (zum Beispiel über die Kundenbasis) zu einem wichtigen Vermögenswert. Diese Werte lassen sich auf der Plattform sofort in greifbaren Nutzen für Anwender übersetzen.

KOMBINIEREN SIE PUSH UND PULL

Pull-Plattformen werden wichtiger, doch das bedeutet nicht, dass wir uns ganz von unseren Push-Strategien verabschieden müssen. Insbesondere die überzeugten Verfechter der sozialen Medien neigen gelegentlich dazu, die unverzichtbare Grundvoraussetzung zu vergessen: Ihre Zielgruppe muss wissen, dass es Sie gibt. Wenn Sie niemand kennt, wird wohl kaum jemand Ihre Produkte kaufen. Die Wahrnehmung bleibt daher erfolgsentscheidend. Daher werden Push-Strategien zumindest einstweilen nützlich bleiben, um Verbraucher anzusprechen, die noch nie von Ihrer Marke gehört haben. Priit Perens, Head of Baltic Banking der Swedbank: »Sie müssen den Kunden ermöglichen, von sich aus auf Sie zuzugehen, aber sie parallel dazu auch aktiv ansprechen. Sie können sich nicht einfach zurücklehnen und nichts tun.«

Abgesehen davon ist es sinnvoll, die derzeitigen Push-Programme weiter zu verwenden, während die Pull-Strategien noch nicht ausreichend oder effektiv gemanagt werden. Dieser Prozess kann eine Weile dauern. Einstweilen lässt sich aus Push und Pull zusammen großer Gewinn ziehen. Outbound- und Inbound-Strategien können gemeinsam Synergien schaffen. Mehrere Studien bestätigen die Vorteile eines kombinierten Ansatzes; sie sprechen von einer Steigerung der Investmentrendite um 20 Prozent als Folge der Kombination aus Push- und Pull-Strategien.

MÄRKTPLÄTZE

Die Markthalle von Rotterdam. Bild: © Daria Scagliola und Stijn Brakkee

Parallel zu den Pull-Plattformen zeichnet sich eine weitere Strömung ab: die zweite Fintech-Welle, auch »Marktplätze« betitelt.

FINTECH 1.0: ENTBÜNDELUNG

Im Einführungskapitel *Grundvoraussetzungen schaffen* erläuterten wir, dass Fintechs die etablierten Finanzinstitute »angreifen«, indem sie bei den Reibungsverlusten ansetzen, die Kunden im Umgang mit traditionellen Unternehmen erleben. Diese Art Fintechs – junge, innovative und technologiegetriebene Anbieter von Finanzdienstleistungen – gehören zur ersten Welle. Sie konzentrieren sich auf Angebote in spezifischen Produktkategorien, um Bedürfnisse besser zu erfüllen und die Kundenerfahrung interessanter und günstiger zu gestalten. Lending Club zum Beispiel präsentiert sich mit Krediten zu besseren Konditionen. Zudem dauert der Abschluss des Kreditvertrags nur wenige Minuten. Bei traditionellen Banken kann dies Tage oder Wochen dauern.

Die überzeugenden Leistungen der Fintechs nehmen traditionellen Finanzhäusern Marktanteile in dieser Kategorie ab. Deswegen spricht man oft von der »Entbündelung« der Angebote großer Banken und Versicherer. Widerfahren einem etablierten Finanzinstitut diese Verluste nicht nur in einer,

> »Fintech 1.0 dreht sich um Entbündelung, Fintech 2.0 um Neubündelung.«

sondern in mehreren Produktkategorien, kann das – wie uns berichtet wird – zu einem »Tod auf Raten« führen. Laut einer McKinsey-Studie sind rund 60 Prozent der Gewinne von Banken möglichen Angriffen durch Fintechs ausgesetzt. Bis heute hat sich diese Entwicklung noch nicht allzu sehr ausgewirkt. Bisher wurde kein etablierter Anbieter von Fintechs aus dem Markt gedrängt. Doch diese scheinbare Sicherheit ist noch lange kein Grund, sich zurückzulehnen.

KONVERGENZ

Überlegene Fintechs bedrohen nicht nur die Etablierten, sie bieten auch Chancen. Laut einer Studie von McKinsey und Liberum betragen die operativen Kosten als Prozentsatz der ausstehenden Kredite bei Lending Club 2,70 Prozent und 6,95 Prozent bei durchschnittlichen Banken. Für viele Finanzhäuser wird die Kreditvergabe über einen Drittanbieter wie Lending Club attraktiver als eine Kreditvergabe über die eigenen Kanäle; daher nutzen sie diesen Weg. Lending Club bezieht bereits 80 Prozent seiner Liquidität von traditionellen Kreditinstituten. Immer mehr Banken gehen dazu über und kooperieren mit Fintechs, die bessere Lösungen als sie selbst bieten, anstatt sie als lästige Wettbewerber zu betrachten. Dieses Vorgehen beschleunigt Innovationen und verkürzt die Zeitspannen bis zur Marktreife. Lending Club begann als Peer-to-Peer-Kreditlösung, aber inzwischen hat es sich zu einem alternativen Instrument für traditionelle Banken gemausert. So ist eine Konvergenz zwischen Fintechs und etablierten Finanzinstituten entstanden. Ferner wird das Outsourcing aufgrund neuer Technologien immer einfacher. Wertvolle Partnerschaften einzugehen, wird in Zukunft zur Schlüsselstrategie. Leider hat sich dieses Vorgehen noch nicht in der Breite durchgesetzt. Oft beharren Banken immer noch darauf, alles selbst zu entwickeln.

> Raphael Krivine, General Manager und Vordenker von AXAs mobiler Bank Soon: »Unsere Partnerschaft mit PayPal für P2P-Zahlungen zeigt, wie Soon die Philosophie der offenen Architektur nutzt. Es liegt auf der Hand, dass die Zahlungsabwicklung via PayPal erheblich schneller und kosteneffizienter ist, als wenn wir das Rad neu erfänden.«

FINTECH 2.0: MARKTPLÄTZE

In der zweiten Fintech-Welle, den »Marktplätzen«, offenbart sich ein neuer Typ von Finanzdienstleistern, mit sechs wesentlichen Elementen:

- eine Kundenbasis,
- eine CRM-Infrastruktur für guten Kundenservice,
- die notwendigen Kernsysteme und -prozesse sowie alle anderen für Compliance erforderlichen Aspekte,
- die erforderlichen Lizenzen und Konzessionen,
- eine kleine eigene Produktpalette mit wenigen Kernprodukten, zum Beispiel ausschließlich Bankkonten,
- eine Schnittstelle zur Anwenderprogrammierung (API), um Drittanbieter anderer Produkte und Services einzubinden.

Abgesehen von wenigen eigenen Kernprodukten kommen alle anderen Produkte und Dienstleistungen – Hypotheken, Kredite, Geldanlage, Zahlungen, Sparpläne etc. – über die Programmierschnittstelle von Drittanbietern hinzu. Der »Marktplatz Finanzinstitut« lässt Verbraucher auf Drittunternehmen mit den besten Produkten, der angenehmsten Kundenerfahrung und den niedrigsten Kosten zugreifen. Das können Fintechs wie eToro, Lending Club oder Bought By Many sein, aber auch Angebote traditioneller Finanzinstitute – Banken, Versicherer, Hypothekeninstitute, Institute zur Konsumfinanzierung, Kreditkartenanbieter und so weiter. Im Bankwesen wird dieses Geschäftsmodell als »API-Banking« oder »Fintech-Supermarkt« bezeichnet. Man kann sich leicht vorstellen, wie ein One-stop-Marktplatzmodell für Versicherungen oder ein One-stop-shopping-Modell, mit allen Finanzdienstleistungen aus einer Hand, aussähe.

Eine Schnittstelle zur Anwenderprogrammierung – kurz Programmierschnittstelle oder API (Application Programming Interface) – lässt unterschiedliche Softwareprodukte miteinander kommunizieren. Dank APIs ist es leichter, Kundenkontaktpunkte von Back-end-Systemen zu entkoppeln. Diese Schnittstellen vereinfachen es, neue Funktionen oder Services zu ergänzen, ähnlich wie das Baukastensystem Lego. Um ein Angebot zu verbessern, lassen sich innovative Dienste schnell und kosteneffizient miteinander verknüpfen. Das gesamte Konzept ermöglicht Unternehmen, sich auf ihre Kernkompetenzen zu konzentrieren und mit anderen Anbietern Partnerschaften einzugehen, die auf anderen Geschäftsgebieten überzeugende Services anbieten.

EIN VIELVERSPRECHENDES MODELL

Das Marktplatzmodell wirkt vielversprechend, weil es Zugang zu den besten Produkten und Services bietet. Kunden nutzen somit die besten Angebote auf dem Markt, wobei die Kosten dank einer wendigen Organisation, die verschiedene Anbieter je nach Bedürfnis und in Vorwegnahme anderer Marktentwicklungen in Echtzeit miteinander verknüpft (oder trennt), niedrig bleiben.

NEUBÜNDELUNG

Übrigens ist diese Entwicklung für Finanzinstitute nicht unbedingt positiv. Anstatt der Fintechs 1.0, die traditionelle Banken und Versicherungen eher ergänzen, könnten andere Fintechs selbst eine zentrale Rolle beanspruchen. Die Markteinsteiger sind in der Lage, die besten Produktanbieter auszuwählen und die Etablierten somit nicht nur in einer Kategorie, sondern im gesamten Produkt- und Servicespektrum, anzugreifen. Darüber hinaus können Technologiekonzerne wie Facebook, Google, Amazon etc. Fintech-Marktplätze gründen. Laut Scratch's Millennial Disruption Index würden nahezu 75 Prozent der Millennials eher

> Um die Vorteile eines Marktplatzmodells auszuschöpfen, bedarf es einer Challenger-Mentalität.

Bild: © Reinventing Customer Engagement

von diesen Unternehmen Finanzdienstleistungen annehmen als von ihrer traditionellen Bank. Festzuhalten ist, dass Fintech 1.0 sich auf die Entbündelung fokussierte, wohingegen Fintech 2.0 sich auf Neubündelung konzentriert.

Die vor kurzem gegründete britische Neo-Bank Mondo ist ein Beispiel für ein ambitioniertes Fintech, das eine API-Bank werden möchte. Tom Blomfield, CEO von Mondo: »Aus diesem Grund verfolgen wir einen einzigen Fokus: das beste Girokonto der Welt zu bieten, anstatt Dutzende unterschiedlicher Finanzprodukte zu verkaufen. So können wir uns auf das konzentrieren, was wir beherrschen, und unseren Kunden die besten Produkte und Services auf dem Markt bieten. Wenn Sie Geld ins Ausland überweisen möchten, sollten Sie selbst den Anbieter dafür bestimmen, und den Betrag dann mit wenigen Klicks von hier nach dort bewegen. Oder Sie sollten auf Basis Ihres Einkommens und bisherigen Ausgabenverhaltens aus mehreren Anbietern die für Sie passende Hypothek wählen dürfen. Anstatt der Mentalität, »dieser Kunde gehört uns«, sind Mondo-Kunden in der Lage, auf Basis von Kriterien wie Preis, Komfort und Kundenservice selbst zu entscheiden.«

DIE KUNDENBASIS

Eine API-Bank nach dem Marktplatzprinzip neu aufzubauen, ist alles andere als einfach. Zwar sind die Technologie und die erforderlichen Konzessionen leicht zu beschaffen. Die wahre Herausforderung ist jedoch, die kritische Masse und eine signifikante Kundenbasis zu gewinnen – vor allem, wenn Sie noch keine Marke besitzen, Ihre Produktpalette begrenzt ist und Ihre Angebote zum größten Teil aus Produkten von Drittanbietern bestehen.

CHALLENGER-MENTALITÄT

Was den zentralen Erfolgsfaktor – eine große Kundenbasis – angeht, besitzen die traditionellen Finanzinstitute gegenüber den ambitionierten Fintechs einen enormen Vorteil. Daher glauben wir, dass etablierte Banken und Versicherer gut positioniert sind, um sich in ein »Marktplatzinstitut« zu verwandeln und ein hybrides Geschäftsmodell, mit dem Besten aus beiden Welten, zu schaffen. Die Konvergenz von Fintechs und traditionellen Finanzhäusern aus der ersten Fintech-Welle ist nur das Vorspiel zu dem, was die zweite Fintech-Welle bringen wird. Um diesen Vorteil auszuschöpfen, bedarf es einer Challenger-Mentalität. Die Bank beziehungsweise der Versicherer muss es wagen, über den Horizont hinauszublicken und nach Lösungen für kurzfristige Kannibalisierungseffekte für das aktuelle Geschäft zu suchen.

WICHTIGE TRIEBKRÄFTE

Zwei Triebkräfte verstärken die Denkweise hinter dem Marktplatzkonzept und die notwendige Übernahme offener Technologien und Strategien. Die Erste ist, dass sich die offizielle Politik von Regierungen und Regulierungsbehörden hin zu offenen Standards verschiebt. Das britische Schatzamt drängt die Banken zum Beispiel dazu, andere Unternehmen auf Kundendaten zugreifen zu lassen, um für mehr Wettbewerb und Innovation zu sorgen. Auf Anfrage des Schatzamtes erarbeitet die Branchenorganisation Open Banking Working Group (OBWG) ein Rahmenkonzept und Empfehlungen zu der Frage, wie offene Programmierschnittstellen im Bankwesen am besten umzusetzen sind. Die novellierte EU-Zahlungsdienstrichtlinie PSD2 ermöglicht Drittanbietern den Zugang zu Zahlungskonten, vorausgesetzt, die Kunden willigen ein. Zweitens adressiert das Marktplatzmodell auch Themen, die oben auf der Vorstandsagenda stehen: Denken Sie an den Kostendruck, operative Effizienz und den digitalen Wandel, das Streben nach einer hohen Marktposition und verbesserter Kundenerfahrung sowie die Notwendigkeit einer flexiblen, agilen Organisation.

- Die Sberbank erwarb einen Anteil an eToro und startete im Anschluss ihr Konzept auf dem russischen Markt. Das könnte ihr Schritt in Richtung API-Bank sein. Zudem ein kühnes Unterfangen, angesichts dessen, dass die größte Bank Russlands mit mehr als 80 Millionen Kunden und Hunderten von Produkten äußerst interessiert an »Besitzstandswahrung« ist.
- In Großbritannien kooperieren Santander und RBS auf ähnliche Weise mit dem P2P-Kreditanbieter Funding Circle. Auf diese Weise arbeiten die kleinen und mittleren Geschäftskunden der Bank, die eine Finanzierung benötigen, mit Investoren zusammen.

Bild: © James Bartosik

OPEN SOURCE

Möchte ein Finanzinstitut diese Chancen wahrnehmen, geht es nicht allein um die effektive und effiziente Organisation der Geschäftsprozesse, sondern auch darum, Marktplatzpartner leicht aufzunehmen und sich wieder von ihnen zu trennen. Marktplätze und ihre Möglichkeiten zu erforschen, setzt eine Infrastruktur und einen Regelkatalog voraus, der jede Art von Interaktionen zwischen potenziell unterschiedlichen Nutzern zulässt. Die Technologie macht das möglich.

Diese Entwicklung beobachten wir auch bei den zuvor erwähnten Pull-Plattformen.

- Im Rahmen des Partnerschaftsprogramms Nike+ Fuel Lab lädt Nike alle möglichen Unternehmen ein, auf Basis der Plattform Nike+ neue Anwendungen für Sportler zu entwickeln.
- Lionel Guicherd-Collin, der für das NestLab-Programm »Works with Nest« verantwortlich ist: »Nicht weniger als 17.000 Unternehmen haben sich in einem Jahr angeschlossen – von kleinen Start-ups bis zu Bluechips wie Bosch, Whirlpool, Yale, Philips und Mercedes. Sie wissen, was Nest weiß, und bieten daher mithilfe der Intergerätekommunikation neue Services, zum Beispiel Leuchtmittel von Philips, die sich rot färben, wenn der Rauchsensor von Nest etwas Verdächtiges feststellt.«

> Es geht auch darum, Marktplatzpartner einfach zu integrieren und zu entfernen.

FINTEGRATION

Eine erhebliche Zahl an Finanzinstituten arbeitet intern bereits mit Programmierschnittstellen, was ihnen bezüglich externer Anwendungen helfen wird. Uns sind außerdem Institute aller Größenordnungen bekannt, die bereits ein Third-Party-Ökosystem entwickeln. Die deutsche Fidor Bank hat die offene API-Architektur fidorOS eingerichtet, mit der Fintechs Finanzdienstleistungen entwickeln, die auf ein bestehendes Legacy-System aufgesetzt werden.

Auch Citi sieht sich als Teil eines größeren Ökosystems, der innerhalb einer offeneren Architektur agiert. Jorge Ruiz, Global Head Digital Acceleration von Citi, sagt: »So wie wir heute mit unseren Kunden interagieren, werden wir es in wenigen Jahren nicht mehr machen. Wie jedes andere Finanzinstitut, das nicht in rasantem Tempo Marktanteile einbüßen will, müssen auch wir mit einer offenen Architektur arbeiten – nicht nur nach dem Motto ›Citi entwickelt für Citi und Citi-Kunden‹, sondern als Teil eines größeren Ökosystems. Es gibt ungefähr 10.000 bis 12.000 Fintech-Lösungen am Markt, gegründet in den letzten Jahren. Wir müssen die besten dieser Lösungen in unsere Plattformen integrieren, damit wir unseren Kunden bessere Angebote unterbreiten können. Wir wollen nicht nur eine Community aus Entwicklern, sondern aus unterschiedlichen Teilnehmern, die diese neue Form der Vermarktung von Finanzdienstleistungen bereichern.

Wir sind davon überzeugt, dass wir und unsere Millionen von Kunden letztlich davon profitieren. Der Aufbau einer Community ist keine leichte Aufgabe, aber mit dem richtigen Team und starken Partnern lasst sich alles machen. In den letzten zwei Jahren haben wir mit fast 7.000 Entwicklern aus 500 Städten in mehr als 100 Ländern zu tun gehabt. Wir haben in 16 Ländern Beschleunigungsprogramme gestartet, 300 Lösungen erstellt, von denen wir bis Ende 2016 25 implementieren. Einige der Lektionen aus unserem Vorgehen: Fintech ist allgegenwärtig, und Zusammenarbeit ist ein Schlüsselelement, wobei die

Citi: ›Jedes Finanzinstitut, das nicht in rasantem Tempo Marktanteile einbüßen will, muss mit einer offenen Architektur arbeiten.‹

Bild: ©Ymke Sie

Umsetzung am wichtigsten ist. Marketing ist großartig, aber unser Hauptziel sollte sein, die Lösungen auf den Markt zu bringen und so bald wie möglich am digitalen Leben unserer Kunden teilzunehmen.«

Ein neues Ökosystem entsteht derzeit, mit Teilnehmern, die Daten gewinnen (denken Sie an die Plattformeigner und die Anbieter vernetzter Geräte), und Teilnehmern, die mittels dieser Daten neue Angebote entwickeln. Viele dieser mehrwerthaltigen Services werden künftig von Finanzinstituten erbracht, auch gemeinsam mit anderen Anbietern. Die Unternehmen werden zunehmend mit anderen, die auch Teil des Ökosystems sind, kooperieren müssen.

BLOCKCHAINS

Die Marktplätze werden sich noch schneller weiterentwickeln, wenn die noch junge Blockchain-Technologie vorangetrieben und breiter akzeptiert wird. Derzeit gilt sie als »Internet-Superlativ«. Die Quintessenz der Blockchain besteht darin, dass sie einen Peer-to-Peer-Wertaustausch ohne Zutun einer dritten Partei ermöglicht – das heißt, direkte Zahlungen zwischen zwei Personen ohne Einschaltung einer Bank –, und das eröffnet grenzenlose Möglichkeiten. Zu den Anwendungen gehören Identitätsprüfung, Risikosenkung, eine deutliche Prozessverbesserung (in puncto Geschwindigkeit, Genauigkeit, Transparenz und Kosteneffizienz), Betrugsverhinderung, effektive und effiziente Compliance und weitere, noch unbekannte Punkte.

Blockchains versprechen, bis 2020 zur neuen Finanzinfrastruktur zu werden. Santander InnoVentures, Oliver Wyman und Anthemis Group schätzen, dass die Kosten des Bankwesens dank Blockchain-Technologie um 20 Milliarden Dollar pro Jahr sinken könnten. Der innovative Finanzdienstleister R3 führt ein Konsortium aus mehr als 40 Banken weltweit an, um eine standardisierte Architektur für Privatkonten zu entwickeln. Es entbehrt nicht einer gewissen Ironie, dass Blockchain aus einer regierungsfeindlichen Motivation heraus entstand und Finanzinstituten nun eine einfache Plattform bietet, um alle möglichen Compliance-Regeln zu erfüllen.

Eine Blockchain (»Blockkette«) ist eine Art Datenbank aus aneinandergereihten Datenblöcken, die mithilfe einer kryptographischen Verkettung Informationen über alle Arten an Transaktionen, Wertgegenständen, Ereignissen und Geschäften speichert, sodass diese nicht manipulierbar sind. Verwaltet wird die Blockchain über ein verteiltes Rechnernetz. Der Wertgegenstand kann eine Währung sein, wie die virtuelle Währung Bitcoin, oder ein komplexer Datensatz, etwa ein Vertrag. Die Transaktionen werden automatisch so verwaltet, dass die Vorgangshistorie nicht veränderbar ist. Auf diese Weise lässt sich zu jedem Zeitpunkt bestimmen, wem was gehört. Die Blockchain ähnelt dem Journal der Buchführung und ist eine Art Wahrheitsmaschine. So ist es zum Beispiel unmöglich, dasselbe Haus zweimal zu verkaufen oder denselben Schaden zweimal zu melden. (Letzteres zumindest theoretisch. Im Juni 2016 gelang es einem Hacker, dem Online-Investmentfonds TheDAO, der mit Blockchain-Technologie arbeitet, 50 Millionen US-Dollar zu stehlen.)
Diese Technologie unterstützt sogenannte Smart Contracts. Das sind Computerprotokolle, die Verträge überprüfen und automatisch durchsetzen, wenn bestimmte Geschäftsregeln oder Vertragsbedingungen erfüllt sind, zum Beispiel, wenn eine Lieferung eintrifft. Die Zahlung kann dann innerhalb von Sekunden erfolgen, was Daten genauer macht und das Risiko senkt. Diese Vorteile erlauben, unterschiedliche Transaktionen und Interaktionen zu überwachen und nachzuverfolgen, und fördern somit auch die Zusammenarbeit zwischen verschiedenen Parteien, gleich, ob einander bekannt oder nicht. Die Blockchain kann somit neutrale, vertrauenswürdige Dritte oder zentrale Behörden überflüssig machen, die sich derzeit noch an Transaktionen beteiligen, zum Beispiel Clearinghäuser, internationale Zahlungsnetze und Notare.

BLOCKCHAIN-ANWENDUNGSFÄLLE

Die Blockchain steckt noch in den Kinderschuhen. Doch wir sehen bereits viele erste Ideen und Anwendungsfälle im Bank- und Versicherungswesen, die sowohl in puncto operative Exzellenz als auch Customer Engagement Ergebnisse liefern. An einigen dieser Anwendungsfälle beteiligen sich unterschiedliche Parteien. Bei diesen handelt es sich nicht um Marktplätze, aber diese Fälle zeigen uns, wie Blockchains potenziell Prozesse und Kooperation auf einem Marktplatz beschleunigen.

SLOCK.IT

Slock.It ist ein deutsches Start-up, das Blockchains mit der physischen Welt des Internets der Dinge verknüpft, da es eine Sharing-Economy-Infrastruktur bietet. Das Unternehmen bietet »Slocks« – Smart Locks (intelligente Schlösser) für alles, was sich teilen und vermieten lässt, zum Beispiel Wohnungen, Büros, Hotels und Fahrräder. Mit dem Einsatz von Smart Contracts können Airbnb-Apartments vollautomatisiert oder ungenutzte Büroflächen und Fahrräder gemietet werden. Gleichzeitig können in einem Schritt eine Versicherung ausgestellt und die Bezahlung abgewickelt werden, ohne dass ein Dritter sich einschaltet. Slock.it kooperiert mit dem britischen Start-up SafeShare Global, das Sharing-Economy-Plattformen versichert.

Bild: © Everledger

EVERLEDGER

Die Diamantendatenbank Everledger tritt an, das Betrugs- und Diebstahlsproblem der Diamantenindustrie, in einer Größenordnung von 2 Milliarden US-Dollar, zu lösen. Leanne Kemp, Gründerin und CEO dieses Start-ups: »Everledger ist ein globales digitales Buchführungsjournal, das Wertgegenstände über sämtliche Bewegungen hinweg schützt und mit Blockchain-Technologie arbeitet. Zu diesem Zweck kooperieren wir mit den großen Zertifizierungshäusern weltweit, welche die Diamanten schätzen und zertifizieren. Wir erfassen die vier Kriterien zum Schätzen des Werts eines Diamanten – Gewicht, Schliff, Farbe und Reinheit. Darüber hinaus halten wir 40 Metadatenpunkte fest, die wir mit der unverwechselbaren Zertifikatsnummer verknüpfen, die per Speziallaser in die Rondiste eingraviert ist, sozusagen der digitale Fingerabdruck des Diamanten. All diese Informationen werden anschließend in die Blockchain geschrieben, der unveränderbare und sichere Eintrag. Nun können wir jeden einzelnen Diamanten nachverfolgen, mit dem auf Online-Marktplätzen wie eBay und Amazon gehandelt wird.

Wir arbeiten mit Versicherungen an der Aufdeckung und Verfolgung von Betrugsversuchen. Mit Interpol und Europol kooperieren wir, um Diamanten zu identifizieren, die über Landesgrenzen gebracht und auf Schwarzmärkten verkauft werden, sowie mit Banken und Versicherungen, um die Diamenten-Pipeline effizient zu finanzieren. Außerdem ist Smart Contracts unser Partner, um die Eigentümerschaft zu verfolgen und Versicherungen bei der Wiederbeschaffung als verloren oder gestohlen gemeldeter Edelsteine zu unterstützen. All dies läuft über unser API-System, über das wir mit allen Beteiligten in der Blockchain vorhandene Informationen austauschen.« Das Start-up mit Sitz in London begann mit Diamanten und expandiert derzeit in weitere Luxusmärkte, in denen die Herkunft der Objekte eine große Rolle spielt. Dank Everledgers Plattform können Versicherungsgesellschaften Betrug verhindern sowie Kosten senken, und Käufer sind sicher, dass die erworbenen Diamanten legaler Herkunft und keine gestohlenen oder sogenannte Blutdiamanten sind.

Finanzdistrikt von Moskau.
Bild: © Reinventing Customer Engagement

DIE GRÖSSTEN CHANCEN FÜR BLOCKCHAINS

Vladislav Solodkiy, Managing Partner bei der Risikokapitalgesellschaft Life.SREDA, und Chris Skinner, Chairman des Financial Services Club sowie Bestsellerautor, gründeten den ersten, ausschließlich auf Blockchain-Technologie fokussierten Risikokapitalfonds. Wir fragten die beiden, wo sie die größten Chancen beim Einsatz von Blockchains in der Finanzdienstleistungsindustrie sehen. Chris Skinner: »In den Bereichen Zahlungsabwicklung, Clearing und Kontenausgleich, in denen Unternehmen wie R3 und Digital Asset Holdings bereits aktiv sind. Außerdem gibt es große Chancen für Blockchains in den Bereichen digitale Identität, Legitimationsprüfungen nach dem Know-Your-Customer-Prinzip (KYC), Asset Tracking, Lieferkettenmanagement, Smart Contracts, Versicherungen und vieles mehr. Die vielen hundert Startups, die sich diesen Themen widmen, haben wir alle auf unserem Radar.«
Vladislav Solodkiy: »Was den Einfluss der Blockchain-Technologie auf die Finanzdienstleistungsindustrie angeht, sehe ich viele Chancen über reine Finanzgeschäfte hinaus. Die beiden größten sind ›Märkte mit geringer Bankpräsenz‹ und ›die neue Welle der Entrepreneure‹. Die Finanzdienstleistungsindustrie ist wie das Gefäßsystem des Körpers. Wenn Sie Ihr Blut durch Blutaustausch auffrischen, werden Sie sich besser fühlen. Wenn Blockchains das Gefäßsystem der modernen Wirtschaft ersetzen, werden wir bestimmt auch in anderen Industrien viele neue Entrepreneure erleben, vor allem in Märkten mit geringer Bankpräsenz. Derzeit ist es für Menschen ohne Bankkonto schwierig, an der modernen ›Sharing Economy‹ teilzunehmen, weil sie arm sind oder ihnen die technischen Fähigkeiten und das Finanzwissen fehlen. Die neuen Technologien bieten ihnen die einzigartige Chance, ihr Potenzial und ihre Ideen wesentlich leichter und schneller auszuschöpfen und mit anderen jungen, cleveren Menschen auf der Welt zu konkurrieren – nein, sorry, zu kooperieren.«

Für uns sind die immer wichtigeren Pull-Plattformen und die Fintech-Supermärkte miteinander verknüpft. Zwar vollziehen sich diese Entwicklungen unabhängig voneinander, aber wir sehen die Quintessenz vor allem in der Kombination aus beiden. Am Ende geht es darum, eine stärkere oder sogar neue Lieferkette zu schaffen, vielfältige Möglichkeiten freizusetzen, um mehr Effizienz zu erreichen, sowie neue Umsatzströme und neue Geschäftschancen auf Basis von Daten und Konnektivität zu generieren.

WAS ZU TUN IST

KONTEXTBASIERTE ÖKOSYSTEME

PULL-PLATTFORMEN DIFFERENZIEREN MARKTPLÄTZE

Das Konzept des API-Bankings wirkt vielversprechend, weil es Kunden stets die besten Produkte bietet. Gelingen kann dies nur, wenn das Geschäft mit einflussreichen Pull-Plattformen kombiniert wird. Natürlich ist dabei zu vermeiden, dass die Integration vielfältiger Produkte zu isolierten, verstreuten Erfahrungen führt. Nur auf diese Weise können marktplatzorientierte Finanzinstitute Mehrwert und Differenzierungsmerkmale schaffen, die über die Auswahl und Bereitstellung guter Produktanbieter hinausreichen. Dieser Weg beschränkt den Mehrwert nicht auf das Produkt, sondern bezieht sich auf das Wissen über den individuellen Kunden. Wenn das Finanzinstitut das nicht schafft, kann es von jedem anderen Marktplatz mit erstklassigen Produkten ersetzt werden.

Pull-Plattformen sind wichtig für ein besseres Customer Engagement der Finanzinstitute, damit Finanzdienstleistungen sich reibungslos in das Leben eines Kunden einfügen. Marktplätze sind entscheidend dafür, wie sich eine Bank beziehungsweise ein Versicherer strukturiert und organisiert, damit Angebote schnell und flexibel unterbreitet werden.

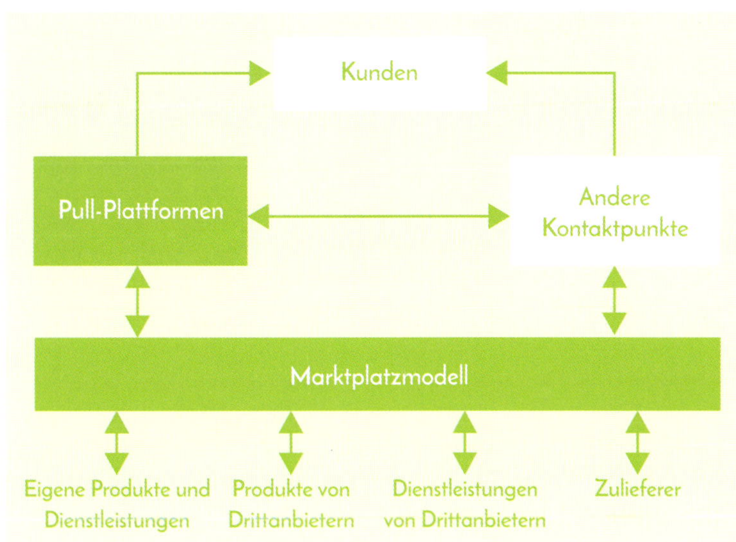

NAHTLOSE ÜBERSETZUNG

Die Herausforderung besteht darin, das mithilfe der Pull-Plattform gewonnene Wissen – zu verändertem Kundenverhalten und neuen Bedürfnissen – in flexibel ausgewählte, relevante Marktplatzpartner sowie in ihr schnelles Einbetten oder Ablösen und in relevante und effektive Strategien für ein höheres Customer Engagement zu übersetzen. Die Pull-Plattform sollte die Angebote des Marktplatzes optimal abbilden, die am besten zu den Bedürfnissen der Plattformnutzer passen. Wie erwähnt, können Pull-Plattformen und Marktplätze unterschiedlich beschaffen sein: von klein bis umfangreich, von einfach bis komplex. Um koordinierte Pull-Plattformen und Marktplätze zu entwickeln, gleich welcher Form oder Gestalt, sollten zwei Aspekte wirklich durchdacht sein: der Kontext aus Kundensicht und das Ökosystem aus der Perspektive des Finanzinstituts.

KONTEXTBASIERTE DENKWEISE

Kunden treffen Finanzentscheidungen oder überdenken Risiken meist nicht in einer Bankfiliale oder dem Büro eines Versicherungsmaklers. Idealerweise stehen Pull-Initiativen in einem Kontext, in dem Menschen finanzielle Sachverhalte beschließen, sodass Banken und Versicherungen im kritischen Moment präsent sind. Dabei kann es sowohl um wichtige Lebensentscheidungen als auch alltägliche Dinge wie den Kauf von Lebensmitteln oder Kleidung gehen. Diese kleinen oder großen Entschlüsse beschäftigen Menschen mehr als ihre finanziellen Folgen. Mithilfe einer kontextbasierten Denkweise erfahren Finanzinstitute weitaus mehr über Dinge, die Kunden rund um das Produkt bewegen. Zwei Herausforderungen stellen sich hier:

1. IDENTIFIZIEREN SIE DAS PROBLEM

Letztlich geht es darum, die wichtigsten Herausforderungen für eine spezifische Zielgruppe der Plattform zu bestimmen, eine Geschichte in diesem Kontext zu entwickeln und dieses Narrativ erfolgreich umzusetzen. Eine kontextbasierte Denkweise reicht über das Produkt hinaus und richtet sich auf das Problem, das Kunden in einer bestimmten Situation zu lösen haben. Wenn Sie mehr über die Umstände wissen, in denen sich Verbraucher befinden, können Sie bessere Vorschläge unterbreiten. Die Kunden sind heute anspruchsvoller, daher müssen wir bessere Lösungen anbieten. Den Kontext zu kennen und dieses Wissen zu nutzen, erleichtert den Aufwand, das Vorausdenken und die Entwicklung von Lösungen, die Menschen als auf ihre Situation abgestimmt empfinden.

2. INSPIRIEREN SIE ZU NEUEN GESCHÄFTSMODELLEN

Eine kontextbasierte Denkweise erforscht den und inspiriert zu einem neuen Mehrwert, den Banken und Versicherer mittels neuer Technologien und Big Data bieten können. Wie werden Versicherer die Daten aus Pull-Plattformen (sowie aus vernetzten Geräten) verwenden, um sich neue Umsatzströme und Geschäftsmodelle auszudenken? Wie können Banken am attraktiven Mobile Commerce teilnehmen? Die Grenzen sind klar: Beginnen Sie mit verwandten Services und bleiben Sie bei Ihrem Markenversprechen. Die Kunden sollten stets verstehen, warum Sie auf bestimmte Weise agieren. Mit einer kontextbasierten Denkweise werden Sie Chancen aufspüren und erkennen, welche Partnerschaften Sie im Rahmen eines Marktplatzmodells eingehen müssen.

> Eine kontextbasierte Denkweise zielt auf tiefes Verständnis anstelle statistischer Bedeutung ab. Tauchen Sie in das Leben der Kunden ein. Verbringen Sie Zeit mit ihnen. Beobachten Sie die Menschen.

- Aus den Big-Data-Kompetenzen von BBVA, wie Käuferinformationen für Einzelhändler aus Zahlungsdaten zu gewinnen, entstand der Geschäftsbereich BBVA Data & Analytics. Dieser separate Zweig unterstützt nicht nur den globalen Wandel der Bank zu einem datengetriebenen Unternehmen, sondern hilft auch Drittunternehmen mit Data Engines und Informationen. Auf diese Weise nimmt BBVA eine neue Rolle im Ökosystem ein.
- Allstate gründete eine separate Einheit für Telematik, namens Arity, die Daten über Treiber sammelt und analytische Produkte an Drittunternehmen verkauft. Arity umfasst alle Arten von neuen Datenquellen und analytischen Kompetenzen, deren Entwicklung für Versicherer schwierig bis unmöglich wäre. Dieses neue Projekt trägt dazu bei, den Margendruck im Fahrzeugversicherungsgeschäft zu lindern.

GRENZENLOSE DIMENSIONEN

Aus den Best-Practice-Beispielen dieses Kapitels lernen wir, dass der »Kontext« zahlreiche Dimensionen hat, welche die Bedürfnisse eines Kunden und somit auch die Lösung eines Finanzinstituts beeinflussen:

- Ein bestimmtes Ereignis im Leben des Kunden – groß oder klein.
- Was der Kunde im Rahmen dieses Ereignisses erreichen möchte – das Problem, das einer Lösung bedarf.
- Die Komplexität der entsprechenden Phase der Kundenerfahrung, das wahrgenommene Risiko und das Maß, in dem frühere Erlebnisse in die Entscheidung einfließen.
- Die Dringlichkeit, die Stimmung des Kunden, die Tageszeit, die verfügbare Zeit, was derjenige ansonsten macht, der physische Standort (zu Hause, am Arbeitsplatz, unterwegs), das von dieser Person benutzte Gerät.
- Weitere Beteiligte – mit wem hat der Kunde zuvor gesprochen, wer übt Einfluss auf ihn aus. Der soziale Kontext ...

ATM Seminyak. Rücknahme leerer Gaszylinder? Bild: © Reinventing Customer Engagement

In der Finanzdienstleistungsindustrie ist die Abwanderungsrate, aus der Distanz betrachtet, gering. Allerdings ist dieser Anteil im Zusammenhang mit bestimmten Einzelereignissen hoch. In wichtigen Lebenssituationen, zum Beispiel Hochzeit, finden große Marktanteilsverschiebungen statt. Privatbanken erleben häufig, dass das bisher verwaltete Kundenvermögen nach einer Hochzeit oder einem Todesfall abgezogen wird. Laut Untersuchungen von Fidelity Investments verabschieden 70 Prozent der Witwen ihren männlichen Finanzberater nach dem Tod ihrer Männer. In diesen Momenten, wenn die Karten neu verteilt werden, müssen Sie als Finanzinstitut bereitstehen. Das versteht sich von selbst. Aber welche Bank weiß zum Beispiel, welcher Kunde wann heiratet? Trotz der enormen verfügbaren Datenmengen sind Banken nicht in der Lage, die wichtigsten Momente im Leben ihrer Kunden, mit Einfluss auf ihren Marktanteil, vorauszusehen. Was wissen wir wirklich über diese Lebensereignisse? Banken und Versicherungen sollten verstehen lernen, was Menschen bei solchen Ereignissen bewegt. Worüber macht sich der Kunde Sorgen? Welches sind seine Überlegungen, insbesondere im Hinblick auf Finanzangelegenheiten? Und wie wenden wir dieses Wissen an, wenn wir Strategien zur Steigerung des Customer Engagement entwickeln?

Das offene Satzende des letzten Punktes ist beabsichtigt, da es sich um keine erschöpfende Aufzählung handelt. Sie wissen nie genau, welche Dinge hineinspielen. Aus diesem Grund ist es unerlässlich, offen für Neues zu sein.

KONTEXTANALYSE

Diese grenzenlosen Dimensionen erfordern es, Kontextinformationen anders zu gewinnen. Eine kontextbasierte Denkweise zielt auf tiefes Verständnis anstelle statistischer Bedeutung ab. Finanzinstitute sollten in das Leben der Kunden eintauchen, Zeit mit ihnen verbringen und Menschen beobachten. Die Unternehmen müssen erforschen und festhalten, was geschieht. Was hält die Kunden nachts wach? Was geht in ihnen vor?
Welche Trigger sind nützlich? Wie verhalten sich die Kunden? Welches sind ihre unausgesprochenen Bedürfnisse? Was brauchen sie wirklich? Erkenntnisse über den Kontext zu gewinnen, erfordert, dass Finanzinstitute sich mit offenem Blick umsehen und Chancen aufspüren. Suchen Sie nach überraschenden Einsichten. Um wertvolle Erkenntnisse in den sichtbaren Kontext zu integrieren, sollten Sie unbekannte Bedürfnisse aufdecken, die Probleme der Kunden in einem neuen Rahmen darstellen und einen Blick für den manifesten und latenten Bedarf Ihrer Zielgruppe haben. Welche Probleme bedürfen einer Lösung? Die Kontextanalyse ist eine generative Methode, die für die Beantwortung dieser Fragen sehr gut geeignet ist. Sie schafft die Grundlage für kontextbasierte Konzepte.

DIE ARCHITEKTUR DES ÖKOSYSTEMS

Banking am Pool. Die Filiale der DenizBank im Suada Club des Sportklubs Galatasaray, mitten am Bosporus in Istanbul, Türkei, verleiht Bankern eine neue Bedeutung: Lebensretter. Bild: © Reinventing Customer Engagement

Das offene Satzende des letzten Punktes ist beabsichtigt, da es sich um keine erschöpfende Aufzählung handelt. Sie wissen nie genau, welche Dinge hineinspielen. Aus diesem Grund ist es unerlässlich, offen für Neues zu sein.

KONTEXTANALYSE

Diese grenzenlosen Dimensionen erfordern es, Kontextinformationen anders zu gewinnen. Eine kontextbasierte Denkweise zielt auf tiefes Verständnis anstelle statistischer Bedeutung ab. Finanzinstitute sollten in das Leben der Kunden eintauchen, Zeit mit ihnen verbringen und Menschen beobachten. Die Unternehmen müssen erforschen und festhalten, was geschieht. Was hält die Kunden nachts wach? Was geht in ihnen vor?

Welche Trigger sind nützlich? Wie verhalten sich die Kunden? Welches sind ihre unausgesprochenen Bedürfnisse? Was brauchen sie wirklich? Erkenntnisse über den Kontext zu gewinnen, erfordert, dass Finanzinstitute sich mit offenem Blick umsehen und Chancen aufspüren. Suchen Sie nach überraschenden Einsichten. Um wertvolle Erkenntnisse in den sichtbaren Kontext zu integrieren, sollten Sie unbekannte Bedürfnisse aufdecken, die Probleme der Kunden in einem neuen Rahmen darstellen und einen Blick für den manifesten und latenten Bedarf Ihrer Zielgruppe haben. Welche Probleme bedürfen einer Lösung? Die Kontextanalyse ist eine generative Methode, die für die Beantwortung dieser Fragen sehr gut geeignet ist. Sie schafft die Grundlage für kontextbasierte Konzepte.

In den letzten Jahren hat Rakuten ein sogenanntes Rakuten-Ökosystem entwickelt. Das Netzwerk besteht aus einem breiten Spektrum unterschiedlicher Geschäftsfelder, zum Beispiel E-Commerce, Online-Reisebuchungen, Bankgeschäfte, Kreditkarten, Online-Finanzmakler. Gemeinsam verfolgen sie das Ziel, die gegenseitigen Synergien zu steigern und dass Kunden einer Kategorie ihre Beziehung zu Rakuten leicht durch andere Produkte und Services ausdehnen können. Riesige Datenbanken nutzen die geschäftsfeldübergreifenden Erkenntnisse. Banken stufen ihre Kunden üblicherweise nach der Höhe ihres Vermögens ein. Rakuten verwendet eine andere Messgröße, die auf Erkenntnissen aus dem E-Commerce basiert: die »Kontaktfrequenz«. Die Kundenaktivitäten geben darüber Aufschluss, wie gut Rakuten die Bedürfnisse der Menschen erfüllt und wie erfolgreich der Anbieter an ihren täglichen Finanztransaktionen beteiligt ist. Dank seines E-Commerce basierten Geschäftsmodells gelingt es Rakuten außerdem, die Kosten gering zu halten und besser als seine Wettbewerber in der Finanzbranche abzuschneiden.

PARTNERSCHAFTEN BEDEUTEN HEUTE MEHR

Die Entwicklung von Partnerschaften wird zur Kernkompetenz. Partnerschaften spielen sowohl für Pull-Plattformen als auch für Marktplatzkonzepte eine Schlüsselrolle. Allerdings sind diese Kooperationen unterschiedlich beschaffen. In Marktplätzen ist es – laut Theorie – entscheidend, Produktzulieferer schnell integrieren und entkoppeln zu können. Das könnte On-/Off-Beziehungen andeuten, aber das stellen wir bei den ersten Beispielen auf diesem Gebiet nicht fest. Dazu gehören Sberbank/eToro, Fidor Bank/Smava, Soon/PayPal, ANZ/ApplePay.

Außerdem geht es bei Fintech 2.0 nicht allein um die besten Produktanbieter, sondern vielmehr um die Spezialisierung auf verschiedene Funktionen der Wertschöpfungskette. Dazu gehören Drittanbieter wie Makler, Schadensregulierer, Datenlieferanten, Online-Marketingagenturen und so weiter. Bei Pull-Plattformen erkennen wir intensivere, langfristiger ausgerichtete Formen der Zusammenarbeit. Beispiele dafür sind die Kooperationen zwischen Ping An und eToro und die Partnerschaft von Unilever und Google bei All Things Hair. Jede Einzelne scheint auf lange Sicht und gemeinsame Innovation angelegt. Wobei die Partner gegenseitig Werte nutzen, um jenseits der vertikalen Wertschöpfung der einzelnen Partei neue Services und eine nahtlose, vertikal integrierte Erfahrung zu schaffen.

Aus der Sicht des Customer Engagement ist es sinnvoll, mit Partnern außerhalb der eigenen vertikalen Wertschöpfungskette zu kooperieren, die auf dasselbe Kundenereignis reagieren oder Teil desselben Kontextes beziehungsweise Interessensgebiets sind. Wenn eine Bank etwa im Bereich Zahlung bedeutender werden will, muss sie wissen, wie Menschen ihr Geld ausgeben. Händler zum Beispiel verstehen die Kauferfahrung gut. Wonach Kunden suchen und wie sie kaufen, wie Einkaufen sich in den kommenden Jahren verändern wird, welche Kaufauslöser oder -hindernisse es gibt, welche Informationen Verbraucher nutzen, welche Überlegungen hineinspielen. Mit Händlern zu kooperieren hilft Banken, herauszufinden, wie Kunden unterstützt werden wollen. Zudem werden die Finanzinstitute somit die Lage versetzt, mobile Services einzuführen, die Menschen im Alltag helfen.

DANSKE BANK MOBILEPAY

Bild: © Danske Bank

Als die Danske Bank MobilePay gründete, rückte sie Partnerschaften ins Zentrum ihrer Strategie, um Zahlungsvorgänge nahtlos in alle möglichen Kauferfahrungen einzubauen. Quasi über Nacht erreichte MobilePay eine kritische Masse.

Drei dieser Partnerschaften:

- Dansk Supermarked, mit 1.200 Geschäften der bei Weitem größte Einzelhändler des Landes
- KMD, Dänemarks führender IT-Provider für unterschiedliche Regierungs- und Verwaltungsbehörden. Zum Beispiel können Bürger, egal welcher Stadt, direkt per Mobiltelefon Eintrittskarten für öffentliche Schwimmbäder und Eislaufbahnen kaufen. Ebenso ist es direkt möglich, den Reisepass oder Führerschein zu verlängern und jede andere Rechnung der Stadtverwaltung zu bezahlen. Die Vorteile für die Stadt liegen auch auf der Hand: Manuelle Prozesse in der Stadtverwaltung werden deutlich reduziert.
- DIBS, der größte skandinavische Anbieter von Online-Zahlungen. Dank dieser Partnerschaft war MobilePay im Handumdrehen in mehr als 10.000 Webshops verfügbar. Wie in jedem anderen Land wächst der E-Commerce auch in Dänemark zweistellig.

Für jedes Szenario werden unterschiedliche Lösungen entwickelt und Prozesse so angepasst, dass sie Schnittstellen mit jedem Partner bieten. Mark Wraa-Hansen, Head of MobilePay bei der Danske Bank, berichtet über die Ergebnisse: »Innerhalb von drei Jahren hatten mehr als drei Millionen Dänen – das sind mehr als 50 Prozent der gesamten Bevölkerung, Kinder eingeschlossen – MobilePay in ihrer Tasche. »Mobilepayen« ist sogar ein neues Wort in der dänischen Sprache. Die Vorteile von MobilePay haben auch Beziehungen zu Nichtkunden ermöglicht. 70 Prozent der neuen MobilePay-Nutzer kommen von anderen Banken.« Abgesehen von den neuen Umsatzströmen für die Danske Bank, eröffnet diese Entwicklung natürlich weitere große Chancen.

ENTWERFEN SIE EINE AGILE ARCHITEKTUR

Einen Marktplatz zu schaffen, erfordert eine agile Zusammensetzung der Wertschöpfungskette. Pull-Plattformen setzen ebenfalls ein hohes Maß an Flexibilität und Wendigkeit voraus. Sie können sich in Richtungen entwickeln, die wir derzeit noch gar nicht voraussehen. Finanzinstitute gestalten ihre Prozesse mehr oder weniger für die Ewigkeit. Jetzt ist es jedoch nötig, diese Prozesse mit einer Architektur zu kombinieren, die erlaubt, sich an neue Bedürfnisse anzupassen, immer wieder neue Services aufzustellen sowie Partner hinzuzufügen und zu entkoppeln. Des Weiteren muss die Architektur dazu dienen, die Zahl der Knoten und Interaktionen zu erweitern.

Für Michael Panowicz (Nordea) sind digitale Prozesse eine Schlüsselanforderung: »Alle Banken und Fintechs haben Zugang zu mehr oder weniger den gleichen neuen Technologien. Es kommt jedoch auf die Fähigkeiten an, technische Möglichkeiten in digitale Prozesse innerhalb des Unternehmens zu transformieren. Ich glaube, es geht weder um die Kanäle noch um eine mobile App oder den browserbasierten Service – es ist der E2E-Prozess dahinter, der die Grundlage bildet. Wenn Sie dies in Ihren Kernsystemen, API-Schichten, der automatisierten Bearbeitung von Kundenanfragen, im Digital Marketing und in Ihrem Produkt-Store richtig gemacht haben, lassen sich Elemente wie Partnership Banking, mobile Zahlungen, digitale Versicherung, Geldmanagement, moderne Geldanlage (Robo Advisors, Peer-to-Peer) und so weiter leicht hinzufügen. Und dann werden selbst Filialen zu digitalen Kanälen – nur mit einer angenehmen, stimmengesteuerten Mensch-zu-Mensch-Schnittstelle.«

Sowohl Pull-Plattformen als auch Marktplatzkonzepte sollten in der Lage sein, unterschiedliche Formen der Kooperation zwischen Partnern zu ermöglichen. In jedem Fall muss es klare, konsistente Vereinbarungen geben, um die nahtlose Kooperation zwischen den einzelnen Partnern zu gewährleisten. Außerdem ist es unerlässlich, eine Infrastruktur aufzubauen, die als Basis dient und auf der andere Anbieter spezifische Anwendungen aufsetzen können – Prozesse, die Entwickler leicht aufnehmen können. Zwar haben Marktplätze und Pull-Plattformen viel gemeinsam, aber sie sollten separat entwickelt werden, um an beiden Enden für Flexibilität zu sorgen. Dass dies auf agile Weise geschehen kann, setzt eine Architektur voraus, welche die unterschiedlichen Abstraktionsebenen entwirrt und voneinander trennt: ein Rahmenkonzept, um Marktplätze und Pull-Plattformen weiterzuentwickeln. Die Gefahr, diese verschiedenen Abstraktionsebenen nicht in der Architektur vorzusehen, ist, dass auf diese Weise unabsichtlich zukünftige Altlasten geschaffen werden.

> »Eine Architektur, die erlaubt, sich an neue Bedürfnisse anzupassen, immer wieder neue Services aufzustellen sowie Partner hinzuzufügen und zu entkoppeln. Des Weiteren muss die Architektur dazu dienen, die Zahl der Knoten und Interaktionen zu erweitern.«

KAPITEL 3
EINFACH MENSCHLICH

Dekoriert mit dem Bild des Haifisch-U-Boots aus dem elften Band von Tim und Struppi *Der Schatz Rackhams des Roten*, ist der Airbus A320 der Brussels Airlines rund ums Jahr am Himmel zu sehen. Bild: © Yorick Jansens

Brussels Airlines sah sich definitiv mit neuen Wettbewerbern konfrontiert, als drei Billigfluglinien – Vueling, Easyjet und Ryanair – den Flugbetrieb ab Flughafen Brüssel-Zaventem aufnahmen. Anstatt die neuen Konkurrenten über den Preis zu bekämpfen, beschloss das Unternehmen, die Flugreise neu zu definieren. Mit ihrem Slogan »We go the extra smile« (wir bieten ein Extralächeln) positioniert sich die Fluggesellschaft als dynamische, »kompromisslose Airline«, die Fliegen wieder zu einem bezahlbaren Genuss macht. Service zu einem guten Preis ist für Lars Redeligx, Chief Commercial Officer von Brussels Airlines, kein Widerspruch: »In einer Welt, in der das Fliegen zu einer Standardleistung geworden ist, lautet unser Leitbild, die persönlichste Fluggesellschaft zu werden. Wir betrachten unsere Kunden nicht als Passagiere, sondern als unsere Gäste. Wir sehen unsere Aufgabe nicht darin, sie von A nach B zu bringen, sondern darin, Menschen zusammenzubringen. Wir wollen, dass das Reisen wieder angenehm wird, indem wir Flügen eine persönliche, belgische Note verleihen und unsere Gäste positiv überraschen.«

Brussels Airlines ist eine Fluggesellschaft mit menschlichem Gesicht, die sich dafür engagiert, ihre Gäste glücklich zu machen. Dafür

> Eine gute Kundenerfahrung ist möglich, wenn alle Mitarbeiter sich gemeinsam bemühen.

gibt es kein Patentrezept; die Linie setzt auf persönlichen Service: individuell, freundlich, höflich und hilfsbereit. Eine kleine Geste. Ein Lächeln. Das kostet keine Mühe, aber bewirkt bei den Gästen einen Riesenunterschied. Im Zweifelsfall fordert Brussels Airlines seine Mitarbeiter auf, »das Richtige« für die Kunden zu tun, anstatt sich starr an Regeln und Vorschriften zu klammern. Diese Haltung spiegelt sich abteilungsübergreifend in der gesamten Organisation wider. In einem kundenorientierten Unternehmen sollte jeder danach streben, die Kundenerfahrung zu verbessern. Ein Pilot, der zum Beispiel bemerkt, dass sein Flug sich eventuell verspätet, weil das Gepäck nicht rechtzeitig verladen wird, steigt aus dem Cockpit und legt selbst mit Hand an. Um Probleme zu lösen, muss man gelegentlich unkonventionelle Ansätze verfolgen. Das bedeutet nicht, dass Brussels Airlines dieses Ziel schon täglich erreicht, aber die Fluggesellschaft strebt mit einer positiven und leidenschaftlichen Einstellung jeden Tag aufs Neue danach.

Außerdem ist der Linie die Entscheidungsverantwortung ihrer Mitarbeiter wichtig. So ist es ihnen erlaubt, gegebenenfalls individuelle Lösungen zu finden, anstatt mechanisch zu Standards zu greifen. Die erfolgreichsten Unternehmen sind heute nicht die mit den besten Produkten, sondern die mit starken Kernwerten und einer besonderen Kultur. Denn die eigene Kultur hält die Organisation zusammen. Sie bietet Orientierung bei allen Entscheidungen und prägt das Verhalten. Unabhängig von der gewählten Strategie ist es die Umsetzung, die zwischen Erfolg und Misserfolg entscheidet. Brussels Airlines weiß, dass ein Leitbild nur dann greift, wenn alle Mitarbeiter es tragen. Man kann Gäste einmal mit einem niedrigen Preis locken, aber wenn sie Unangenehmes erleben, kommen sie nicht wieder.

Eine gute Kundenerfahrung ist möglich, wenn alle Mitarbeiter sich gemeinsam bemühen – diejenigen im direkten Kundenkontakt, aber auch die Kollegen im Hintergrund. Seien es Techniker, Manager, Verkäufer, Mitarbeiter des operativen Bereichs oder Kollegen aller Standorte auf der Welt, die dieselbe Leidenschaft teilen. »Wir bieten ein Extralächeln« definiert nicht nur, wie sich die belgische Fluggesellschaft am Markt positionieren will, sondern auch die interne Philosophie, nach dem Motto »Willst du schnell gehen, geh allein. Willst du weit gehen, geh mit anderen«.

WAS IST NEU - WAS IST IN DEN LETZTEN JAHREN PASSIERT?

EINFACH, SOZIAL, PERSÖNLICH, ANDERS?

Der Drive-through-Bankautomat der Banque Saudi Fransi (die zu Credit Agricole CIB gehört). Kunden können ihre Transaktionen bequem von ihrem klimatisierten Auto aus machen, statt draußen in der Wüstenhitze zu stehen. Bild: © Reinventing Customer Engagement

EINFACH IST NICHT EINFACH

In den letzten Jahren hat die Finanzbrache den Bedarf nach Einfachheit erkannt, und fast alle haben ihr Geschäft danach ausgerichtet. So wurden zum Beispiel Produktportfolios und Prozesse rationalisiert, intuitive mobile Anwendungen eingeführt sowie Projekte für reduzierte Bargeldzahlung durchgeführt. Hinter vielen dieser Initiativen steht der Wunsch, Kosten zu sparen und so das Geschäft zu vereinfachen. Mittlerweile erkennen die Finanzinstitute jedoch, dass Einfachheit noch mehr bietet, zum Beispiel Umsatzzuwächse und höhere Loyalität.

DIE VORTEILE DER EINFACHHEIT

Aufgrund unserer Erfahrung mit Vereinfachungsprojekten innerhalb und außerhalb der Finanzdienstleistungsindustrie haben wir diese direkten und indirekten Vorteile identifiziert:

- Jeder fünfte Kunde ist bereit, mehr für Einfachheit zu bezahlen.
- Je einfacher der Kaufprozess, desto höher die Konversionsrate und die Kundenzufriedenheit.
- Je einfacher und schlanker die Produktpalette, desto geringer der »Kaufstress«, was zu einer höheren Reaktionsrate führt.
- Je einfacher das Produkt, desto mehr schätzen es die Verbraucher, sind zufrieden und empfehlen es Freunden, Bekannten, Kollegen und der Familie.
- Die Vereinfachung von Produkten und Dienstleistungen

Almudena Román, CEO ING Direct Spanien: »Unsere kleinen und mittleren Geschäftskunden finden es mühselig, sich unterschiedliche Logins für ihr Privat- und ihr Geschäftskonto merken zu müssen. Für uns waren das zwei völlig verschiedene Welten, aber aus Kundenperspektive waren sie das nicht. Innerhalb von zwei Monaten haben wir alle Systeme angepasst, sodass unsere Kunden nur ein Login für alle ihre Konten benötigen. Sobald sie eingeloggt sind, können sie mühelos von einem Konto zum anderen wechseln. Seit wir unsere Geschäftsprozesse vereinfacht haben, zählen wir zu den Finanzinstituten mit dem höchsten NPS (Net Promoter Score) weltweit.«

»Je einfacher das Produkt, desto innovativer das Image.«

steigert die Kundenbindung um 15 bis 40 Prozent.

- Je einfacher das Produkt, desto innovativer ist das Image des Anbieters.
- Einfachheit bedeutet Klarheit, Klarheit bildet Vertrauen.
- Je einfacher eine Sache wirkt, desto leichter lassen sich die Erwartungen steuern. Einfachheit senkt Risiken; dies ist möglich aufgrund klarer Erwartungen des Unternehmens gegenüber seinen Kunden und umgekehrt.
- Je einfacher die Produkte sind, desto mehr Menschen können sie vertretbar online kaufen.
- Klarheit überträgt die Verantwortung an die Kunden. Weniger und deutlicher formulierte Vertragsbedingungen machen es den Verbrauchern schwerer, hinterher zu sagen: »Das wusste ich nicht.«

EINFACHHEIT IST NICHT EINFACH

Trotz der Vorteile zeigt sich in der Praxis, dass es alles andere als einfach ist, stets einfach zu agieren. Selbst Finanzinstituten, die bereits in diesem Sinne arbeiten, fällt das nicht leicht. Oft werden die Produkte und Prozesse mit der Zeit wieder komplexer. Für dieses Phänomen haben wir die folgenden sieben Ursachen identifiziert:

1. EINFACHHEIT BEGRENZT SICH AUF PRODUKTMERKMALE

Viele Finanzinstitute betrachten Einfachheit als ein reines Produktmerkmal beziehungsweise eine kosmetische Schicht, indem sie zum Beispiel ein Produkt vereinfachen, aber nicht die dazugehörende Kundenerfahrung. Um Einfachheit auszuschöpfen, muss sie ganzheitlich umgesetzt werden. Werden nicht alle Aspekte des Geschäfts vereinfacht, bleiben nachhaltige Ergebnisse aus. Inkonsistenzen vermitteln Kunden kein einheitlich einfaches Bild. Einfaches Vorgehen muss dem Unternehmen in Fleisch und Blut übergehen und jeden Aspekt bestimmen: die Marken und Bezeichnungen, das Produktportfolio, die Bepreisung und Produktmerkmale, den Vertrieb, Marketing und Kommunikation; die Kundenerfahrung an jedem Kontaktpunkt, die Organisation, die Managementstrukturen, die Prozesse und Systeme.

Carmen Ramírez, Head of Channel Partners Westeuropa bei PayPal: »In mehreren großen Hotels tragen die Gäste ein Armband, das mit ihrem PayPal-Konto verknüpft ist. Mit diesem Armband können sie zahlen, verschiedene Hotelangebote wahrnehmen und einen personalisierten Service genießen. Sie brauchen sich keine Gedanken machen, ob sie ihre Kreditkarte, ihre Brieftasche oder ihren Zimmerschlüssel dabeihaben und können einfach ihren Aufenthalt genießen. Diese Lösung funktioniert auch bei großen Musikfestivals, wie dem Lowfestival und Cruilla Barcelona, bei denen die Gäste mithilfe des Armbands den Veranstaltungsort betreten, über soziale Medien kommunizieren und jeden Verzehr bezahlen.
Bild: © PayPal

2. LEGACY-SYSTEME

Überholte Systeme mit vielen Schichten und Prozessen, die mit der Zeit dazugekommen sind – auch Legacy-Systeme genannt –, können Finanzinstitute davon abhalten, sich zu vereinfachen. Diese Systeme müssen verschiedenste Produkte für vielfältige Zielgruppen mit unterschiedlichsten Kontaktpunkten unterstützen. Neo-Banken, wie Tandem und Moven, und neue Versicherungen, wie Oscar und InShared, oder die digitalen Versicherungsmakler wefox, Coverwallet und Knip haben solche Probleme nicht.

3. FESTHALTEN AN DER ALTEN DENKE

Die meisten Unternehmen folgen immer noch der Produkttechnologie beziehungsweise der Prozessperspektive. Man denke an komplexe Kundenprozesse, die sich um den jahrzehntelangen Umgang mit Ausnahmen des Prozesses »ranken«. Im Bereich Altersvorsorgeprodukte und Lebensversicherungen erhalten Kunden nach wie vor komplizierte Briefe in versicherungstechnischer Sprache statt in ihrem Stil. Zwar bieten einige Unternehmen Portale, aber es gelingt ihnen nach wie vor nicht, auf eine einfache Kundenfrage zu antworten: Was bekomme ich genau heraus, wenn ich in Rente gehe? Was deckt meine Versicherung ab, und was nicht? Brauche ich einen umfassenderen Versicherungsschutz?

4. COMPLIANCE-ANFORDERUNGEN ERFÜLLEN

Compliance-Anforderungen zu erfüllen, macht die Dinge oft nicht einfacher, sondern noch komplexer. Um ehrlich zu sein: Wenn Kunden eine Bankfiliale aufsuchen müssen, um einen Hypothekenkredit zu beantragen, dann nur aufgrund der Compliance. Auf diese Weise fallen unter dem Deckmantel der »Risikominimierung« zusätzliche Reibungsverluste an.

5. »SICHERHEIT ERFORDERT KOMPLEXITÄT«

Einfachheit gilt bei vielen als die Kehrseite der Sicherheitsmedaille: »Je einfacher, desto unsicherer und riskanter ist alles.« So denken viele Kunden angesichts neuer Technologien, die Einfachheit und Komfort fördern. Eine aktuelle Studie der Gesellschaft für Konsumforschung ergab zum Beispiel, dass 57 Prozent der befragten Verbraucher sich beim mobilen Bezahlen Sorgen wegen der Sicherheit ihrer persönlichen Informationen machen.

6. EINFACHHEIT VERSUS PRIVATSPHÄRE

Einfachheit impliziert, mehr persönlichen Service zu bieten. Das gelingt Banken und Versicherungen besser, wenn sie mehr über ihre Kunden erfahren. Wir sehen aber auch, dass Verbraucher diese Informationen nur widerwillig preisgeben.

7. DIE MESSLATTE STEIGT STÄNDIG

Wie in der Einführung dieses Buchs besprochen, hat der ständige Umgang mit Smartphones dazu geführt, dass Kunden einfachere Services erwarten. Lösungen und Antworten auf Fragen sollten schnell oder nach wenigen Klicks kommen. Produkte und Schnittstellen zu finden, zu kaufen und zu nutzen, darf nicht aufwändig sein. In den kommenden Jahren werden Kunden immer mehr erwarten und einfordern, vor allem in puncto Einfachheit. Nicht alle Finanzinstitute lassen sich von diesen Hürden aufhalten. Nachfolgend zwei Beispiele.

AMERICAN EXPRESS BLUEBIRD

Das denkbar reibungsloseste Bankkonto ist eine Art Nicht-Konto. Zu den erfolgreichsten Produkten im Einzelkundengeschäft gehören Prepaid-Kreditkarten und -Mobilzahlungen, beziehungsweise M-Payment. Prepaid vermeidet Reibungsverluste. BlueBird von American Express ist ein Prepaid Konto, das Elemente des traditionellen Girokontos mit digitalen Fähigkeiten kombiniert. Zum Beispiel Unterkonten für Familienmitglieder und eine Funktion, mit der sich ein Geldbetrag für ein bestimmtes Finanzziel abzweigen lässt, wie eine Urlaubsreise oder die regelmäßige Fahrzeuginspektion. Im Vergleich zu einem regulären Bankkonto überzeugt ein BlueBird-Konto dadurch, dass es fast keine Gebühren kostet und weder Mindestüberweisungen noch Kontostandanforderungen vorgibt. BlueBird ist ein strategisches Produkt, weil es ein traditionelles Bankkonto ersetzen kann und zusätzliche Funktionen enthält, die sonst nur Kreditkarteninhabern offenstehen.

Bild: © Ginsa

IMAGINBANK

Im Jahr 2016 gründete die CaixaBank die imaginBank, die sich an Millennials richtet und vor allem auf »Einfachheit« setzt. Javier Mas, Marketingdirektor der CaixaBank: »Die imaginBank verfügt über begrenzte Funktionen, die für diese Zielgruppe relevant sind. Wir bieten Millennials eine App, mit der sie alle Geldangelegenheiten verwalten. Dazu gehören natürlich ein Kontoüberblick und Überweisungsaufträge, aber auch Kredite und eine Ausgabenkontrolle. Informationen werden grafisch angezeigt. Außerdem werden alle Käufe und Rechnungen automatisch nach Kategorien sortiert. Die Kunden können mobil bezahlen und mittels kontaktlosem Mobiltelefoneinsatz Geld am Automaten abheben. Mithilfe der App können sie exklusive Konten bei Amazon, Groupalia oder Ticketmaster einrichten, über die sie begehrte Dinge kaufen, zum Beispiel Konzertkarten. Auch wie wir mit unseren Kunden kommunizieren, ist aufgrund der Wünsche dieser Zielgruppe und durch die Mobiltechnologie einfacher geworden. Die App bietet 24/7-Chat-Funktionen, damit die Kunden mit Assistenten der imaginBank kommunizieren können. Außerdem können sie per Twitter und WhatsApp mit der Bank in Kontakt treten. Nutzer können ihr Profil mit Facebook synchronisieren, wobei man dieses Medium für einige Funktionen, zum Beispiel um Kontostand und Umsätze zu prüfen, nicht verlassen muss.« Die CaixaBank ermöglicht einfache Interaktionen mit dem Ziel, ihre bereits starke Marktposition bei den Millennials zu behaupten und gleichzeitig innerhalb von zwei Jahren eine halbe Million neuer Kunden zu gewinnen. Die sozialen Medien zeigen bereits bessere Kundenkritiken als zur »regulären« Banking-App. Javier Mas: »Für mobile Anwendungen und die Zielgruppe der Millennials gilt: Wenn Sie die Dinge nicht einfach halten, sind Sie draußen. Daher müssen wir unsere Produkte, Prozesse und Serviceleistungen weiter vereinfachen. Das sind Lektionen, die wir auch in andere Segmente, zum Beispiel Senioren, übertragen können.«

Jin Kang Zwicky, Vice President Experience Design der OCBC Bank: »Das Gesetz von der Trägheit der Masse ist ein physikalisches Gesetz, demzufolge die Masse des Systems über den Verlauf der Zeit konstant bleibt, solange nichts hinzugefügt oder entfernt wird. Ersetzen Sie das Wort ›System‹ durch ›Mühe‹. Die Masse der Mühe – schlechte Kundenerfahrungen, wie komplexe Kommunikation oder schwierige Kontaktpunkte – wird konstant bleiben. Entweder die Bank absorbiert diese Mühe oder der Kunde. Je mehr die Bank sich anstrengt, desto weniger muss es der Kunde. Die Frage lautet also, wie viel Aufwand man in den Designprozess stecken will, um dem Kunden möglichst viel Anstrengung abzunehmen.«

IST SOZIAL WIRKLICH SOZIAL?

» Sozial hat nichts mit sozialen Medien zu tun, sondern mit sozialem Verhalten, der Menschlichkeit im Alltagsverhalten. «

Was wir über Einfachheit gesagt haben, gilt im Groben auch für den Begriff »sozial«. Offensichtlich schenkt fast jedes Finanzinstitut den sozialen Medien Aufmerksamkeit. Das reicht von Twitter und Facebook in der Kundenpflege bis zu ausgereiften Social-Media-basierten Konzepten. Einige sind erwähnenswert, zum Beispiel die drei im nachfolgenden Kasten.

URSPRÜNGLICHE BEDEUTUNG - NEUE BEDEUTUNG

Wenn wir heute von »sozial« sprechen, denken wir automatisch an soziale Medien. Das ist aber nicht die Definition von sozial. Soziales findet selbstverständlich nicht nur online in sozialen Medien statt. Laut einer weltweiten Studie von InSites Consulting finden 90 Prozent der Gespräche über Produkte, Dienstleistungen und Marken offline statt.

- Das wachstumsstarke amerikanische Versicherungsvergleichsportal CoverHound bietet »Twitter-Schätzungen zu Autoversicherungen«. Die Verbraucher fordern eine Beitragsschätzung über Twitter an, indem sie allgemeine Angaben zur Autoversicherung machen, zum Beispiel ihr Alter und ihre Postleitzahl und diese an @CoverHound twittern. Innerhalb einer Minute erhalten sie einen automatisierten Tweet, einschließlich Schätzbeträgen und Anregungen. Mehr als 35 Prozent besuchen CoverHound über die mobile Anwendung.
- Die indische Kotak Mahindra Bank bietet »Hashtag Banking«. Deepak Sharma, Head digital Initiatives der Kotak Mahindra Bank: »Als Antwort auf das starke Wachstum der sozialen Medien in unserem Markt haben wir Kotak Jifi gegründet. Dabei handelt es sich um ein integriertes soziales Bankkonto, das soziale Medien nahtlos in unser normales Banking integriert. Unsere Nutzer können unter anderem mit einem einzigen Tweet ihren Kontostand und ihre Kontoumsätze überprüfen. Auf diese Weise konnten wir die Zahl der Anrufe erheblich senken.«

Ort der Begegnung auf dem Bazar von Muscat, Oman. Bild: © Reinventing Customer Engagement

> Ein sozialer Mensch ist liebenswürdig, ehrlich, freundlich, großzügig, freigiebig, nimmt sich Zeit für andere, hört ihnen zu, hält sein Wort und gibt sich besondere Mühe.

Wir ziehen die ursprüngliche Bedeutung des Worts »sozial« vor, weil sie wichtiger ist. Sie hat nichts mit sozialen Medien zu tun, sondern mit sozialem Verhalten, der Menschlichkeit im Alltagsverhalten, egal ob in der digitalen oder physischen Welt. Oft sagen wir, eine Person sei sozial, wenn sie liebenswürdig, ehrlich, freundlich, großzügig und freigiebig ist, sich für andere Zeit nimmt, ihnen zuhört, ihr Wort hält und sich besondere Mühe gibt. All dies muss in der Natur eines Menschen liegen. Eine soziale Marke zu sein, bedeutet, jedermann respektvoll und anständig zu behandeln; Ihren Kunden so gut zu helfen, wie Sie nur können; nur die Produkte zu empfehlen, die Sie auch kaufen würden. Kurz: die Kunden so zu behandeln, wie Sie selbst behandelt werden möchten. Stellen Sie sich vor, Sie hätten gerade ein Kind bekommen und sind noch ganz euphorisch. Sie rufen Ihre private Krankenversicherung an, damit sie die Kosten für die Geburt übernimmt. Und dann sagt der Mitarbeiter am Telefon zu Ihnen: »Ich verbinde Sie mit der Schadensabteilung.« Witzig, oder?

> Es gibt Flug- und Eisenbahngesellschaften, die ihre Kunden intern als »selbstladende Fracht« bezeichnen. Der skandinavische Online-Broker NordNet Bank spricht bewusst von »Kundenvermögen«, und nicht von »verwaltetem Vermögen«.

WIE PERSÖNLICH IST PERSÖNLICH?

Frank, das Bankkonzept von OCBC für Millennials, ist das perfekte Beispiel für menschliches Design. Die stete Abstimmung mit Kunden bei der Konzeptentwicklung sowie die Kundenbeziehungen sorgen dafür, dass Frank die Nutzer zufriedenstellt. Neben Bankprodukten vertieft Frank das Customer Engagement über eine Finanzkompetenzplattform, die Inhalte, digitale Angebote sowie Investment- und Versicherungsprodukte liefert. Bild: © OCBC Bank

In der täglichen Kommunikation der Banken und Versicherungen meint auch das Wort »persönlich« (genau wie »sozial«) inzwischen etwas anderes. Zunehmend sind damit personalisierte Angebote gemeint – »persönliche Angebote« auf Basis persönlicher Informationen. Das ist nicht verwunderlich. Die Personalisierung auf Basis von Daten ist eines der brandheißen Themen im Finanzsektor. Und es gibt zahlreiche inspirierende Beispiele kreativer und effektiver Anwendungen innerhalb und außerhalb der Branche. Unternehmen wie Google, Amazon und Facebook haben ihre Dienste im Verlauf der Jahre immer relevanter und persönlicher gestaltet, indem sie die verfügbaren Daten intelligent genutzt haben. Das ist aber nicht auf renommierte Technologiekonzerne beschränkt. Unternehmen wie KLM und Rakuten versenden E-Mails, die sich beim Öffnen in Echtzeit mit Inhalt füllen, der, abhängig von Zeitpunkt, Kontext und Standort, variieren kann.

DIE EINHEITSGRÖSSE PASST NIEMANDEM WIRKLICH

Immer mehr Finanzinstitute handeln danach – eine gute Nachricht. Laut Untersuchungen von Populus geben 82 Prozent der britischen und US-amerikanischen Verbraucher an, dass sie ein Unternehmen negativ bewerten, wenn sie nach dem Einheitsverfahren behandelt werden. Es liegt auf der Hand, dass Angebote, die ohne Wissen über die Kunden erstellt wurden, keinerlei Wert bieten.

Evi an der Beurs van Berlage, der ehemaligen Amsterdamer Börse. Bild: © Van Lanschot Bankier

Bei Versicherungen sehen wir gelegentlich, dass die besten Kunden am längsten auf eine Schadensregulierung warten, weil sie seltener anrufen und sich weniger beschweren.

MARKEN-PERSÖNLICHKEITEN

Mehrere Finanzinstitute haben ihren neuen Konzepten persönliche Namen gegeben, zum Beispiel Oscar (ein Krankenversicherer aus New York), George (das »Autopilot-Banking-Konzept« von Die Erste) und Frank von OCBC. Vornamen machen die Marke persönlicher als ein nüchternes Kürzel. Das funktioniert aber auch intern. Andries van Luijk, Geschäftsführer Evi bei Van Lanschot Bankiers (eine der größten niederländischen Privatbanken): »Wir haben unserem Online-Vermögensmanagementkonzept Evi einen weiblichen Namen verliehen. Der Grund dafür liegt in unseren Werten, die wir eher mit Frauen assoziieren als mit Männern: zum Beispiel Fürsorge und Teilen.

AVATARE

Andere verwenden Avatare mit Namen, um ihrem Unternehmen eine persönliche Note zu verleihen und engagierter mit Kunden zu sprechen. Beispiele sind Progressives Flo, Fleur von InShared, Marc von Credit Agricole und Jess von Jetstar. Viele dieser Avatare sind sehr populär, was zu langen Gesprächen und bisweilen sogar Heiratsanträgen führt. Wie bei jeder Technologie gilt es auch hier, die Interaktionen mit den Avataren zu einer menschlichen Erfahrung zu machen. Mit der Einführung einer statischen Comicfigur ist es nicht getan.

Den Trend, unpersönliche Produkte mit menschlichen Namen und Gesichtern zu versehen, findet man auch in anderen Branchen. Denken Sie an die Werbung von M&M. Das weckt den sogenannten Anthropomorphismus: Die Verbraucher schreiben dem Produkt beziehungsweise der Marke sofort menschliche Eigenschaften zu. Untersuchungen von Lotte Willemsen et. al. zeigen, dass sich das auszahlt. Je ausgeprägter diese Zuschreibung ist, desto positivere Bewertungen erhalten die

Marken. Vermenschlichte Marken wirken sympathischer.

SOON

Raphael Krivine (Soon): »Soons Kunden können jedem Kauf einen Kommentar, einen Standort, ein Foto, eine Information über ihre Laune (zum Beispiel durch ein Smiley) oder ein Dokument (Rechnung oder Garantie) beifügen. Auf den ersten Blick scheint dies ein überflüssiges Detail zu sein. Das Gegenteil ist der Fall. Diese Anhänge machen aus Einkäufen Erinnerungen und die Kaufinformationen wesentlich nützlicher; tatsächlich verleihen sie ihnen eine Art zweites Leben, weil sie Emotionen transportieren. Das macht aus einem Kontoauszug eine persönliche Zeitschiene, die den Kunden von Facebook, Twitter und Instagram bekannt ist. Suchfunktionen mittels gesprochener Sprache ermöglichen den Nutzern, schnell eine bestimmte Ausgabe zu finden, und das bietet in der Praxis einen besonderen Mehrwert.

Nehmen wir an, Sie wären in London und wollten dieses tolle Restaurant in Soho besuchen, in dem Sie vor eineinhalb Jahren zu Abend gegessen haben, aber Ihnen fällt der Name nicht mehr ein. Die Suchmaschine hilft Ihnen, das Restaurant in Sekundenschnelle zu finden, einschließlich der Fotos, die Sie an diesem unvergesslichen Abend gemacht haben. Und die Ortungsfunktion hilft Ihnen, die Adresse und die Telefonnummer zu finden. Es war Nopi in der Warwick Street. Augenblicklich rufen Sie von Ihrer Soon-App aus an und wenige Stunden später genießen Sie erneut ein ausgezeichnetes Abendessen.«

ZURÜCK ZUM PERSÖNLICHEN

Daten ermöglichen uns eine Personalisierung, aber das bedeutet nicht automatisch, dass dies auch persönlich wirkt. Einfach persönliche Namen für Unternehmen oder Avatare zu nutzen, lässt alles ein wenig persönlicher erscheinen, in der ursprünglichen Bedeutung des Worts. Sowohl wenn wir das Wort »sozial« als auch wenn wir »persönlich« benutzen, sollten wir den ursprünglichen Sinn meinen. Personalisierung ist wichtig, aber sie sollte die tiefere Bedeutung des Worts »persönlich« beinhalten: als Person behandelt und anerkannt werden, in einer humanen Sprache angesprochen werden und ein Angebot erhalten, dass auch emotional ansprechend ist.

DIFFERENZIERUNG IST SCHWIERIG

Die japanische Sugamo Shinkin Bank möchte besonders einladend wirken. Die Architektin Emmanuelle Moureaux hat eindrucksvolle Gebäude für die verschiedenen Niederlassungen von Sugamo Shinkin entworfen, zum Beispiel dieses in Shimura, Tokio. Alle bieten eine erfrischende Atmosphäre mit Naturanmutungen sowie warmen Farben, die sanft ineinander fließen, bis sie sich im Himmel verlieren. Nachts werden die verschiedenen Gebäudeschichten, je nach Wetterlage und Jahreszeit, sanft illuminiert.
Bild: © Emmanuelle Moureaux Architecture + Design

Viele betrachten Einfachheit und Transparenz zu Recht als Differenzierungshindernis. Die Alleinstellungsmerkmale verschieben sich von Produkten zu Dienstleistungen und Customer Engagement. Alle spielen auf ähnliche Weise auf der Klaviatur »sozial« und »persönlich« und vergeben die Chance, das Wissen über die Kunden zu nutzen, um relevanter als die Wettbewerber zu werden und sich abzugrenzen. Die meisten Finanzinstitute tun nicht ihr Bestes, um aus der Masse hervorzustechen. In der Orientierungsphase der Kunden gelingt es vielen von ihnen, ihre Marke mithilfe von Werbeagenturen differenziert darzustellen, aber in den nachfolgenden Phasen verliert sich das.

Oft erleben wir, dass das Motto »den Kunden das Leben erleichtern« besonders differenzierend präsentiert wird; dabei wird dieser Anspruch nicht erfüllt. Mindeststandards abzudecken, mag für viele Finanzinstitute eine Herausforderung sein, aber dies ist lediglich die Voraussetzung für eine Marktteilnahme, keineswegs wirkt dies differenzierend. Unternehmen, die ihren Kunden nur »das Leben erleichtern«, sind nach unserer Erfahrung solche, die unverständliche Produkte bieten und an haufenweise unbearbeiteten Schadensfällen, ungenauen Auszügen und langen Warteschleifen im Callcenter leiden. Die Ursache für diese Mängel ist ein überfälliger Bedarf an Runderneuerung.

Eine Marke ist nackt und wird von den Kunden mittels ihrer Erfahrungen ›angezogen‹.

> »Finanzinstitute sollten bei jedem Kundenkontakt Hinweise zum eigenen Markenvorteil geben und Menschen auf diese Weise ermöglichen, ihre eigene Story zu entwickeln.«

GEISELN

Aufgrund der mangelnden Abgrenzung erachten Kunden es nicht für nötig, zu wechseln und bleiben, wo sie sind. Nicht weil sie zufrieden sind, sondern weil die Ungewissheit eines solchen Schritts den minimalen Unterschied nicht rechtfertigt. Der fehlende Wettbewerb in vielen Ländern hat zu einem weitverbreiteten negativen NPS in der Banken- und Versicherungsindustrie geführt. Die Verbraucher wissen daher vor allem, warum sie ihr Institut nicht wechseln können oder wollen, anstatt die Gründe zu nennen, weshalb sie bei einem Anbieter bleiben.

MARKEN SIND NACKT

Heute werden Marken anders aufgebaut. Eine Marke ist nackt und wird von den Kunden mittels ihrer Erfahrungen »angezogen«. Finanzinstitute können ihnen bei jedem Kontakt lediglich Hinweise geben und Menschen ermöglichen, ihre eigene Story zu entwickeln und diese mit anderen zu teilen.

Abgesehen davon beobachten wir, wie in allen Branchen die Grenzen der Kundensegmente verschwimmen, zum Beispiel zwischen dem Massen- und dem Luxusbereich. Denken Sie nur an den Bekleidungskonzern H&M, der Topdesigner wie Stella McCartney und Kenzo eingeladen hat, Kollektionen zu entwerfen, oder an bezahlbare Porsche und Luxushotelketten. Achten Sie auch darauf, wie exklusive Uhrenmarken in den Massenmarkt expandieren. Das Gleiche stellen wir zum Beispiel im Private Banking und im Vermögensmanagement fest. Als PIMCO seinen »Investor Outlook« auch via Kindle zur Verfügung stellte, schuf es damit eine Einzelhandelsmarke für ein breiteres Publikum.

Oder denken Sie an die Biographie von Mark Mobius, den Investmentspezialisten für Emerging Markets von Franklin Templeton Investments, die wie ein leicht verdaulicher Comic wirkt. Die Kundenpyramide ist eine der festen Konventionen im Private Banking, deren Basis das Einzelkundengeschäft für Massenkunden bildet. Dann folgt in der Mitte das Segment der eher wohlhabenden Kunden und an der Spitze das Private Banking und Vermögensmanagement für sehr reiche Menschen. Die Leistungen, zu denen ein Kunde Zugang hat, richten sich nach der Höhe seines Vermögens. Je größer Letzteres ist, desto höher die Kontaktfrequenz und desto besser und individueller der Service. Technologische Fortschritte machen Angebote, die zuvor nur vermögenden Privatkunden offenstanden, zunehmend auch allen anderen Zielgruppen zugänglich. Deshalb können Unternehmen sich immer weniger über den Service abgrenzen. PIMCO und Templeton, aber auch Blackrocks rasant wachsende Medienbudgets passen zu dieser neuen Perspektive.

Immer mehr Finanzinstituten kommen die physischen Beziehungen zu ihren Kunden abhanden, weil diese immer seltener die Filialen aufsuchen. Der Kontakt verschiebt sich immer stärker in die digitale Welt. Im Zuge der Digitalisierung der Finanzdienstleistungen müssen Banken und Versicherungen digitale Kundenbeziehungen aufbauen. Wie lässt sich Einfachheit so gestalten, dass sie in diese digitale Welt passt und uns gleichzeitig besser vom Wettbewerb differenziert? Wie können wir sicherstellen, dass wir im digitalen Umfeld menschlicher, persönlicher und sozialer wirken als unsere Wettbewerber? Wie können wir die humane Dimension persönlich, authentisch und nah am Kunden gestalten und so erreichen, dass Wärme in unseren digitalen Kanälen fließt? Das ist keine leichte Aufgabe.

Banken und Versicherungen haben diese Kontaktpunkte stets auf Basis von Effizienzkriterien entworfen. Die Finanzinstitute mögen gut im Selfservice geworden sein, aber sie sind immer noch nicht sehr gut im Service. Kundenfragen proaktiv zu beantworten, ist immer noch keine Alltagsroutine.

Jessica Niewierra, Director Digital Development and Interaction des Einzelkundengeschäfts von ABN AMRO: »Wenn Sie mit mobilen Anwendungen erfolgreich sein wollen, ist es absolut unerlässlich, dass Ihr Wertangebot einfach, schnell und sehr, sehr persönlich ist. Mobilgeräte sind die persönlichsten Geräte überhaupt, und aus diesem Grund müssen wir sie als persönlichste Kanäle betrachten und unser Angebot noch relevanter gestalten.«

WAS KOMMT ALS NÄCHSTES – WAS WIRD IN DEN NÄCHSTEN JAHREN PASSIEREN?

DAS ZEITALTER DER ALGORITHMEN

»The Portrait of Sakıp Sabancı«, 2014, eine Videoinstallation von Kutluğ Ataman. Bild: © S.U. Sakıp Sabancı Museum, Istanbul. Ein Werk mit den Bildern mehrerer tausend Menschen, deren Weg sich auf irgendeine Weise mit dem des türkischen Unternehmers Sakıp Sabancı gekreuzt hat. Dabei handelt es sich um von ihm unterstützte Personen, Mitarbeiter sowie Familienmitglieder. Es ist eines der größten Werke der Videokunst und besteht aus ungefähr 10.000 LCD-Paneelen. Zwar bedient es sich moderner Technologie, dennoch ist sein Rohmaterial grundlegend menschlich.

Mehrere neue Technologien dehnen die Grenzen der Einfachheit und Personalisierung immer weiter aus. Darunter Anwendungen, die mit sogenannten Robo Advisors, Chatbots oder mit Biometrie arbeiten, sowie »No interface«-Apps, die keine traditionelle Benutzeroberfläche als Interaktionsmedium verwenden. Diese Aufzählung ist natürlich keineswegs erschöpfend. In jedem Quartal sehen wir, wie eine andere neue Technologie ins Zentrum der Aufmerksamkeit rückt. Jede von ihnen stellt neue Herausforderungen an das Design des Customer Engagements von Finanzinstituten. Und darum geht es in diesem Kapitel. Wir wollen einen näheren Blick auf einige dieser Technologien werfen, die noch mehr Einfachheit und Personalisierung ermöglichen.

ROBO ADVISOR

Algorithmen sind unter anderem im Begriff, die Kompetenzen menschlicher Vermögensmanager zu ersetzen. Die Vorzeigeexemplare für algorithmenbasierten Robo Advice sind Betterment und WealthFront. Beide Vermögensmanagement-Fintechs bieten Online-Investmentportfoliomanagement. Aufgrund der Niedrigkostenstruktur kann Robo Advice Marktsegmente, wie kleinere Anleger, wohlhabende Kunden und Einzelkunden oder Millennials ansprechen. Beiden Unternehmen ist es gelungen, das Volumen des verwalteten Vermögens in wenigen Jahren auf mehr als 3 Milliarden US-Dollar zu steigern. Zwar ist ihr Marktanteil noch bescheiden, aber ihre Auswirkungen auf den Markt werden erheblich sein. Mehr als 50 Prozent der Kunden von Betterment lassen ein Vermögen von mehr als 100.000 US-Dollar betreuen. Bei WealthFront sind es ein Drittel.

Immer mehr Privatanleger suchen nach modernen, effizienten Wegen der Geldanlage. Das ist den traditionellen Anbietern nicht entgangen; sie starten bereits ähnliche Konzepte. Schwab konnte mit seinem automatisierten Portfolio in weniger als einem Jahr mehr Geld anlocken als Betterment und WealthFront, wobei 15 Prozent der Kunden mindestens 1 Million US-Dollar verwalten lassen. Verdict Financials *Global Wealth Managers Survey* von 2015 ergab, dass 86 Prozent der deutschen Vermögensmanager erwarten, Marktanteile an die automatisierten Investmentplattformen zu verlieren. Die Deutsche Bank beschloss, nicht darauf zu warten und startete mit ROBIN ihren eigenen Robo Advice.

„Robo Advice erzielt auf unterschiedlichen Ebenen bessere Ergebnisse als die traditionelle persönliche Beratung."

Die Deutsche Bank erweitert ihr Produktportfolio mit einem innovativen Robo-Advisor, der den Vermögensaufbau für Privatkunden revolutioniert. Mit ROBIN, der digitalen Vermögensverwaltung, erhalten Anleger Zugang zu einem professionellen Portfoliomanagement, das bisher nur sehr vermögenden Kunden zur Verfügung stand. ROBIN darf auf dem Markt der Robo-Advisors als einzigartig bezeichnet werden: Neben modernsten Algorithmen zur Überwachung und Steuerung von Kundenportfolien wird ROBIN mit der Kapitalmarkteinschätzung der Deutschen Bank gefüttert: Das Team um den Chef-Anlagestrategen trifft Prognosen, die wiederum direkten Einfluss auf die Portfoliozusammensetzung haben. Investiert wird in ETFs als kostengünstige Finanzinstrumente, um breit diversifizierte Portfolien zusammenzustellen. ROBIN arbeitet entsprechend der Risikobereitschaft des Anlegers, die in Form des »Value at Risk« zentrale Steuerungsgröße ist. Jedes Portfolio wird börsentäglich überwacht, sodass die Anleger geschützt werden und gleichzeitig eine optimale Rendite angestrebt werden kann. Mit ROBIN demokratisiert die Deutsche Bank die Kapitalanlage: Anleger können zu transparenten und fairen Konditionen Vermögen aufbauen.

Bild: © Withing

DEN WERT VON ROBO ADVICE WAHRNEHMEN

Robo Advice beeinflusst, wie Kunden den Wert, den menschliche Vermögensberater bieten, sowie die Gebühren für ihre Dienste wahrnehmen. Die traditionellen Anbieter sind gefordert, darüber nachzudenken, wie sie fortan mit ihren Kunden umgehen, wie sie ihnen Wert bringen und wie ihr zukünftiges Geschäftsmodell aussehen soll.

Robo Advice expandiert bereits in andere Finanzdienstleistungen, da dieses Modell die Bedürfnisse des wachsenden Segments selbstgesteuerter Kunden, der digital versierten Verbraucher, erfüllt. Es ist kosteneffizient und leicht skalierbar. Vor allem erzielt es auf unterschiedlichen Ebenen bessere Ergebnisse als das traditionelle Modell der persönlichen Beratung durch einen Vermögensmanager.

CHATBOTS

Bild: © Trōv

»Erstklassige Serviceagenten leisten bisher eine bessere Arbeit als Chatbots. Leider ist der Service vieler Agenten aber nicht erstklassig.«

Wenn Sie einen Termin mit Dennis Mortensen, Gründer des Start-ups x.ai wünschen, senden Sie seiner persönlichen Assistentin Amy Ingram eine Nachricht, auf die Sie umgehend eine Antwort erhalten. Sie kümmert sich freundlich um alles, bis der Termin vereinbart ist. Laut ihrem LinkedIn-Account ist Amy eine »erfolgreiche persönliche Terminassistentin mit exzellenter Kommunikations- und Nachverfolgungskompetenz. Außerdem ist zwischenmenschlich Verlass auf sie. Sie ist verschwiegen, gut organisiert, methodisch und effizient. Sie ist gut im Multitasking und arbeitet zuverlässig in einem dynamischen Umfeld.«
Ein persönliches Treffen mit Amy zu arrangieren, ist dagegen schwierig. Denn sie ist eine Assistentin mit künstlicher Intelligenz – ein Bot. Amy wurde entwickelt, als Dennis Mortensen merkte, dass in einem Jahr 60 Prozent seiner Termine verlegt werden mussten. Und nicht nur das: Im Schnitt sind für eine Terminierung acht E-Mails zu versenden und mehr als 15 Minuten Zeit aufzuwenden. Das sind zeitintensive Aktivitäten, aber nicht jeder kann sich eine persönliche Terminassistentin leisten. Amy übernimmt diese mühselige Aufgabe, rund um die Uhr und über alle Zeitzonen hinweg.

DEN KUNDENDIALOG VEREINFACHEN

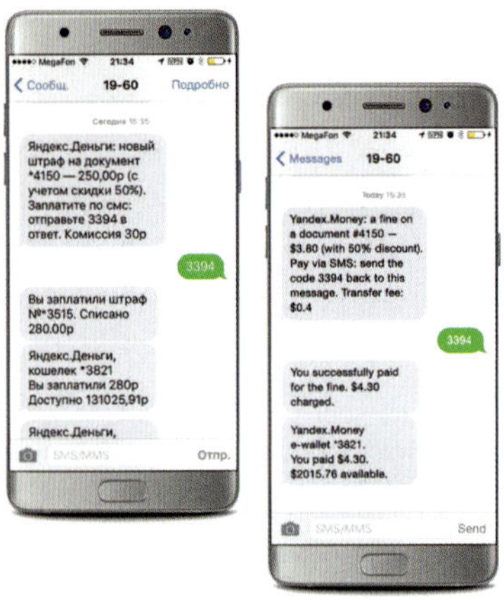

Bild: © Yandex Money

Mithilfe von Chatbots lassen sich künstliche Intelligenz und maschinelles Lernen nutzen, um den Kundendialog zu vereinfachen. Chatbots lernen aus vorhergehenden Interaktionen, neue Konversationen zu personalisieren und ermöglichen es, dass Software immer menschenähnlicher kommuniziert. Facebook öffnete seine Messenger-Plattform für jedes Unternehmen, das mit seinen Kunden chatten möchte, und gab Bots somit einen kräftigen Schub. Einige Stimmen prognostizieren, dieser Schub werde sich aufgrund rund einer Million aktiver Messenger-Nutzer ähnlich auswirken wie die Einführung des Apple App Stores. Dies vor allem angesichts der Tatsache, dass Milliarden Menschen täglich Instant Messaging nutzen und viel mehr Zeit auf WhatsApp verbringen als in anderen sozialen Medien.

Andere halten den Einsatz von Chatbots für begrenzt, weil sie alles andere als intelligent seien. Meist beantworteten sie einfache Fragen, indem sie auf Informationen zurückgreifen, die bereits an anderer Stelle im Netz zur Verfügung stünden. Nach unserer Meinung bezieht sich dieses Argument jedoch lediglich auf den kurzfristigen Erfolgsfaktor.

Ist der Versicherungsagent der Zukunft ein Bot? Minh Q. Tran, General Partner bei AXA Strategic Ventures: »Wir haben die Wertschöpfungskette der digitalen Versicherung, vom Schaffen und Qualifizieren eines Kontakts bis zur Know-Your-Customer-Prüfung und zum Kontaktmanagement analysiert und Technologien identifiziert, welche die Versicherungsvermittlung durchgängig unterstützen. Beispiele sind eine Technologie, die Ihre E-Mails liest, elektronische Unterschriften erkennt und Ihr Adressbuch automatisch aktualisiert. Das ist nützlich für Agenten, um Kontakte zu konsolidieren und die Daten wieder dem CRM zuzuführen. Zudem eine Technologie, die bei Erhalt einer Nachricht darauf programmiert ist, ein bestimmtes Versicherungsprodukt zu verkaufen. Ein Bot kann das natürlich überall, zu jeder Zeit und in unterschiedlichen Sprachen leisten. Alle diese Technologien können die gesamte Wertschöpfungskette von Versicherungen abdecken. Und wenn sie um künstliche Intelligenz und eine natürliche Sprache ergänzt werden, versprechen sie eine aufregende Zukunft.«

NEUES MEDIUM

Natürlich leisten erstklassige Serviceagenten bisher eine bessere Arbeit als Chatbots. Leider ist der Service vieler Agenten aber nicht erstklassig. Wir gehen davon aus, dass Chatbots sich erheblich auf die Kundeninteraktion auswirken werden. Nach unserer Auffassung geht es dabei eher darum, zu informieren und den Dialog zu verändern, und weniger darum, »allwissend« zu sein. Chatbots erfüllen das Bedürfnis: »Ich habe nur eine kurze Frage.« Schnelle kurze Antworten und wohlportionierte Informationen reichen dafür völlig aus. Chatbots können leicht Tausende von Fragen beantworten – Fragen zum Kundenservice, aber auch zu Überweisungsaufträgen. Im Fall einer Kontoüberziehung kann der Chatbot den Kunden benachrichtigen und vorschlagen, Geld von einem Konto auf ein anderes zu transferieren. Chatbots können informieren, Ratschläge erteilen, unterstützen und komplexe Produkte im Dialog erklären.

Was müssen Sie bei einem Hypothekenkreditantrag beachten? In welchen Fällen lohnt sich eine Lebensversicherung? Ein Chatbot-Dialog ermöglicht Finanzinstituten, ein persönlicheres und tiefergehendes Gespräch zu führen, als es der Versand von Kundenbroschüren, Formularen oder Links zu einer App oder einer Unternehmenswebsite können. Diese traditionellen Kommunikationsinstrumente werden obsolet oder sollten neu gestaltet werden, um in den zukünftigen Kundeninteraktionen noch einen Platz zu haben.

INTELLIGENTER

Bessere Dialoge und Fragen liefern profundere Erkenntnisse über Kunden. Das maschinelle Lernen aufgrund bisheriger Erfahrungen und mehr Informationen über den Kontext einer Person eröffnen Finanzinstituten neue Chancen. Die neuesten virtuellen Assistenten arbeiten mit einer Technologie, die eine natürliche Ausdrucksweise versteht und über den eigentlichen Text hinausreicht; sie erkennt eine falsche Aussprache und Umgangssprache und kann die meisten Kundenanfragen sofort beantworten. Auf diese Weise lassen sich Warteschleifen in Callcentern verkürzen, sodass sich die Agenten auf die »komplexesten Fälle« konzentrieren können. Magnus Jern, President Mobile Solutions von DMI, das die mobile Version des IKEA Chatbots Anna entwickelt hat: »Wenn Sie sich zu sehr darauf konzentrieren, dass der Bot möglichst natürlich spricht, lenkt das vom wahren Zweck eines Bots ab: schnellstmöglich die richtige Antwort zu geben.«

Beim Online-Versicherer InShared machen die Kunden alles selbst. Alle Prozesse sind zu 100 Prozent digitalisiert, selbst die Schadensregulierung, die dennoch persönlich ist. Irene van den Brink (InShared): »Wir bieten vierfach sofortigen Kontakt: unsere virtuelle Agentin Fleur, den Live Chat, natürlich E-Mails und leicht verständliche Texte und Videos auf unserer Website. Diese vier verstärken sich gegenseitig: Alle gestellten Fragen fließen in unsere FAQ-Datenbanken ein, die Fleur die richtige Antwort geben lassen, Informationen auf der Website aktualisieren und gegebenenfalls neue Videos hinzufügen sowie Produkte oder Prozesse anpassen. Fleur kann bis zu 95 Prozent aller Fragen beantworten. Und mit den zweiwöchentlichen Updates stellen wir sicher, dass wir diesen Schnitt halten und gewährleisten, dass unsere Kunden ihre Antworten mit einem Klick erhalten. Schnelligkeit macht zufrieden.

Fleur wirkt wie eine echte Partnerin; Sie können ihr genauso eine Frage stellen wie einem echten Menschen. Im nächsten Schritt werden wir ihre Antworten, mithilfe verfügbarer Kundendaten, personalisieren. Auf diese Weise wird Fleur noch persönlicher und realer.« Das Ganze zahlt sich zweifach aus: Die Kunden sind im Vergleich zu »normalen Telefonaten« weitaus zufriedener; außerdem werden Kosten gesenkt und die Abläufe somit effizienter.

BIOMETRIE

»Banken, die eine Identifizierung mithilfe des Fingerabdrucks anbieten, haben 53 Prozent mehr Mobile-Banking-Kunden als andere Banken.«

MEHR ALS SICHERHEIT

Mithilfe der Biometrie können wir Sprache, Gesten, Berührungen und Blicke zur Interaktion mit Technologie nutzen. Dieses Verfahren wird mit der Zeit natürlicher und intuitiver, mit dem Ergebnis, dass immer mehr Menschen es aufgrund des gebotenen Komforts nutzen. Anfangs standen bei der Verwendung biometrischer Daten die Aspekte Sicherheit, Betrugsverhinderung und Authentifizierung im Vordergrund. Inzwischen kommt die Biometrie zunehmend für eine bessere Kundenerfahrung zum Einsatz. Es gibt bereits verschiedene biometrische Alternativen, um die traditionellen PINs und Passwörter zu ersetzen. Einige dieser Technologien befinden sich noch in einer frühen Phase und werden auf Genauigkeit geprüft. Um sich zu bewähren, müssen diese Technologien genauso einfach und benutzerfreundlich sein wie ein Passwort.

KRITISCHE MASSE

Die Identifizierung mittels Fingerabdruck steht, dank der Sensoren der neuesten Smartphones, kurz davor, eine kritische Masse zu erreichen. Dazu gehört zum Beispiel die Touch ID von Apple. Banken wie First Direct, Westpac, ING und US Bank sowie zahlreiche andere haben diese Funktion bereits in ihre Banking Apps integriert. Celent-Untersuchungen von Anfang 2016 zufolge ermöglichten 9,5 Prozent der US-amerikanischen Finanzinstitute mit einer mobilen Banking App ihren Kunden, sich mittels Fingerabdruck auszuweisen. Da gibt es also noch viel Potenzial. Die Celent-Studie zeigt auch, dass Banken, die dieses Identifizierungsverfahren nutzen, 53 Prozent mehr Mobile-Banking-Kunden haben als andere Banken.

Yandex Money, Russlands größter Anbieter für elektronische Zahlungsdienste, macht seinen Kunden mit kontextbasierten Informationen das Leben leichter. CEO Maria Gracheva: »Wir sind in der Lage, Fragen zu beantworten, bevor sie gestellt werden, und setzen diese Fähigkeit dazu ein, unseren Kunden einige Schritte zu ersparen. Wenn unsere App feststellt, dass Sie Auto fahren und merkt, dass Sie an einem Parkplatz anhalten, fragt sie Sie, ob Sie parken und dafür zahlen wollen. Das können Sie mit einem einzigen Fingerabdruck. Falls Sie einen Strafzettel bekommen, können Sie ihn mit einem Klick bezahlen.«

Das Fintech BehavioSec analysiert alle Kundenaktivitäten, auch solche, die nach dem Login stattfinden. Das Unternehmen vergleicht sämtliche Aktionen eines Kunden, zum Beispiel sein Klickverhalten und seine Berührungs- und Mausbewegungen, mit seinen bisherigen Interaktionen. Dafür sind keine speziellen Sensoren notwendig. Mithilfe von Algorithmen und künstlicher Intelligenz werden die Nutzer sofort und kontinuierlich authentifiziert, und zwar aufgrund ihrer Art, ihr Gerät zu benutzen. Das geschieht mittels kontinuierlicher automatischer Echtzeitauthentifizierung. Ein Betrüger kann sich zwar die Legitimation einer anderen Person beschaffen, aber nicht ihr Verhalten imitieren. Die Nutzer werden mithilfe des maschinellen Lernens authentifiziert, aber nicht aufgrund dessen, was sie tun, sondern wie sie es tun. Auf diese Weise werden ungewöhnliche Aktivitäten mit dem üblichen Verhalten des Nutzers verglichen und im Verdachtsfall gekennzeichnet und verfolgt.

Die Zweigstellen der türkischen Odeabank wurden laut Tayfun Kucuk, Chief Technology Officer des Finanzinstituts, von den offenen Küchen in vielen Trendrestaurants in Istanbul inspiriert. »Die Kasse steht zum Beispiel in einem Glaskasten in der Mitte der Filiale. Die Kunden sehen alles. Wir haben nichts zu verbergen, respektieren aber natürlich die Vertraulichkeit und Sicherheit. Die Transparenz unterstreicht unser modernes Leitbild und unsere Kunden schätzen dieses Design.« Bild: © Odeabank

SELFIES

Gesichts- und Iriserkennung überzeugt dadurch, dass sie sekundenschnell abläuft: eine einzige Aufnahme genügt. Finanzinstitute wie Mastercard, ABN AMRO und USAA gehörten zu den Ersten mit einer »Selfie-Authentifizierung«.

Angesichts der rasanten technologischen Fortschritte und der ständig verbesserten Genauigkeit durch Algorithmen wird Biometrie in den nächsten Jahren zur Norm werden. So zum Beispiel für die mobile Eröffnung eines Bankkontos, Kreditanträge, Kreditkartenanträge, Zahlungen, Logins und so weiter. Passwörter werden zu einer fernen Erinnerung. Die ersten Anwendungen sind im Bankwesen zu finden, aber Versicherungen werden nachziehen, etwa um schnell auf »Mein Konto« zuzugreifen. Als wir in Istanbul vor einer Odeabank-Filiale warteten, erkannte die Gesichtserkennung augenblicklich unser Alter und Geschlecht. Sofort änderten sich die Werbebotschaften in den Fenstern der Bank in Echtzeit und zeigten Inhalte, die uns möglicherweise interessieren. Versicherungsmakler und -agenten können diese Technologie ebenfalls nutzen.

KEINE SCHNITTSTELLE

MÜHELOS UND UNAUFWÄNDIG

Biometrie und das Internet der Dinge lassen uns natürlicher und humaner mit Technologie interagieren. Dies ist möglich mithilfe des Einsatzes intuitiver Gesten, der Stimme, der erweiterten Realität und »fühlbaren Benachrichtigungen«. Trendwatching.com bezeichnete diesen Trend als »No Interface« und meint damit, dass Apps auf eine Benutzeroberfläche verzichten. Aber die Entwicklung geht bereits weiter. Denken Sie an bereits vorhandene automatische Intergerätetransaktionen, die sich in den kommenden Jahren durchsetzen werden. Wenn Sie mit der Uber-App ein Taxi buchen, läuft die Zahlung automatisch ab, ohne dass Sie es merken. iTunes funktioniert auf ähnliche Weise. Die Bezahlung geschieht unsichtbar im Hintergrund. Kunden Aufgaben abzunehmen und der Verzicht auf die Schnittstelle Mensch–Technologie ist bahnbrechend einfach. »No Interface« bedeutet »keine Mühe«. Dies wird sich signifikant auf Kundeninteraktionen, Prozesse, das Produktdesign und das Geschäftsmodell von Finanzinstituten auswirken.

Hier Beispiele aus Bereichen der Finanzdienstleistungsbranche, die der Verzicht auf eine Benutzeroberfläche grundlegend verändern wird (in einigen Fällen bereits geschehen):

- Präventivleistungen, die mit Smart-Home-Geräten arbeiten. Sensoren wissen, wann niemand zu Hause ist, sie erkennen die Wetterlage und schließen automatisch die Fensterläden.
- Dank Sensoren identifiziert der Autoschlüssel, wer am Steuer sitzt, sodass die Versicherung dieser Person aktiviert wird. Die Parkgebühren werden automatisch über das Auto bezahlt.
- Im Falle eines Autounfalls, eines Brandes oder eines Geräteausfalls lösen Sensoren automatisch den Versicherungsfall aus.
- Intelligente Versicherungsverträge, basierend auf umfassenden Daten und Blockchains, lösen bei bestimmten Ereignissen, wie abgesagten Konzerten oder Flugverspätungen, automatisch eine Auszahlung aus.
- In der Handelsfinanzierung wird das Internet der Dinge Echtzeitinformationen liefern und viele Dokumentationen und Prüfungen überflüssig machen.

Bild: © Claim Di

»Intergerätetransaktionen werden sich in durchsetzen. Dies wird sich signifikant auf Kundeninteraktionen auswirken.«

FAST KEINE SCHNITTSTELLE

Die thailändische Versicherung Claim Di macht den Moment der Wahrheit in der Autoversicherung – den Schadensfall – sowie die anschließende Schadensregulierung weitaus angenehmer. Die Funktion »Shake and Go« seiner mobilen App ermöglicht die Kommunikation und Schadensregulierung zwischen den Beteiligten und ihren Versicherungen. Gründer Kittinan Anuphan: »Die Fahrer schütteln ihr Mobiltelefon in der Nähe des Mobiletelefons des Unfallbeteiligten, wenn dieser ebenfalls Claim Di verwendet. Auf diese Weise wird die Schadensregulierung initiiert, ohne dass Gutachter der beteiligten Versicherungen eingeschaltet und zum Unfallort kommen müssen, wie es in Thailand üblich ist. Das verbessert die Kundenerfahrung deutlich und senkt gleichzeitig die Kosten. Zwei Jahre nach der Einführung betreuen wir Kunden von 30 thailändischen Versicherungen, die insgesamt rund 60 Prozent des Marktanteils der Fahrzeugversicherungen hierzulande ausmachen.«

ALGORITHMEN

ÜBERLEGENES WISSEN

Trends wie Robo Advice, Chatbots, Biometrie und der Verzicht auf eine Benutzeroberfläche verbindet, dass die intelligentesten Algorithmen sie speisen. Ausgestattet mit immer stärkerer Rechnerleistung ist es Unternehmen möglich, sich mehr Informationen über Menschen zu beschaffen, als diese von sich selbst haben. Zu den bekannten Beispielen gehören Einzelhändler, die aufgrund gekaufter Produkte wissen, welche Kundinnen wahrscheinlich schwanger sind, oder wie Algorithmen Amazon helfen, individualisierte Kaufvorschläge zu machen. Algorithmen ermöglichen es, Kunden persönlichere Angebote zu unterbreiten. Und wie bei jeder Beziehung hat ein guter persönlicher Draht einen hohen Bindungseffekt, der die Kosten eines Wechsels hochschraubt.

- Die Sberbank mischt Transaktionsdaten mit sozialen Daten, um zu bestimmen, »wer das Produkt zuerst kauft und wer die größten Influencer sind«. Mit diesem Wissen kann die Bank eine zielgerichtete Strategie erarbeiten.
- Lenddo bestimmt die Kreditwürdigkeit seiner Kunden unter anderem anhand ihres Verhaltens und ihrer Daten aus sozialen Netzwerken. Dies betrifft insbesondere die aufstrebende Mittelschicht, die nicht ohne Weiteres einen Kredit erhält. Fortgeschrittene, maschinell lernende Techniken bauen die voraussagenden Algorithmen auf. Neben den sozialen Medien ist auch das Netzwerk des Kreditkunden involviert. Wenn die Social-Media-Freunde einwilligen, sammelt Lenddo auch von ihnen Finanzinformationen. Die Idee dahinter lautet, dass finanziell verantwortliche Menschen wahrscheinlich finanziell verantwortliche Freunde haben. Wird ein Kredit nicht zurückgezahlt, wirkt sich dies auch negativ auf die Kreditwürdigkeit der Freunde aus. Richard Eldrige, CEO von Lenddo: »Wir sind inzwischen (2016) in mehr als 20 Ländern aktiv, darunter Brasilien, Indien, Indonesien, Kolumbien, Mexiko, Philippinen, Südkorea und in Teilen Afrikas. Lenddos Technologie und Algorithmen tragen zur Kreditbewertung von mehr als 250.000 Antragstellern monatlich bei und ermöglichen ihnen den Zugang zu lebenswichtigen Finanzdienstleistungen.«

DIE GEFAHR DES SCHATTEN-ICHS

Offensichtlich fördern die erwähnten neuen Technologien die Einfachheit und Personalisierung, aber natürlich sollten Finanzinstitute dafür sorgen, dass diese Entwicklungen als menschlich wahrgenommen werden – mehr als es heute geschieht. Scott Smith, Gründer der Beratung Changeist, spricht über das »Schatten-Ich« – digitale Kundenporträts, die mithilfe von Big Data entstehen. Was geschieht, wenn dieses »Schatten-Ich« wichtiger wird als unsere echte Persönlichkeit?

SCHMERZPUNKTE

Finanzdienstleistungskunden auf der ganzen Welt erleben mehr oder weniger die gleichen Schmerzpunkte. Die eine Hälfte davon hat mit mangelnder Einfachheit zu tun, die andere Hälfte mit einer unpersönlichen Ansprache.

Netflix verwendet Algorithmen für seine Empfehlungen und um Ordnung in das Angebot von vielen tausend Filmen und Fernsehserien zu bringen. Diese Vorschläge funktionieren so gut, dass sie 75 Prozent der Videostreams beeinflussen. Jede Empfehlung basiert auf der vergangenen Auswahl, und als Ergebnis erhält ein Nutzer ähnliche Hinweise. Und falls derjenige die Tipps annimmt, folgen noch mehr davon. Wir beobachten aber auch eine Gegenbewegung (die wesentlich kleiner ist). Der Video-on-Demand-Service Mubi ist eine Online-Plattform für echte Kinofans, die Qualität der Quantität vorziehen. Dort können Nutzer aus lediglich 30 kuratierten Titeln auswählen, die nur einen Monat lang abrufbar sind. Jeden Tag wird ein Film herausgenommen und ein neuer kommt hinzu.

Schmerzpunkte »Einfachheit«

- »Sie machen es mir nicht leicht.«
- »Ihre Informationen verwirren mich. Mir ist nicht klar, was ich erwarten kann, und was von mir erwartet wird.«
- Ich bin nicht sicher, was der Versicherungsschutz beinhaltet und inwieweit er sich mit anderen Versicherungen überschneidet.«
- »Mir ist nicht klar, wie der Status meiner Schadensregulierung/meiner Hypothekenbewilligung/meiner Zahlung ist.«
- »Es dauert ewig, bis ich eine Antwort erhalte und oft bekomme ich gar keine.«
- »Die Auskünfte des Callcenter-Agenten decken sich nicht mit dem, was mir die Filialmitarbeiter gesagt haben beziehungsweise mit den Informationen auf der Website.«

Schmerzpunkte »persönliche Ansprache«

- »Sie wissen eigentlich nichts über mich und verstehen meine Situation nicht.«
- »Sie kennen meine Bedürfnisse nicht.«
- »Sie hören mir nicht richtig zu. Und wenn, was geschieht dann mit den Informationen, die ich ihnen gebe?«
- »Sie behandeln mich nicht gut. Ich glaube nicht, dass sie sich im Zweifelsfall besonders anstrengen würden.«
- »Sie sind nicht fair zu mir. Ich bin nicht davon überzeugt, dass sie in meinem besten Interesse handeln.«
- »Eigentlich bin ich ihnen egal. Sie warnen mich nicht, wenn Probleme auf mich zukommen.«

Diese Schmerzpunkte mittels neuer Technologien so auszuräumen, dass Kunden positiv reagieren, könnte dazu beitragen, dass die Entwicklungen menschlicher wahrgenommen werden. Stellen Sie sich vor, was das für das Customer Engagement bedeutet. Ein großer Schritt dahin, die Kluft zwischen Finanzunternehmen und ihren Kunden zu schließen.

VERSPRECHEN HALTEN

Versprechen zu halten und Erwartungen zu erfüllen, kann viele Schmerzpunkte im Finanzumfeld beseitigen. Im Erwartungsmanagement finden Einfachheit und eine persönliche Ansprache zusammen. Die Technologie ermöglicht uns, zugesagte Leistungen zu erfüllen. Mithilfe von Chatbots versprechen wir eine sofortige Antwort. Mittels automatischer digitaler Benachrichtigungen informieren wir Kunden, wenn ihr Kontostand eine bestimmte Schwelle erreicht. Digitale Ratgeber versetzen uns in die Lage, für eine konsistente Kundenerfahrung zu sorgen. Und Instrumente zur Nachverfolgung und Statusprüfung lassen Verbraucher besser verstehen, was Sie für sie tun, etwa indem sie den Bearbeitungsstatus eines Hypothekenantrags anzeigen. Dies erfordert, die Zusagen und die Kundenerfahrungen sorgfältig zu behandeln und natürlich, Ergebnisse zu liefern.

Bevor Sie damit beginnen, Ihre Kunden zu überraschen, beseitigen Sie am besten die genannten Schmerzpunkte. Leistungsversprechen und Erwartungen nicht zu erfüllen, ist nie gut. Untersuchungen von Ayelet Gneezy und Nicholas Epley zeigen Wert und Wirkung der Überraschung. Die beiden Forscher stellten fest, dass es positiver wirkt, Erwartungen ohne vorherige Zusage mehr als zu erfüllen, als über zuvor getätigte Zusagen hinauszugehen. Wenn Sie also sicher sind, dass Sie die Hoffnungen Ihrer Kunden übertreffen, ist es besser, vorab nichts zu versprechen. Ein weiteres Ergebnis der Studie besagt, dass es sich neutral auswirkt, Erwartungen genau zu erfüllen, wenn vorher nichts versprochen wurde. Falls Sie ein Versprechen abgegeben haben, zahlt es sich sehr positiv aus, es zu erfüllen. Wenn der Zug zum Beispiel auf die Minute pünktlich ist, schließen Kunden daraus, dass alles gut organisiert ist. Wenn Sie sich also darauf beschränken möchten, die Erwartungen zu erfüllen und nichts weiter, sagen Sie es besser im Vorfeld. So erreichen Sie höhere Zustimmungsraten. Verwirrt? Vielleicht hilft das folgende Diagramm:

VERBRAUCHERREAKTION

Versprechen vorab	Enttäuschung	Positive Wirkung: gut organisiert	Neutral
Kein Versprechen vorab	Enttäuschung	Neutral	Positive Überraschung
	Schlechter als erwartet	Wie erwartet	Besser als erwartet

← Tatsächliche Erfahrung versus vorherige Erwartungen →

ABSICHTLICHE ÜBERRASCHUNG

MUSIK IN UNSEREN OHREN

Wir drei sind ausgesprochene Musikfans. Als wir jünger waren, gingen wir gern in Plattenläden und ließen uns von den Tipps der Mitarbeiter überraschen und stöberten nach neuer Musik. Gelegentlich versuchten wir, einen Song, den wir zuvor in einem Club oder im Radio gehört hatten, zu summen oder vorzusingen, damit der Mitarbeiter ihn vielleicht erkannte und uns das gewählte Musikstück heraussuchte. Das alles hat sich mit den neuen digitalen Tools verändert. Natürlich sind unsere Lieblingsplattenläden verschwunden, aber dafür gibt es andere Angebote. Mit Shazam und TrackID können wir überall unbekannte Songs identifizieren. Wir können sie sofort per Mobiltelefon kaufen und mehr über den Interpreten erfahren. Auf Basis der per Shazam ermittelten Tracks erhalten wir personalisierte Tipps. Wir können sehen, welche Musik unsere Freunde bei Shazam suchen. Alle Lieder, nach denen oft gefragt wird. Spotify hat das traditionelle Radio abgelöst und überrascht uns mit neuer Musik, die uns zum Computer eilen und herausfinden lässt, wer da gerade singt. So spontan und ansteckend wie früher ein Freund, der uns sein soeben erstandenes Album vorspielt.

Diese Musik-Tools machen unser Leben auf personalisierte Weise einfacher. Damit ist es aber noch nicht genug. Sie überraschen und begeistern uns – so wie es früher der Plattenladen oder unsere Freunde taten. Vielleicht haben wir Shazam wegen der Musikerkennungstechnologie installiert. Doch diese App fesselt uns mit ihrer Musikentdeckung, indem sie uns ständig Neues liefert und uns digital mit mehr als 500 Millionen Menschen verbindet.

AUF ÜBERRASCHUNG PROGRAMMIEREN

Die Technologie kann dazu beitragen, Kunden zu überraschen und konsequent für einen »Human Touch« zu sorgen, wenn Sie dies in Ihrem Design berücksichtigen. Finanzinstitute sind daran gewöhnt, ihren Kunden das zu geben, was sie erwarten, aber nicht mehr. Um als menschlich-sympathisch wahrgenommen zu werden, müssen sie bewusst für Überraschungen sorgen. Mit einer Nachricht zum Geburtstag, die im Posteingang zwischen allen anderen automatischen Glückwunschmails untergeht, ist es nicht getan. Überraschungen in den Service einzubinden erfordert eine Entscheidung, weil Sie dafür Aufwand betreiben müssen. Wir sollten das, was wir tun und wie wir es tun, mit völlig anderen Augen betrachten. Es geht darum, Gefühle zu interpretieren, aber auch zu wissen, was die Menschen beschäftigt, worüber sie nachdenken, was sie begeistert und was sie zum Handeln veranlasst. Technologie sollte den Menschen dienen und nicht umgekehrt. Das erfordert neue Kompetenzen und Datenwissenschaftler, die Daten kreativ verarbeiten – die Kombination aus Verhaltenswissenschaft und Technologie.

UNERWARTET, ABER MÖGLICH

Sie dürfen nicht denken, »als Finanzinstitut geht das nicht, weil wir kein emotionales Produkt, wie Musik, verkaufen«. Es geht darum, Mehrwert aus den einzigartigen Daten und Fähigkeiten der Finanzinstitute zu ziehen, und Kunden überraschende Einsichten und Angebote zu bieten, oder ihnen Neues zu zeigen. Manchmal sogar Dinge, um die sie gar nicht gebeten haben, etwas Unerwartetes. Fragen Sie sich, was eine positivere Emotion auslöst – ein Berater, der Tage braucht, um einen Kreditantrag zu bearbeiten und unzählige Fragen stellt? Oder eine mobile App, die Sie mit einem vorab bewilligten Kreditangebot auf Basis des Wissens überrascht, das die Bank bereits über Sie gesammelt hat? Die ING Direct, die mBank und die Mashreq Bank bieten diese Vorteile bereits.

DAS BESTE AUS BEIDEN WELTEN

Banken verfügen über Prozesse und Produkte. Kunden haben Träume. Versicherer sehen Risiken. Kunden sind unsicher. Um auf ihre Kunden eingehen zu können, sollten Finanzinstitute Emotionen ansprechen. In der physischen Welt tun Sie das, indem Sie jemandem in die Augen blicken und Ihre verwundbare Seite zeigen. Menschen vermitteln Gefühl, Empathie, Leidenschaft und Kreativität und können, falls nötig, von starren Verfahren abweichen. Banken und Versicherungen sind gefordert, in der digitalen Welt eine ähnliche Verbindung herzustellen. Angesichts der großen Zahl der Mitarbeiter in Finanzinstituten bietet sich außerdem die Chance, das Beste aus beiden Welten zu vereinen. eTrade verleiht seinen Robo Advisors menschliche Entscheidungsfähigkeiten, um deren dynamischere Reaktion auf die jeweilige Marktlage zu ermöglichen: ein hybrides Modell, das zwischen dem traditionellen Vermögensmanager und Robo Advisors angesiedelt ist, wie zum Beispiel Betterment.

Dem vergleichbar können auch Banken und Versicherer Technologien einsetzen, um Mitarbeitern im direkten Kundenkontakt mehr Entscheidungsverantwortung zu übertragen, damit diese ihre Leistung und die Kundenerfahrung weiter verbessern. Möglich ist dies etwa mithilfe von Instrumenten für Beratungsgespräche, Videochats oder durch eine engere Kundeneinbindung im gesamten Verkaufsprozess.

- Die Zukunft der Deutschen Bank steht auf zwei Säulen: die Stärke der traditionellen Beratung, und konsistent in die Digitalisierung zu investieren. Die Deutsche Bank entwickelt derzeit ein digitales Ökosystem, das Online- und Mobile-Banking sowie das Filialgeschäft miteinander verschmilzt. Sowohl die physischen Niederlassungen als auch die Digitalfabrik – das hauseigene Entwicklungszentrum für digitale Bankprodukte – spielen eine zentrale Rolle. Auf diese Weise kann die Bank flexibel auf Kundenbedürfnisse reagieren.
- Diederick van Thiel, Mitgründer und CEO von AdviceRobo: »Hypothekenberater wie eyeOpen und London & Country integrieren Robo-Advice-Systeme mit menschlichen Callcenter-Agenten. Ich glaube, dass sich die digitalen Kundenerfahrungen in den nächsten fünf Jahren mithilfe von Analysetechniken, die hinter den virtuellen Assistenten stehen, menschlicher gestalten lassen.«
- Unternehmen sollten eine persönliche One-to-one-Kommunikation mit ihren Kunden pflegen. Allerdings sind Callcenter teuer und nur schwer skalierbar. Und was noch viel wichtiger ist: Die Vorlieben der Verbraucher haben sich verändert. Weltweit wird Messaging bei der Kommunikation bevorzugt. Und hier kommen die Bots des Start-ups Reply.ai ins Spiel. Dieses Team mit Sitz in New York treibt derzeit die Markenkommunikation weltweit an, einschließlich Unternehmen wie Lifenet und Prudential. Die Bots von Reply.ai reduzieren weniger wichtige Interaktionen, indem sie bis zu 60 Prozent aller Anfragen automatisieren. Nach Auffassung von Reply.ai sollten sich Bots wie Bots und Menschen wie Menschen verhalten. Ein integriertes Übernahme-Tool sorgt dafür, dass ein menschlicher Agent das Gespräch übernimmt, wenn ein Chatbot an seine Grenzen gerät, ohne dass die bereits verwendete Schnittstelle verändert werden muss. Dies stärkt sowohl die Beziehung zum Kunden als auch dessen Erfahrung.

» Setzen Sie Technologie ein, um den Mitarbeitern im direkten Kundenkontakt mehr Entscheidungsverantwortung zu übertragen, und verleihen Sie der Technologie menschliche Züge, um mehr zu erreichen. «

MEHR EIGENSTÄNDIGKEIT UND SELBSTVERANTWORTUNG FÜR MITARBEITER IM DIREKTEN KUNDENKONTAKT

KUNDEN BRAUCHEN FOKUS

Wir beobachten, dass Geräte, zum Beispiel Tablets, wichtiger für die Qualität der Kundendialoge werden. Durch sie wandeln sich hierarchisch geprägte Gespräche zwischen einem Kunden mit einem Anliegen und dem Verkäufer hinter seinem Schreibtisch in eine Kooperation auf Augenhöhe. Das ermöglicht, von einem abschlussorientierten Verkaufsgespräch zu einer Beratung zu wechseln, die sich an den Kundenbedürfnissen orientiert. Die Geräte unterstützen und lenken den logischen Gesprächsfluss. Der Dialog lässt sich um die neuesten Informationen oder Erkenntnisse aus der modernen Datenanalyse ergänzen. Zu den Vorteilen für das Unternehmen zählen eine größere Konsistenz, sowohl in den Beratungsgesprächen als auch im Datenlogging (sehr gut für die Compliance), eine bessere Kontrolle über die Absätze der Vertriebspartner und nicht zuletzt zufriedenere Kunden und höhere Konversionsraten.

Die türkische Niederlassung des niederländischen Versicherers AEGON arbeitet mit der Plattform Figlo, um Gespräche zwischen Maklern/Agenten und Kunden zu vereinfachen. Eine Tablet-App lenkt den gesamten Dialog und bietet einen schnellen, maßgeschneiderten Überblick über die Finanzsituation des Kunden. So können auf Basis seines individuellen Risikoprofils geeignete Produkte ausgewählt und eine Unterdeckung verhindert werden. Uğur Tozşekerli, CEO von AEGON Türkei: »Die Interaktionen mit Kunden und ihre Einbeziehung sowie die Möglichkeiten, Produktnutzen zu illustrieren und zu demonstrieren, sind enorm gestiegen. Durch die App wird die Kundenberatung besser und verständlicher, spricht die wahren Bedürfnisse an und beschleunigt den Service. Die durchgehende Datenverarbeitung – auch Straight Through Processing (STP) genannt – wirkt sich effizienter aus und erlaubt schnellere Leistungen. Neben den deutlich höheren Konversionsraten ist auch das Volumen der Abschlüsse gestiegen, je nach Produktkategorie zwischen 10 und 45 Prozent. Gleichzeitig sind die operativen Kosten aufgrund der reduzierten administrativen Vorgänge um 18 Prozent gesunken. Bereits im ersten Jahr hat die App eine positive Investmentrendite erzielt.«

Bild © Ymke Sie

BESSERE ERGEBNISSE

Wir glauben, dass diese Instrumente die Beratung gründlich verbessern. Die Goethe-Universität Frankfurt hat untersucht, inwiefern neutrale Anlageempfehlungen von 8.000 Kunden eines deutschen Maklers akzeptiert wurden. Die Studie ergab, dass nur, wenige auf den Rat hören. Da dieses Thema ungenügend erforscht ist, lässt sich der Wert der Beratung anhand der Ergebnisse von Anlegern, die den Empfehlungen des Anlageberaters folgen, im Vergleich zu den Ergebnissen von Anlegern, die ihnen nicht folgen, nicht nachweisen. Es ist daher schwer, angesichts neuer Referenzrahmen und immer anspruchsvollerer Kunden, den Mehrwert der Beratung zu bestimmen. An irgendeinem Punkt werden sich die Private-Banking-Kunden sicher fragen, was ihr hochbezahlter Berater erreicht hat. Guter Rat alleine ist nicht genug. Wichtiger ist, ob die Kunden die Hilfe annehmen. Wenn sich die Beratung in den Ergebnissen ausdrückt, muss ein Finanzinstitut alles in seiner Macht Stehende tun, um die Konversionsrate zu steigern.

Patrick van Heerde, Head of E-Business, Manulife Asien: »Bei Manulife verändern wir unsere Geschäftspraktiken mithilfe der Technologie. Manulife transformiert seine Agenturkapazitäten in Asien, um sicherzustellen, dass seine Berater die Kundenerfahrung verbessern, und ganzheitlichere Finanzlösungen anzubieten. Das Wichtigste ist, mehr für die Kunden zu tun, ihnen das Leben zu erleichtern und ihnen eine Erfahrung zu bieten, die sie verblüfft. Daher geben wir den Beratern die notwendigen digitalen Instrumente, damit sie ihre Kunden effektiver unterstützen. Zum Beispiel statten wir unsere elf Märkte in Asien mit einer umfassenden End-to-end PoS-Plattform aus, um Kunden eine schnellere Schadensregulierung zu bieten.

Mithilfe einer App greifen Kunden zudem auf ihre Informationen zu und erfahren mehr über unsere Produkte und Lösungen. ePoS hilft den Beratern, ein vollständiges Bild des Kunden zu erstellen, einschließlich seines Profils und seiner Finanzziele. Mittels dieser Plattform können sie außerdem jede Phase der Kauferfahrung nachverfolgen – vom Aufruf der Anwendung bis zur Bezahlung. ePoS ist äußerst erfolgreich; es hilft unseren Kunden, unseren Beratern und unseren strategischen Partnern. Im Januar 2016 haben wir eine 15-jährige Banken-Versicherungs-Partnerschaft mit der DBS Bank aus Singapur, für vier asiatische Märkte, begründet. Zuvor haben wir bereits eng mit der DBS daran gearbeitet, dass ePoS vom ersten Tag der Partnerschaft an für die Kunden dieser Bank bereitstand.

VIRTUELLE NÄHE

EXPERTENWISSEN

So wie Skype und Facebook längst fest zum Privatleben der Verbraucher gehören, werden Videokonferenzen auch im Geschäftsleben zunehmen. Videokonferenzen sind eine großartige Plattform für virtuelle Nähe, die den Kunden auf persönliche und effiziente Art Komfort und Zugang zu Expertenwissen bieten. Und dies zu einem Zeitpunkt, der sowohl den Menschen als auch dem Unternehmen passt. Denken Sie an einen Private-Banking-Kunden in Helsinki, der ein persönliches Ge-

Der ITM von Emirates NBD – ein videobasierter interaktiver Bankautomat – ermöglicht Banktransaktionen auch außerhalb der Filialöffnungszeiten und wahrt dabei immer den »Human Touch«. Bild: © Emirates NBD

spräch mit einem Experten für Emerging Markets in Hongkong führen kann. Aber auch für andere komplexe Produkte, wie zum Beispiel Hypotheken, private Altersvorsorge und das traditionelle Bankengeschäft. Expertenwissen lässt sich in kleinen Zweigstellen, auf Bankautomaten und in mobilen Apps zur Verfügung stellen.

VIRTUELLE NÄHE

Bei der spanischen Bankinter ist Videochat ein vollausgereifter Kommunikationskanal für das Kundengespräch, selbst im Private Banking. Viele Gespräche mit Private-Banking-Kunden finden per Videochat statt. Wenn ein Kunde ein komplexes Produkt kaufen will, zum Beispiel einen Optionsschein, ist ein WebEx-Gespräch sogar obligatorisch. Die Kunden müssen sich nicht durch Verkehrsstaus bis in eine Filiale quälen. Sie schätzen die persönliche Note auf allen Kanälen. Außerdem sind die virtuellen Sitzungen erheblicher kürzer als physische Treffen. All das macht Kunden zufriedener. Auf diese Weise führen die Bankmitarbeiter mehr Gespräche, die zudem effizienter und effektiver sind.

Andere Vorreiter bestätigen die Vorteile der Videokommunikation für Kunden und Finanzinstitute.

- Bei der ASB Bank in Neuseeland sorgen Videokonferenzen für mehr als 20 Prozent der neuen Versicherungsabschlüsse, Tendenz steigend.
- Die Bank of America bietet virtuelle Geldautomaten, die Videokonferenzen mit einem Telekassierer ermöglichen. Sie sind in der Lage, 80 Prozent der Transaktionen abzuwickeln, die sonst von einem Bankmitarbeiter vor Ort erledigt werden. Sowohl die Bank als auch ihre Kunden nutzen Effizienz und Flexibilität, weil die virtuellen Automaten mehrere Sprachen beherrschen und rund um die Uhr zugänglich sind.
- Vikram Krishna, Head of Group Marketing and Customer Experience, Emirates NBD: »Menschen lernen und erinnern sich viel leichter mit visuellen Inhalten. Daher sind die mehr als 70 Anleitungsvideos zur Vereinfachung der Bankverfahren – etwa wie man einen Kreditantrag stellt oder ein Konto eröffnet – so wichtig für unseren YouTube-Kanal »Easy-Banking«. Diese Initiative kommt gut an, weil sie sich der Social-Media-Plattformen und innovativer Technologien bedient, um Bankgeschäfte leichter und kundenorientierter zu machen. Wenn jemand unser Callcenter anruft, erhält er einen Link auf sein Mobiltelefon, der ihn zum richtigen Video lenkt. Eine effiziente Art, unsere Kunden weiterzubilden und mit ihnen in Kontakt zu bleiben.«

GIFFGAFF: PEER-TO-PEER-KUNDENSERVICE

Der britische Mobilfunkbetreiber giffgaff verwendet ein einzigartiges P2P-Modell. Den Kundenservice übernimmt fast ausschließlich seine Klientel. Das bedeutet, die einen beantworten die Fragen der anderen. Vincent Boon, Mitgründer der Marken-Communities Standing on Giants und Teil des Start-up-Teams von giffgaff (das inzwischen zu Telefónica gehört): »Die Idee ist, dass Online-Communities die Beziehung zwischen Marken und Kunden verändern. Wie können wir Kunden ansprechen und sie aktiv in das Geschäft einbinden? Was wir bei giffgaff begonnen haben und nun in der gesamten Telefónica-Gruppe, bei anderen Telcos sowie Anbietern wie Airbnb und Ageas anwenden, zeigt, dass Kunden zufriedener sind, wenn sie gemeinsam Probleme lösen. Menschen helfen Menschen. Die Philosophie hinter der Community-Idee lautet ›Gegenseitigkeit‹ – Kunden tun etwas füreinander (und damit auch für uns). Im Gegenzug tun wir etwas für sie, sodass letzten Endes alle von einem besseren Service und abgestimmten Produkten profitieren. Die Nutzer beantworten selbst die meisten Fragen, wobei die durchschnittliche Reaktionszeit weniger als 90 Sekunden beträgt.

Die Wissensbasis von giffgaff wird von der Community unterhalten und gepflegt. Nur 0,3 Prozent der Nutzerfragen muss ein Agent klären. Der NPS liegt bei +75. Wir haben die Community von Anfang an in alle unsere Geschäftsprozesse integriert und unsere Kunden beinahe physisch gezwungen, sich für die meisten Fragen an die Community zu wenden. Auf diese Weise haben wir verstanden, welchen Wert die Kunden in unserer Community darstellen. Ein Vergleich der Servicekosten, der Kosten der Akquisition und der Abwanderungsrate zwischen Community-Nutzern und den übrigen Kunden sowie ein Überblick über alle Aktivitäten unserer Kunden ergaben erstaunliche Ergebnisse.

Die Fluktuationsrate unter den Community-Nutzern ist um 50 Prozent geringer als bei den Kunden, die die Community nicht verwenden. Die Servicekosten liegen bei rund 50 Prozent im Vergleich zu Telcos ähnlicher Größe innerhalb des Telefónica-Konzerns. Von allen Neukunden wurden 25 Prozent über die Community gewonnen; das macht sie zum kostengünstigsten Akquisitionskanal des Unternehmens. Diejenigen, die stark in die Community involviert sind, bringen im Schnitt weitere 40 zahlende Kunden.

Noch interessanter ist, dass diejenigen, die nur die Inhalte anderer Nutzer lesen, mit doppelt so hoher Wahrscheinlichkeit Neukunden gewannen, im Vergleich zu Kunden, die sich nicht an der Community beteiligen. Diese Zahlen wirken sich enorm auf das Unternehmen und die Marketingausgaben, die für ein profitables Geschäft nötig sind, aus. Außerdem liefern uns die Kunden viele gute Ideen. Im Schnitt setzt giffgaff alle drei Tage eine Idee von Community-Mitgliedern um. Die Community hat mehr als 20 mobile Anwendungen entwickelt und Anleitungen, Inhalte und Videos erstellt.«

KUNDEN EINBINDEN

> Finanzinstitute können Kunden aktiver einbinden, weil diese dafür offen sind.

Kunden einzubinden, ist eine ausgezeichnete Methode, die menschliche Seite zu fördern, wie das Beispiel giffgaff auf der vorherigen Seite zeigt. Die Kunden dieses britischen Mobilfunkunternehmens betreiben den Kundenservice selbst. Das bedeutet, dass Menschen die Fragen anderer beantworten und dafür Telefonminuten, andere Belohnungen oder einen bestimmten Betrag erhalten, den sie einer gemeinnützigen Einrichtung ihrer Wahl spenden können. Und wenn sie die Fragen gut beantworten, winken weitere Prämien. Als Ergebnis ist giffgaff im Vergleich zu Vodafone, O2 und anderen Telcos die Nummer eins in Sachen Kundenzufriedenheit. Dabei betragen seine Kosten einen Bruchteil dessen, was bei Wettbewerbern durch den Kundenservice anfällt. Wäre das auch in der Finanzdienstleistung möglich? Die meisten Führungskräfte dieser Branche sind skeptisch.

Dennoch agieren einige bereits ähnlich, zum Beispiel Schwab in den USA. Allerdings ist immer ein Schwab-Experte im Hintergrund, der die Gespräche überwacht und eingreift, wenn etwas in die falsche Richtung läuft. Schwab ist die Nummer eins im Kundenservice, wobei seine Kunden zugleich seine besten Empfehlungsgeber sind. Definitiv können Finanzinstitute ihre Klientel aktiver einbinden als heute üblich, weil diese dafür offen ist. Der gesamte Primärprozess bietet sich hier an – im Bereich der Entwicklung von Produkten und Dienstleistungen, aber auch im Kundenservice, Marketing und sogar in der Schadensschätzung. Technologie vereinfacht all dies.

> Zwischen ›Selbermachen‹ und der Wertschätzung für ein Produkt besteht eine enge Beziehung.

KOMPLEXITÄT STEUERN

Es besteht offensichtlich eine enge Verbindung zwischen Kundeneinbindung und Eigenverantwortung. Eine ebensolche Beziehung besteht zwischen ›Selbermachen‹ und der Wertschätzung für ein Produkt – das heißt, dem Einfluss, den jemand auf die Entwicklung eines bestimmten Produkts hat, und seiner Meinung dazu. Im Nahrungsmittelbereich sehen wir zum Beispiel, dass das individuelle Mischen von Fertig- und Halbfertignahrungskomponenten Verbraucher zufriedener macht als industriell vorab zusammengestellte Fertigmahlzeiten. Eine stärkere Kundeneinbindung sorgt für relevantere Produkte und Dienstleistungen und schafft engere Kundenbeziehungen. In Pull-Märkten entsteht so der große Unterschied. Das gilt auch für die Finanzdienstleistungsindustrie.

- Mit seinem Programm »Name Your Price« fordert der amerikanische Versicherer Progressive Kunden auf, ihr Budget zu nennen, und filtert dann automatisch Angebote heraus. Das Angebot, das den geäußerten Preisvorstellungen am nächsten kommt, sehen die Verbraucher als Erstes. Progressive hebt die Bereiche hervor, in denen der Kunde möglicherweise über- oder unterversichert ist, damit er seinen Versicherungsschutz anpassen kann.
- Die Fidor Bank bietet ihren Kunden einfache Finanzdienstleistungen, die diese erweitern oder begrenzen können, je nach ihren Bedürfnissen zu einem spezifischen Zeitpunkt. Matthias Kröner, CEO von Fidor: »Der Kunde kann die Komplexität seines Kontos selber steuern, die Bank bleibt da außen vor.«

Einige Versicherungsfälle sind Grenzfälle und lösen Meinungsverschiedenheiten zu der Frage aus, ob der Geschädigte Anrecht auf eine Schadensbegleichung hat oder nicht. Achmeas Marke FBTO lässt seine Kunden darüber mitentscheiden. Die Zweifelsfälle werden der Community mit mehr als 5.000 Mitgliedern vorgestellt. Wenn mehr als 100 Community-Teilnehmer abstimmen und 60 Prozent der Meinung sind, dass der Schaden beglichen werden sollte, folgt FBTO dieser Einschätzung. Der gleiche Prozess wird verwendet, um zu bestimmen, ob FBTO seine Versicherungsbedingungen und Sonderbestimmungen ändern sollte. Wenn wir anderen Versicherern von diesem bahnbrechenden Ansatz, Kunden einzubinden, berichten, lautet ihre erste Reaktion immer: »Das muss der reinste Aderlass sein.« Wie sich allerdings herausstellt, sind die Mitglieder der Community genauso kritisch wie die offiziellen Schadensgutachter. Dieser Ansatz teilt FBTO weitaus mehr darüber mit, was Kunden angemessen finden und was nicht. Außerdem demonstriert das Unternehmen verbal und physisch, dass es seinen Kunden zuhört. Selbst bei umstrittenen Themen.

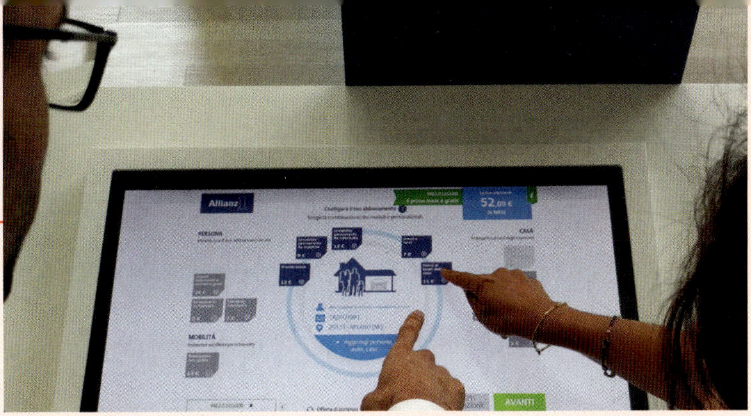

Bild: © Allianz Italien

ALLIANZ1

Allianz1 ist ein revolutionäres Versicherungskonzept: eine Mischung aus digitalen Innovationen rund um eine effektive Kundenerfahrung, welche die Vorbehalte der Verbraucher gegen Versicherungen abbauen möchte. Allianz1 kombiniert neueste Technologien, um eine einfache und komfortable Versicherungslösung zu entwickeln, die zugleich modern und auf die Kundenbedürfnisse abgestimmt ist.

Roberto Felici, Head of Market Management, Allianz Italien, erklärt: »Wir haben die Produktarchitektur sowie die Preistechniken revolutioniert, indem wir die Sach- und Unfallversicherung und den Bereich Lebensversicherung in eine einzigartige digitale Umgebung integriert haben. Zentral bei Allianz1 ist das Konzept »Entspannung buchen«, das sich jeder für einen geringen Monatsbeitrag leisten kann. Es eliminiert die Preishürde und richtet die Aufmerksamkeit der Kunden wieder auf den Schutzbedarf und den Wert der Lösung. Zuvor wurden Verbraucher mit einer Flut von Fragen zu ihren persönlichen Angaben bombardiert, und am Ende hatten sie zahllose Einzelverträge. Das ist jetzt vorbei. Wir haben Allianz1 so angelegt, dass es einfach, schnell und kristallklar ist. Mit Allianz1 können die Menschen online gehen und 13 individuelle Bausteine kombinieren, von der Hausrat- und Haftpflichtversicherung bis zur Kranken- und Lebensversicherung, und sich auf diese Weise eine einzige maßgeschneiderte, lebenslange Versicherungspolice für die ganze Familie zusammenstellen.

Unabhängig davon, wie viele Elemente Sie auswählen, haben Sie nur eine Police, die sich im Verlauf der Zeit leicht abändern lässt, um sich an neue Präferenzen und Bedürfnisse anzupassen. In den digitalen Tiefen des Systems werden die einzelnen Komponenten an ihre jeweiligen übergeordneten Geschäftszweige zurückverlinkt, aber das sieht der Kunde nicht.

Der Einstiegsprozess dauert nur wenige Minuten. Allianz1 arbeitet mit Big Data und modernem Kundenprofiling, sodass nur drei einfache Fragen (Alter, Beruf, Wohnort) nötig sind, um innerhalb von Sekunden ein Angebot zu erstellen und mithilfe von unterschiedlichen Kundenkonfigurationen mögliche Szenarien durchzuspielen, anstatt den Kunden umständliche Kataloge mit mehr als 20 Fragen je Risikotyp ausfüllen zu lassen. Der Verbraucher sieht in Echtzeit, was er für sein Geld bekommt und wie sich mehr oder weniger einzelne Komponenten auf den Preis auswirken. Die Details der Kunden werden gespeichert und können von einem ausgewählten Agenten dazu verwendet werden, zusätzliche Beratung und eine weitere Optimierung der Lösung anzubieten.

Der ganze Prozess ist darauf angelegt, potenzielle Kunden durch die intelligente Nutzung der neuesten Technologien, ein interessantes UX Design (»User Experience« – Kunden- bzw. Nutzererfahrung), erklärende YouTube-Videos und Spiele, von Anfang an einzubinden. Jedes Jahr werden die Videos viele Millionen Mal angeschaut. Die gesamte Erfahrung wirkt glaub- und vertrauenswürdig und motiviert dazu, auf ganz neue Weise mehr zu lernen. Wir verkaufen Seelenfrieden, der aus dem Wissen entsteht, dass Sie alles getan haben, um sich und Ihrer Familie Sicherheit zu bieten.

Kaum drei Jahre nach seiner Einführung hatte Allianz1 bereits mehr als 280.000 Kunden, womit es zur erfolgreichsten Innovation von Allianz Italien aller Zeiten wurde. Das provokative Konzept generiert Wert auf allen Ebenen: von einem Anstieg der Cross-Sale-Zahlen und der durchschnittlichen Beitragshöhe bis zu einer höheren Verkaufsproduktivität unserer Agenten und Makler. Dank des exzellenten Underwritings und der Tatsache, dass die Abwanderungsrate bei der Vertragsverlängerung fast null beträgt, ist das Unternehmen äußerst profitabel.«

> »Neue Technologien zwingen dazu, ganz neu zu denken.«

NEUE HERAUSFORDERUNGEN AN DAS DESIGN

Neue Technologien stellen neue Herausforderungen. Jessica Niewierra (ABN AMRO): »Ein neuer Kontaktpunkt wie Smart Watches zwingt Sie, bisherige Überzeugungen hinter sich zu lassen. Sie sind mehr oder weniger gezwungen, automatisch von Punkt null an neu zu denken.« Offensichtlich gilt das Gleiche für andere tragbare Digitaltechnologie, Chatbots, Robo Advisor, biometrische Anwendungen und so weiter. Aufgrund der vielen neuen Technologien müssen Finanzinstitute zahlreiche neue Herausforderungen an das Design bewältigen. Was sind die Design-Prinzipien für neue Beratungsinstrumente, Robo Advice, Chatbots und virtuelle Assistenten, jenseits der Regeln und Empfehlungen im Handbuch für Corporate Identity? Sie gelten nicht nur für die visuelle Gestaltung, sondern erstrecken sich auf das Geschäftsmodell, die Angebote sowie die Marken- und Kundenerfahrung.

Wie wirken sich »No Interface« Biometrie und »Mühelosigkeit« aus? Was bedeutet das für Ihr Geschäftsmodell? Wie können Sie zeigen, dass Sie Mehrwert generieren, wenn der Kunde nicht sieht, dass Sie sich anstrengen? Wie muss das geräte- und schnittstellenübergreifende Design beschaffen sein? Und vor allem: Wie können Sie Technologie so einsetzen, dass sie nicht nur vereinfacht und alles bequemer macht, sondern auch die menschliche Komponente stärkt?

Jeder, der jemals mit Ryanair geflogen ist, wird sich an die Glocke erinnern, die den nächsten pünktlichen Flug feierte, sobald die Reifen auf der Landebahn aufsetzen. Wenngleich viele das als schamloses Eigenmarketing und als seltsamsten Aspekt einer Flugreise mit Ryanair werteten, ist es sehr sinnvoll. Ohne diese Glocke hätten die meisten Passagiere gar nicht bemerkt, dass die Flugzeuge pünktlich gelandet sind. Laut Untersuchungen von VODW wirkt sich die Bekräftigung eines Versprechens positiv auf die Kundenzufriedenheit aus.
Bild: © Reinventing Customer Engagement

WAS ZU TUN IST

EINFACH MENSCHLICH

Wenngleich in den letzten Jahren auf beiden Gebieten – einfach zu handeln und die menschliche Komponente zu stärken – erhebliche Fortschritte erzielt wurden, wird dies in den kommenden Jahren noch wichtiger werden. Neue Technologien lassen die Erwartungen in dieser Hinsicht weiter ansteigen. Gleichzeitig bieten die neuen Technologien alle möglichen Lösungen, diese Erwartung zu erfüllen. Finanzinstitute sollten aber diese Technologien nicht nur benutzen, weil es sie gibt, sondern in erster Linie, weil sie das »Menschliche« unterstreichen. Neue Technologien stellen auch neue Design-Herausforderungen. Wie handelt man einfach menschlich in einem digitalen Umfeld? Und wie können sich Anbieter noch stärker differenzieren? Um diese Herausforderungen zu meistern, müssen Finanzinstitute ihre Denkweise verändern.

DIE MARKE LEBEN

Das Customer Engagement wird zum wichtigsten Differenzierungsmerkmal, zum Beispiel weil die Produkte immer einfacher und ähnlicher werden. Die Herausforderung besteht darin, Kunden eine besondere Erfahrung zu bieten, die sich von allen anderen Wettbewerbern unterscheidet. Die Lösung lautet, dass alle Instrumente des Engagements konsistent den Unternehmenszweck widerspiegeln müssen. Welche Rolle wollen wir im Leben unserer Kunden spielen? Welche Art von Beziehung streben wir an? Wie wollen wir diese Rolle ausfüllen? Die Antworten auf diese Fragen bilden die zentrale Ausgangsbasis für ein eigenes Customer Engagement – vorausgesetzt, das Unternehmensleitbild und seine Marke sind ebenfalls differenziert und einzigartig. Zwei Instrumente sind zentral, um das Potenzial zu erschließen: (1) eine kreative, nachhaltige Strategie, die inspiriert und das Leitbild sowie die Marke greifbar macht, (2) eine designorientierte Mentalität als wirksame Methode, Angebote und (digitale) Strategien als Teil des digitalen Transformationsprogramms neu zu gestalten.

KREATIVE STRATEGIEN

InShareds Mantra lautet »wir profitieren alle«. Ein perfektes Beispiel dafür, was wir mit kreativer Strategie meinen. Von seinem gesamten Beitragsaufkommen sind 80 Prozent für Versicherungsansprüche reserviert, 20 Prozent für operative Kosten, Rückversicherung und Aktionärsgewinne. Der Anteil der 80 Prozent, der nicht in die Auszahlung von Versicherungsansprüchen fließt, wird an die Kunden rückvergütet, die keine Schadensfälle gemeldet haben. Davon profitieren die Kunden und die Versicherung. Mit InShareds Modell arbeiten beide wirklich zusammen.

Um es anders auszudrücken: Der Gewinn, den InShared realisiert, steigt nicht, wenn die Kunden weniger Schadensfälle melden. Vielmehr fließt das Geld an die Versicherten zurück. Diese werden dabei unterstützt, Unfälle und andere Schäden zu vermeiden, damit die Chance, dass »wir alle profitieren« steigt. InShared zeigt, dass sich eine wirksame kreative Strategie in allen Instrumenten des Customer Engagements widerspiegelt, einschließlich des Geschäftsmodells, des Wertangebots und der Kundenerfahrung. Eine kreative Strategie ist wesentlich mehr als Markenkommunikation. giffgaffs Leitsatz »wir sind alle der Boss« ist ein weiteres perfektes Beispiel. Überzeugen Sie sich mit den Fallbeispielen auf den letzten Seiten dieses Buchs. Auch diese decken alle Instrumente ab und erzielen somit eine einzigartige Kundenrelevanz und einen hohen Geschäftswert.

> Eine kreative, nachhaltige Strategie inspiriert und macht das Leitbild und die Marke besser greifbar.

> Finanzinstitute müssen die Kraft des Designs freisetzen.

Ein Freund sein

Kreative Strategien beginnen damit, dass sie den Kunden in den Mittelpunkt rücken. Bright House Network ist ein amerikanisches Telekommunikationsunternehmen mit 2,5 Millionen Kunden. Im Jahr 2011 begann es damit, sein Leitbild »ein Freund sein« umzusetzen. Dabei handelt es sich um eine kreative Strategie, die unmittelbar bestimmte Assoziationen auslöst. Sie bietet Inspiration, sich auf allen Ebenen des Customer Engagements von den Wettbewerbern zu differenzieren. Sie müssen sich nur die einfache Frage stellen: »Wie würden sich Freunde in dieser Situation verhalten?«

Einige Beispiele:

- Mit Freunden müssen Sie keine Verträge machen. Daher können Kunden immer kostenlos den Service wechseln.
- Freunde sind immer für Sie da. Daher können Kunden immer den Kundenservice kontaktieren. Selbst der CEO ist per E-Mail erreichbar, denn »auch er ist ein Freund«.
- Sie drängen Freunden keine Dinge auf, die sie nicht brauchen. Daher werden den Kunden nur solche Produkte angeboten, die zu ihren Bedürfnissen passen. Falls ihnen das Produkt trotzdem nicht zusagt, können sie es kosten- und mühelos stornieren.

»Ein Freund zu sein«, hat Bright House Network die höchste Kundenbewertung unter allen amerikanischen Telcos eingetragen.

Im Finanzdienstleistungssektor gilt CheBanca! als leuchtendes Beispiel. Das Unternehmen wurde 2015 als beste digitale Bank Italiens ausgezeichnet, unter anderem für den Aufbau seiner differenzierten Marke. Roberto Ferrari, General Manger, CheBanca!: »Als Mediobanca im Jahr 2008 das CheBanca!-Konzept startete, wollte das Unternehmen das Geschäftsmodell des Einzelkundengeschäfts in Italien verändern. Wir brauchten Glaubwürdigkeit und mussten einen völlig anderen Ansatz verfolgen, um langfristige Kundenbeziehungen zu pflegen. Wir mussten uns wie eine Marke verhalten, etwas Neues im Finanzsektor. Eine emotionale Analyse ergab, dass die Menschen für einen neuen Anbieter offen waren, der sich von traditionellen Banken unterschied. Wir beschlossen, uns mit Werten wie cool, kreativ, offen, frisch und freundlich zu positionieren. In unserer jüngsten Umfrage stellten wir fest, dass unsere Markenpersönlichkeit in Bezug auf Offenheit, Energie und Freundlichkeit die Ergebnisse anderer Banken weit übertrifft. Diese Art der Differenzierung hat sich als erfolgreich erwiesen und bringt uns viel Geschäft.

Unser NPS liegt mit 48 auf einem sehr hohen Niveau und gehört damit zu den besten Ergebnissen unter den europäischen Banken. Zudem gelten wir auch als solider und zuverlässiger als viele andere Bankinstitute. Das haben wir auch unserem Fokus auf Einfachheit zu verdanken, den wir konsistent auf unser Geschäftsmodell, unser Wertangebot, unsere Kommunikation, unsere Prozesse und selbst unsere Mitarbeiter übertragen haben.«

InShared, giffgaff, Bright House Network und CheBanca! ist es gelungen, ihr Customer Engagement so einzigartig wie möglich zu gestalten, was ihnen ermöglicht hat, sich abzugrenzen, und sich nur schwer nachahmen lässt. Nicht weil es technisch unmöglich wäre, sondern weil diese Mixtur aus Geschäftsmodell, Marke, Wertangebot und Kundenerfahrung einen fruchtbaren Boden für nachhaltige Customer Engagement schafft. Um Customer Engagement einzigartig zu gestalten, mussen Finanzinstitute sich auf all diesen Ebenen markenbasiert differenzieren. Die Anbieter sind gefordert, das Potenzial und die Kraft des designorientierten Denkens zu nutzen, um ihre kreative Strategie umzusetzen und sich von ihren Wettbewerbern abzuheben – nicht nur in der Kommunikation, sondern über alle Instrumente des Customer Engagements hinweg. Damit ist Design in einem wesentlich breiteren Wortsinn gemeint.

Bild: © James Bartosik

DESIGNORIENTIERTES DENKEN

Vier Elemente

Richard Buchanan, Professor für Design an der Carnegie Mellon University, unterscheidet vier Designelemente:

1. Symbole: grafische Kommunikation mit Zeichen, Worten und Bildern. (Denken Sie an die grafische Benutzeroberfläche des iPhones und seiner Apps.)
2. Dinge: Produkte, Objekte (das Telefon, Bildschirme, Knöpfe und Tasten und so weiter).
3. Kundenerfahrung: Aktivitäten, Prozesse, Computer und menschliche Interaktion (ein Telefonat, das Herunterladen einer App, Musik hören).
4. Umgebungen: Organisation, Plattformen, Geschäftsmodelle, Kulturen, Ideen und Werte (der App Store, das Geschäftsmodell von iTunes, Apple Design DNA und Kompetenzen).

Neue Reichweite

Buchanans Designelemente zeigen, wie sich die Rolle des Designs in den meisten Unternehmen entwickelt hat. Traditionell haben sich Finanzdienstleistungen auf die ersten beiden Elemente konzentriert. Mit dem Siegeszug der digitalen Technologien und den wachsenden Anforderungen an das Customer Engagement sollte sich das Design von Finanzdienstleistungen auf das dritte und vierte Element konzentrieren. Denken Sie an das Design interaktiver mobiler Anwendungen, das geräteübergreifende nahtlose Customer Engagement, das Geschäftsmodelldesign rund um kontextbasierte Pull-Plattformen sowie einfachere und menschlichere Finanzdienstleistungen auf Basis von Technologien – Chatbots, Avatare, Robo Advisor, Blockchain und andere Technologien, die Kundenprozesse grundlegend verändern. Design beschränkt sich nicht auf die Gestaltung visueller Dinge, sondern erstreckt sich auf konsistente Kundenverbindungen und die Welt hinter der Marke. Design schafft eine innovativere Kultur und ist das wichtigste Instrument, um sich wirklich zu differenzieren.

Ineinandergreifend

Natürlich sind die vier Elemente voneinander abhängig. Untersuchungen von Daniel Nylén, Johnny Holmström und Kalle Lyytinen zeigen, dass »das Gestalten im digitalen Bereich Herausforderungen an alle vier Designelemente stellt. Die digitalen Fähigkeiten verändern den Designprozess, da digitale Designprozesse eine beispiellose Dynamik und häufige Wiederholungen zwischen den vier Elementen aufweisen.« Eine neue Designordnung schafft einen anderen Ausgangspunkt des Gestaltens, der neue Wege zur Differenzierung eröffnet. Produkte, die Schadensregulierung, den Zahlungsprozess und so weiter zu vereinfachen, ist zwar gut, aber das vierte Element integriert alle anderen, mit dem Ergebnis eines nachhaltigeren Wettbewerbsvorteils. Je ausgefeilter die eingesetzten Designelemente sind, desto schwieriger wird es für andere Unternehmen, die Strategie nachzuahmen. Das gilt natürlich auch für das Gestalten im digitalen Wandel.

> Design befasst sich mit der ständigen Verbindung zum Kunden und dem Schaffen einer echten Innovationskultur.

> „Je ausgefeilter die eingesetzten Designelemente sind, desto schwieriger wird es für andere Unternehmen, die Strategie nachzuahmen."

Unsere Leitprinzipien aus den ersten drei Kapiteln befeuern alle vier Designelemente:

1. *Integraler Bestandteil des Lebens*: Wie nehmen Finanzinstitute intensiver am Leben ihrer Kunden teil? Wie übersetzen wir unser Leitbild in konkretes Engagement? Wie entwickeln wir Konzepte rund um vernetzte Geräte, die echten Mehrwert generieren? Wie garantieren wir Gegenseitigkeit und stellen uns Datenschutzfragen?
2. *Kontextbasierte Ökosysteme*: Wie schaffen wir kontextbasierte Pull-Systeme? Wie bilden wir Ökosysteme mit mehreren Partnern? Wie nutzen wir Inhalte, Instrumente und Verbindungen gewinnbringend? Wie schaffen wir neuen Mehrwert durch lebendige Services, und welches Design fördert Kundenloyalität und Empfehlungsbereitschaft?
3. *Einfach menschlich*: Wie setzen wir Technologien ein, sodass Kunden noch einfacher und persönlicher Geschäfte mit uns abwickeln? Wie sorgen wir für eine hohe Kontaktfrequenz? Wie schaffen wir eine symbiotische Zusammenarbeit zwischen Technologie und Menschen, um das Besten aus beiden Welten hervorzubringen? Wie sprechen wir menschlicher, auch wenn wir ohne Benutzeroberfläche arbeiten? Wie binden wir unsere Kunden stärker ein?

Und vor allem: Wie integrieren wir die neueste Technologie? Wie übersetzen wir die technischen Chancen in Mehrwert, zum Nutzen des Unternehmens und unserer Customer-Engagement-Strategien, sodass wir Kosten senken, Umsatzströme erschließen und Geschäftsmodelle entwickeln?

Designorientiertes Denken

Ein designorientiertes Denken macht die kreative Strategie greifbar und erlaubt, dass die vier Elemente mit Bedacht gewählt werden. Laut Buchanans Definition handelt es sich bei Design um einen Prozess, um etwas, das man tut. Jin Kang Zwicky (OCBC): »Die Qualität des Prozesses wirkt sich auf die Qualität des Ergebnisses aus. Tatsächlich entsteht ein großartiges Design aus dem richtigen Designprozess. Die »Design-Vergehen« der Banken, wie zum Beispiel komplexe Banking-Systeme und komplizierte Produktdatenblätter sind Ergebnisse eines schlechten Design-Prozesses.« Wie sieht ein guter Designprozess im Hinblick auf Customer-Engagement aus? Laut Michel van der Wal, Kreativdirektor von VODW, wäre das ein Prozess, der den menschlichen Aspekt in den Mittelpunkt rückt und aus drei Phasen besteht:

1. ENTDECKEN

In dieser Phase geht es darum, einen klaren »Blickwinkel« und eine Basis für Ideen zu schaffen. Zu den Schlüsselelementen gehören:

- das Verständnis für den Kontext,
- eine offene Denkhaltung und Empathie,
- das Verhalten der Menschen zu beobachten und Fragen zu stellen,
- profunde Erkenntnisse über die Gefühle, Bedürfnisse, Trigger und Barrieren der Zielgruppe zu gewinnen,
- sich von Lösungen der Wettbewerber und Fintechs sowie von Ansätzen branchenfremder Unternehmen inspirieren zu lassen,
- sowie die technologischen Anwendungen mit ihren neuen Standards oder Lösungen.

Im Grunde geht es um Divergenz und Konvergenz, Forschung, das Eintauchen in das Leben der Menschen, Analysen, Bewertungsanforderungen, Bilden von Assoziationen und so weiter. Sie können sich vorstellen, dass wir so ein gemischtes Bild aus vielen Informationen erhalten. Und das erschwert die Interpretation. Deshalb sollte das »Entdeckungsstadium« mit einer Synthese enden, die einen klaren »Blickwinkel« schafft – als Input für die Designphase, die lösungsbedürftigen Probleme sowie die zentralen Themen, mit allem, was dazugehört.

2. DESIGN

Das Ziel der zweiten Phase ist, Ideen zu entwickeln, auszuarbeiten und zu validieren. Alles beginnt und endet mit dem Menschen. Das gesamte Design zielt darauf ab, echten Wert für echte Menschen zu erzielen und ihre Probleme zu lösen; im Einklang mit der Rolle, welche die Bank oder der Versicherer im Leben seiner Kunden spielen will. Es gilt, während des Designprozesses mit den Menschen in Verbindung zu bleiben und regelmäßig ihr Feedback einzuholen. Der Schlüssel liegt darin, dieses Feedback zur kontinuierlichen Verbesserung unseres Designs zu nutzen. Es geht darum, ein innovatives Wertangebot zu schaffen, dieses Ihrer Zielgruppe greifbar zu präsentieren und sie anzuregen, die Idee zu diskutieren,

> Das gesamte Design zielt darauf ab, echten Wert für echte Menschen zu erzielen und ihre Probleme zu lösen; im Einklang mit der Rolle, welche die Bank oder der Versicherer im Leben seiner Kunden spielen will.

damit Sie diese verbessern können. Schlüsselelemente sind Brainstorming und andere Techniken, die einen Blick über den Tellerrand ermöglichen; »visuelles Denken«, um Kundenbedürfnisse, Ideen und die Marke greifbar zu machen. Nicht zuletzt benötigen Sie eine kreative Strategie, die darauf abzielt, dass das gesamte Design die Kunden auf eine Weise überzeugt, die sich von Ihren Wettbewerbern unterscheidet. Und nicht zuletzt das Prototyping. Prototypen sind greifbar und ein Mittel, um Ideen und Konzepte kontinuierlich von Kunden validieren zu lassen, um sie anschließend zu verbessern und zu verfeinern. Außerdem tragen Prototypen dazu bei, dass wir mehr über die Nutzer erfahren beziehungsweise den »Blickwinkel« ein wenig schärfen. Diesen iterativen Prozess realisieren wir in sogenannten Sprints von jeweils zwei Wochen Dauer. Gute Prototypen bieten eine realistische Einschätzung über den möglichen Mehrwert, die Machbarkeit und die Erfolgschancen eines neuen Wertangebots, Produkts oder einer Dienstleistung. Das Er-

Eine Zweigstelle der Citibank in der Orchard SMRT Station in Singapur, der verkehrsreichsten der Stadt. Diese Filiale setzt auf digitale Technologie, zum Beispiel Bildschirmpaneele, die Medienwände bilden, interaktive Touchscreens und Technik für Videokonferenzen, um mit Bankern zu sprechen.
Bild: © Reinventing Customer Engagement.

gebnis ist ein Konzept, das von echten Kunden validiert wurde.

3. IMPLEMENTIEREN

In dieser Phase wird das validierte Konzept implementiert und zur Produktion gebracht. Wie die zweite Phase stehen hier die Validierung, die Feinjustierung und Weiterentwicklung der Prototypen bis zum abschließenden Produkt im Mittelpunkt. Die Ergebnisse der zweiten Phase – das validierte Konzept und insbesondere der letzte, realitätsnahe Prototyp – machen klar, was zu erreichen ist. Nach unserer Erfahrung stellt sich während der Implementierung fast immer heraus, dass die vorhandene Infrastruktur begrenzt ist und mehr oder weniger angepasst werden muss – in puncto Konzept, Umsetzung oder Zeitplan. Das bedeutet eine neue Runde mit Design, Validierung und Feinjustierung. Dabei beteiligen wir weiterhin die Kunden. Ein Designprozess, der den Menschen in die Mitte rückt, kann nicht linear sein; er ist von Natur aus iterativ. Für jedes Problem gibt es vielfältige Lösungen, und jede davon kann unterschiedliche Probleme beseitigen. Während der Herstellung und Validierung eines Prototyps tauchen immer noch neue Erkenntnisse und Herausforderungen auf. Im Verlauf dieser Phasen wechseln sich Divergenz und Konvergenz ab.

Trōv ist ein ausgezeichnetes Beispiel für ein menschenzentriertes Dienstleistungsdesign – eine völlig neue Art der Sachversicherung.

Bild: © Trōv

TRŌV

Versicherungen konzentrieren sich immer noch auf Durchschnittswerte, Produkte, Papier, Makler und einen undifferenzierten Einheitsansatz, den sie allen Kunden überstülpen – ein Vorgehen, das oft nicht zu den veränderten Kundenwünschen und den technologischen Möglichkeiten passt. Trōv, ein Unternehmen, das Versicherungen für Besitztümer sozusagen neu erfunden hat, rangierte 2016 auf der Liste der besten Tech-Start-ups im Bereich Versicherungen auf Platz 5 und wurde im selben Jahr auf der DIA Barcelona mit dem DIAmond Award ausgezeichnet. Trōv ist die erste On-demand-Versicherung weltweit für alle Dinge, die Kunden wichtig sind. Sie lässt Menschen die Wahl, welche Artikel sie versichern wollen und über welchen Zeitraum – eine Stunde, einen Tag, eine Woche, einen Monat oder ein Jahr ... Scott Walchek, Gründer und CEO von Trōv: »On-demand ist die Erwartung der vernetzten Generationen. Vom Einkauf über Versicherungspolicen bis zu Preisgestaltung und Schadensregulierung haben wir die Versicherung von Grund auf neu gestaltet, indem wir eine echte On-demand-Erfahrung geschaffen haben.«

Indem der gesamte Versicherungsprozess per Smartphone abgewickelt wird, wird der Abschluss vereinfacht. Mit Trōvs markantem Merkmal, »dem Versicherungsschutz per Wischbewegung« nach links oder rechts über den Bildschirm, können Kunden eine Versicherung aktivieren oder deaktivieren. Trōv bietet Versicherungsscheine mit Minilaufzeit (bis auf die Sekunde) und berechnet Miniprämien (bis auf den Cent). Ob die Kunden zu Hause oder unterwegs sind, ihre Besitztümer sind gegen Schäden, Verlust oder Diebstahl geschützt. Schäden werden einfach über die Trōv-App mithilfe eines Chatbots oder, falls nötig, eines Agenten gemeldet. Diese mobile App organisiert auch automatisch Informationen über die Artikel und Gegenstände, die Kunden kaufen, einschließlich der Kaufbelege und des Marktwerts, und speichert sie sicher in der Cloud. Scott Walchek: »Weltweit wurden bereits Objekte im Wert von mehr als 8,2 Milliarden US-Dollar bei Trōv versichert. Unsere Kunden greifen bei Bedarf mühelos auf die Details zu ihren Besitztümern zu.« Im Jahr 2016 startete Trōv seine On-demand-Versicherung in Australien, gefolgt von Großbritannien, den USA und weiteren Ländern.

MITARBEITER-ENGAGEMENT

Commerzbank-Filialdirektorin Lena Kuske in der Kampagne »Erster Schritt«. Bild: © Marcel Schaar (Hamburg)

Wie wichtig die Rolle der neuen Technologien auch werden mag, der Mensch wird eine unverzichtbare Größe bei der Selbstdarstellung der Finanzinstitute an jedem Kontaktpunkt sein. Um auch im digitalen Wandel einfach menschlich-sympathisch zu sein, sollten Finanzinstitute das Engagement ihrer Mitarbeiter wecken. Banken und Versicherungen müssen die emotionale Seite der Finanzdienstleistungen ansprechen. Bei einer Mitarbeiterzahl, die in die Tausende, wenn nicht sogar Zehntausende geht, ist eine engagierte Belegschaft der Schlüssel zum Erfolg, um über die kalte Finanzlogik hinaus Emotionen und Intuition zu nutzen, den Kunden empathisch zu begegnen und zu wissen, wann sie besondere Aufmerksamkeit brauchen. Nicht zuletzt, um den Customer Engagement-Mix durch Humor, Sympathie und Menschlichkeit zu bereichern. Das kann im Rahmen des Design-Prozesses der Pull-Plattform oder im täglichen Kundenkontakt geschehen.

> Banken und Versicherungen müssen die emotionale Seite der Finanzdienstleistungen ansprechen.

» Die Serviceorientierung muss von innen kommen, oder sie ist nicht echt. Sie können die richtige Mentalität nicht von einem Skript ablesen oder anordnen. «

Elena Ford (Ford Motor Company): »Um nachhaltige Gewinne und langfristige Loyalität zu erreichen, brauchen wir engagierte Kunden. Für solche Kunden benötigen wir engagierte Mitarbeiter. Unsere Leute sind der Schlüssel, um einfach, aber nachhaltig zu interagieren. Um das Engagement zu messen, müssen wir mutige Fragen stellen, die sich auf die zwischenmenschlichen Beziehungen richten, zum Beispiel die emotionale Bindung. Wir fragen unsere Kunden sogar, ›ob sie die Kauferfahrung bei ihrem Autohändler lieben‹. Einige Händler reagierten zunächst ein wenig zynisch, aber einer unserer wichtigsten Händler in den USA sagte mir kürzlich: »Ich fange an zu begreifen. Ich liebe Schokoladeneis, warum sollten meine Kunden also nicht lieben, was sie in meinem Autohaus erleben?« Dieser Ansatz hat signifikante Effekte gehabt. Die Loyalität gegenüber unseren Autohäusern ist in zwei Jahren um 5 Prozent gestiegen und der Absatz von Neuwagen um 22 Prozent.«

Der NPS von Safelite, dem führenden US-Anbieter für die Reparatur und den Austausch von Windschutzscheiben, ist zum Beispiel höher als der von Apple und Amazon. Sein Geheimnis? Das Unternehmen kennt die direkte Verbindung zwischen Mitarbeiterengagement und NPS. Safelite gibt bei Neueinstellungen den sozialen Fähigkeiten den Vorzug vor der Arbeitserfahrung. Das Unternehmen sucht Mitarbeiter, die bestimmte »einnehmende Verhaltensweisen« zeigen, empathisch und von Natur aus hilfsbereit sind und kreative Lösungen finden.

Dies setzt auf allen Organisationsebenen eine tief verinnerlichte Servicementalität voraus. Ohne Mitarbeiterengagement ist kein Customer Engagement möglich. Durch Mitarbeiterengagement lässt sich das Potenzial des Customer Engagements ausschöpfen.

DAS WICHTIGSTE IST DIE RICHTIGE EINSTELLUNG

Immer mehr Unternehmen bevorzugen Mitarbeiter mit der richtigen inneren Einstellung und schulen sie dann in den nötigen Fachkenntnissen. Die zentralen Werte sind die wichtigsten Kriterien für die Einstellung, Beförderung oder Kündigung. Die Serviceorientierung muss von innen kommen, oder sie ist nicht echt. Man kann die richtige Mentalität nicht vom Skript ablesen oder anordnen. Es geht darum, den gemeinsamen Wertekatalog ständig

Bild: © MANGO

zu erweitern. So machen wir das, und so gehen wir miteinander und mit unseren Kunden um. Werte und Prinzipien erleichtern den Mitarbeitern die Entscheidung und ein selbstgesteuertes Verhalten. Technische Fähigkeiten lassen sich leichter vermitteln als eine kundenorientierte Haltung. Wir stellen immer häufiger fest, dass Finanzinstitute dies auch erkennen.

Vernon Hill, Gründer und Chairman der Metro Bank: »Fans gewinnt man, indem man Kunden den besten Service und den größten Komfort bietet. Bei der Metro Bank stellen wir Mitarbeiter mit der richtigen Einstellung ein und vermitteln ihnen anschließend das notwendige Wissen. Das heißt, wenn ein Kollege die richtige Haltung hat und den Kunden an erster Stelle sieht, können wir ihm das nötige Wissen beibringen, um erfolgreich zu sein.« Christian Miccoli, ehemaliger CEO und Board Member, CheBanca!: »Viele unserer Mitarbeiter kommen aus der Einzelhandelsbranche und durchlaufen interne Schulungen im Finanz- und Bankwesen. Diese Art Mentalität hat sich als sehr erfolgreich erwiesen und zeigt, dass guter Kundenservice in der Finanzdienstleistung das Wichtigste ist.«

Mit einem ausgedehnten Filialnetz über eine Gesamtfläche von 800.000 Quadratmetern in 110 Ländern ist MANGO eine der wichtigsten Modemarken der Welt. Enric Casi, ehemaliger CEO von MANGO, erklärte, einer der größten Erfolgsfaktoren seien die Menschen, die bei MANGO arbeiten, und ihre gemeinsam geteilten Werte: »Unsere Mitarbeiter müssen harmonisch, bescheiden und sympathisch wirken. Unter anderem verwenden wir diese drei Eigenschaften als Schlüsselkriterien bei unseren Personal- und Einstellungsgesprächen und unseren Schulungen. Und wir achten darauf, dass die gegenteiligen Eigenschaften in unserer Organisation keine Chance haben, zum Beispiel Streitsucher und arrogante Menschen, die mehr sprechen als zuhören, oder desinteressierte Mitarbeiter, denen ihre Kollegen egal sind.

Diese Philosophie bietet auch geschäftlichen Nutzen. Nach meiner Meinung liegt die Ursache für einen vorzeitigen Projektabbruch nicht in der Technologie, denn die können wir kaufen. Oft wurzeln Misserfolge in den menschlichen Elementen und der Kommunikation, zum Beispiel, wenn Menschen in einer Besprechung den anderen nicht zuhören oder glauben, sie hätten immer Recht. Der Schlüssel zu unserer Kreativität und unserem Erfolg liegt darin, viele Mitarbeiter mit unterschiedlichen Hintergründen und verschiedenen Perspektiven zu verbinden, sich einmal wöchentlich zusammenzusetzen und über Innovationen zu diskutieren. Unser äußerst vielfältiges Team aus Profis leistet viel und nutzt seine Vielfalt gewinnbringend, weil alle danach streben, sich gegenseitig menschlich zu behandeln. Am Ende lassen sich die Produkte in unserer Branche leicht kopieren, aber unsere Leute und ihre Einstellung nicht!«

> Metro Bank: Jeder Kollege ist dazu befähigt, zu einem Kunden ›ja‹ zu sagen. Aber es braucht zwei, um ›nein‹ zu sagen.

CUSTOMER JOURNEY

Da der Kundenservice so bedeutend ist, ist es konsequent, die Kontaktpunkte der Verbraucher zum Unternehmen genauer zu betrachten. Das ist umso wichtiger, als dass der digitale Wandel ihr Nutzerverhalten und ihre Kommunikationswege laufend verändert. Die Analyse der sogenannten Customer Journey, der sprichwörtlichen Reise des Kunden durch das Unternehmen, liefert wertvolle Erkenntnisse darüber, welche Berührungspunkte für das Gesamtkundenerlebnis besonders wichtig sind. So wird deutlich, wie sich diese durch gezielte Maßnahmen weiter optimieren lassen. Das ist gerade für Finanz- und Versicherungsdienstleistungen relevant, bei denen das Produkt den Wettbewerbern immer weniger Differenzierungspotenzial bietet.

Nicht jeder Kundenkontakt hat den gleichen Einfluss auf das Gesamtkundenerlebnis. Grundsätzlich sind drei Typen definiert: Standardmomente, Wahrheitsmomente und herausragende Momente beziehungsweise sogenannte Exzelliermomente. Während die Standardmomente meist wenig Einfluss auf das Gesamtkundenerlebnis haben, sind die Wahrheitsmomente elementar für eine Kundenbeziehung. Dahinter steht der Augenblick, in dem der Kunde den Kontakt oder das Unternehmen dahinter bewertet und entscheidet, ob eine Beziehung beginnt, gefestigt oder gar verworfen wird.

Kontaktmomente der Kundenerlebniskette (Bild: Capellmann Consulting/VODW)

Bild: © PayPal

EXZELLIERMOMENTE SCHAFFEN

Übertrifft ein Unternehmen die Kundenerwartungen, sprechen wir von einem sogenannten Exzelliermoment. Solche Momente erzeugen emotionale Wirkungen, die eine starke Bindung zu Produkt, Dienstleistung oder zur Marke herstellen. Auslöser dafür kann eine besondere Serviceerfahrung sein, bei der ein Mitarbeiter dem Kunden in einer Situation schnell und unbürokratisch hilft. Ein solches Erlebnis ermöglicht ein Unternehmen, indem es seinen Mitarbeitern Verantwortung überträgt und damit so nah wie möglich am Kunden agieren lässt.

Pal Navarro, Direktor für digitale Innovation und Transformation bei TSB: »Es geht darum, Geschwindigkeit der internen Organisation an die Geschwindigkeit von Transformation und Digitalisierung in der Außenwelt anzupassen. Wir müssen unsere Mitarbeiter mit digitalen und beweglichen Fähigkeiten ausstatten und verschiedene Teams einbinden, um unser digitales Leistungsvermögen gemeinschaftlich zu gestalten und um unsere Prozesse im Sinne einer ganzheitlichen digitalen Erfahrung zu überdenken.«

Vernon Hill (Metro Bank) erklärt: »Seitdem das Gewinnen von Fans entscheidend für unser Geschäftsmodell ist, ist jeder Kollege dazu befähigt ›ja‹ zum Kunden zu sagen, aber es braucht zwei, um ›nein‹ zu sagen. Es gibt keine stupiden Bankregeln, hinter denen man sich verstecken muss, und jeder Kollege wird aktiv für einen Service auf höchstem Level belohnt.«

Bild: © Monuta

- Almudena Román (ING Direct Spanien): »Unsere schnelle Reaktion auf Kundenbedürfnisse und Feedback macht sich auch in einem hohen Mitarbeiterengagement bemerkbar. Für ein Unternehmen zu arbeiten, dass die Kundeneinbindung ernst nimmt und entsprechend handelt, macht stolz. Wir haben ein spezielles Change-Management-Team, das dafür sorgt, dass unsere Mitarbeiter im zweiwöchigen Rhythmus von den Veränderungen erfahren. Wir sind geradezu analysebesessen. Wir haben pro Jahr mehr als 200 Millionen Kontakte mit Kunden, davon sind 90 Prozent digital. Wir können also sehr viel messen. Das versetzt uns in die Lage, die Probleme und Chancen zu verstehen und entsprechend zu handeln. Indem wir unsere kollektive Intelligenz nutzen, sorgen wir dafür, dass die kontinuierliche Verbesserung nicht alleine von der Unternehmensführung abhängt.
- Die Werbekampagne »Erster Schritt« der Commerzbank zeigt eine junge Frau, die während des Laufens darüber nachdenkt, warum heute Menschen ihrer Bank nicht mehr vertrauen, und welche Art des Bankgeschäfts wir in der Zukunft brauchen. Am Ende des Werbespots erscheint die Frau als Lena Kuske, eine Filialleiterin der Bank. Sie ist selbstkritisch und versteht, dass noch ein weiter Weg zu gehen ist. Sie symbolisiert den Wandel und gibt der Commerzbank buchstäblich ein menschliches Gesicht.
- »Alles gut geregelt« – das Markenversprechen des niederländischen Trauerfall-Vorsorge Spezialisten Monuta spiegelt den Anspruch an dessen Mitarbeiter wider, die Bedürfnisse des Kunden zu kennen und ihn bestmöglich über die finanzielle, organisatorisch rechtliche Absicherung im Trauerfall zu beraten – motiviert, wissend und mit der notwendigen Empathie für ein sensibles Themenfeld. Ein umfangreiches Maßnahmenpaket zum Internal Branding lässt Mitarbeiter und Vertriebspartner die DNA des Unternehmens erleben und verinnerlichen. Dabei kommen digitale Tools wie das Social Media ähnliche Intranet »MonutaBook« zum Einsatz, um den Themen- und Wissensaustausch unter den Mitarbeitern sowie das Ideenmanagement zu fördern. Offline sorgen Workshops, Teambuilding-Events und ein Patenprogramm für neue Mitarbeiter für ein tieferes Markenverständnis. Alle Maßnahmen zusammen begleiten Belegschaft und Vertriebspartner auf dem Weg zu Botschaftern, welche die Marke von innen nach außen wirken lassen.
- CoolBlue, führender Online-Einzelhändler in den Niederlanden und Belgien, lässt die Mitarbeiter Produkte wie Smartphones, Headsets und Drucker auf seinem YouTube-Kanal erklären. Die Mitarbeiter lieben es, weil sie in diesen Videos ihr Fachwissen zeigen und den Kunden helfen können. Das populäre Unternehmen hat »alles für ein Lächeln« zu seinem Motto gewählt und lebt diese Philosophie bei jedem Kundenkontakt. Die vielen tausend Servicevideos der CoolBlue-Mitarbeiter bekräftigen dieses Versprechen und machen den Online-Einzelhändler noch menschlicher und freundlicher. Außerdem hat sich dies als einfache Methode erwiesen, Millionen von Views zu erhalten.

Die Customer Journey sieht in jedem Unternehmen anders aus, dennoch lässt sie sich anhand von sieben Kontaktmomenten beschreiben (siehe Grafik, S. 202). Am Beispiel einer Versicherung reicht diese Kundenerlebniskette von der ersten Wahrnehmung des Angebots bin hin zum Erneuern oder Kündigen eines Vertrages. Für jeden Anbieter gilt es herauszufinden, welche Kontaktpunkte auf der Kundenreise für das Gesamterlebnis besonders wichtig sind, und welche umgekehrt eine eher untergeordnete Rolle spielen. Eine vollständige Analyse der Customer Journey zeigt Stärken und Schwächen in Unternehmensprozessen auf und versetzt den Anbieter in die Lage, seine Kontaktpunkte zum Kunden effektiv und effizient zu optimieren.

INTERNAL BRANDING

Die zunehmende Digitalisierung verlagert bereits heute viele Kundenkontakte in den virtuellen Raum, beispielsweise über den Einsatz von Chat-Bots im Kundenservice. Dennoch bleiben die Mitarbeiter eine wichtige Schnittstelle zum Verbraucher. Insbesondere im Bereich der Finanz- und Versicherungsdienstleistung sollten auch die Mitarbeiter die Leidenschaft für eine Marke, ein Unternehmen und seine Produkte zeigen. Das Stichwort heißt Internal Branding, es geht darum, die Identität einer Marke zu leben und sie für den Kunden nachvollziehbar zu machen. Walter Capellmann (Capellmann Consulting) dazu: »Unternehmen müssen ihre Mitarbeiter dazu motivieren, die Kernwerte ihrer Marken zu leben. Nur so können Mitarbeiter aus Überzeugung handeln und für ihre Kunden Mehrwert schaffen, weil sie an das glauben, was sie tun.«

> Capellmann Consulting: ›Unternehmen müssen ihre Mitarbeiter dazu motivieren, die Kernwerte ihrer Marken zu leben.‹

SCHLUSSFOLGERUNG
ABSCHLIESSENDE GEDANKEN

Bild © ING Direct Spain

Almudena Román, CEO ING Direct Spanien, teilt Initiativen per Twitter. So erreicht sie auch Zielgruppen außerhalb der eigenen Bank. Dieses Bild zeigt ihre kognitive Karte oder Mental Map eines Projekts mit dem Ziel, Innovation im Mobilbereich zu beschleunigen. Frau Román twitterte diesen Entwurf, um Best Practices zwischen den ING Direct Banken in Frankreich und Spanien auszutauschen.

DREI LEITPRINZIPIEN

Technologie einzusetzen, um operativ erfolgreich zu sein, ist keine Kunst. Technologie zu nutzen, um Customer Engagement neu aufzustellen, ist wesentlich schwieriger. Doch ob Finanzinstitute vorbereitet sind oder nicht, ihnen bleibt praktisch keine Wahl. Die Zukunft ist bereits hier.

> „Ob Finanzinstitute vorbereitet sind oder nicht, ihnen bleibt praktisch keine Wahl. Die Zukunft ist bereits hier."

In den vorhergehenden Kapiteln haben wir drei Leitprinzipien für Customer-Engagement vorgestellt: *integraler Bestandteil des Lebens*, *kontextbasierte Ökosysteme* und *einfach menschlich*. Diese drei Leitprinzipien werden voraussichtlich die Entwicklungen der kommenden Jahre bestimmen. Sie sind die Antworten auf die neue Phase, in der sich die Finanzdienstleistungsindustrie befindet. Sie schließen die Kluft zwischen den Finanzinstituten und ihren Kunden. Diese Leitprinzipien bedeuten den Übergang von Produktangeboten zu Problemlösungen, von generischen Produkten zu persönlichen Dienstleistungen, von Transaktion zu Interaktion, Dialog statt Einbahnkommunikation – hin zu einem Prozess aus Zuhören, Lernen und Reagieren. Zudem führt der Weg fort von einmaligen Verkaufsabschlüssen zu nachhaltigen Beziehungen sowie von Interaktion zu echter Nähe, vom Informationsaustausch zu proaktiven Aktionen. Statt der alten Konventionen werden neue Paradigmen das Panorama bestimmen.

Jedes dieser drei Leitprinzipien wurzelt in den Anforderungen des veränderten Kundenverhaltens sowie in den Möglichkeiten der neuen Technologien. Die zahlreichen Beispiele in diesem Buch beweisen, dass diese Herausforderungen zu bewältigen sind und sich damit Topline- und Bottomline-Ergebnisse erzielen lassen. Alle Best-Practice-Beispiele steigern die Kundenrelevanz sowie den Geschäftswert, und von allen profitieren beide Seiten. Zudem handelt es sich ausnahmslos um zukunftsweisende Fallbeispiele, die es schaffen, sich vom Wettbewerb abzugrenzen.

	1	2	3
Was ist NEU?	Wie sich Smartphones auf das Kundenverhalten auswirken	Push-Strategien sind weniger effektiv	Einfach ist nicht einfach Sozial ist nicht sozial Persönlich ist nicht persönlich Differenzierung ist schwierig
Was kommt als NÄCHSTES?	Das Internet der Dinge	Pull-Plattformen Marktplätze	Das Zeitalter der Algorithmen
Was ist ZU TUN?	Das Unternehmensleitbild ist der Kompass Gegenseitigkeit	Kontextbasiertes Denken Ökosystemarchitektur	Die Marke leben Mitarbeiterengagement
	Integraler Bestandteil des Lebens werden	**Kontextbasierte Ökosysteme schaffen**	**Einfach menschlich handeln**

EIN ÜBERZEUGENDES GESCHÄFTSMODELL

Für Banken und Versicherungen ist die Einbindung der Kundenwelten nach der operativen Exzellenz die nächste Stufe des digitalen Wandels:

- Customer-Engagement ermöglicht neue Alleinstellungsmerkmale; so wird es zur Hauptgewinnquelle.
- Durch Kontaktfrequenz und den Mehrwert eines jeden Kontakts werden Customer-Engagement-Initiativen der Schlüssel, um Vertrauen zu bilden.
- Probleme durch profundes Wissen und engen Kundenkontakt zu lösen, steigert den Mehrwert sowohl für die Kunden als auch für die Finanzinstitute.
- Durch Customer-Engagement beweisen Banken und Versicherer täglich, welche Rolle sie für Kunden spielen. Sie treiben Kaufentscheidungen an – so erlebt der Kunde die Kernwerte der Marke.
- Ein modernes Customer-Engagement sorgt dafür, dass Finanzinstitute mit neuen Marktanbietern Schritt halten, beziehungsweise versetzt sie in die Lage, gemeinsam mit Fintechs die Kunden noch besser zu bedienen.

»Die drei Leitprinzipien *integraler Bestandteil des Lebens*, *kontextbasierte Ökosysteme* und *einfach menschlich* markieren den Raum, in dem Finanzinstitute sich definieren und abgrenzen.«

FÜNF ZUTATEN

Alle Best-Practice-Beispiele in den drei vorhergehenden Kapiteln teilen diese Aspekte:

- Sie suchen explizit nach Mehrwert für ihre Kunden und angemessenen Gewinnen für das eigene Unternehmen, einschließlich der Gegenseitigkeit bei der Datennutzung.
- Sie basieren auf Informationsaustausch. Je mehr Finanzinstitute Daten, Informationen und Wissen mit ihren Kunden teilen, desto größer der Wert, der für beide Seiten entsteht.
- Unternehmen hören den Kunden auf allen Ebenen zu. Profunde Einsichten in Kundenbedürfnisse und -verhalten begründen Konzepte; deren Weiterentwicklung und die tägliche Echtzeit-Reaktion auf Kundenfragen erfolgt auf Basis des dreistufigen Prozesses: Zuhören, Lernen, Reagieren. Auf diese Weise beeinflussen Kunden Produkte und Leistungen, sodass wir uns auf ihre Wünsche und Erwartungen ausrichten.
- Informationen auszutauschen und Kunden zuzuhören, erfolgt mittels eines kontinuierlichen Dialogs.
- Alle Kontakte beruhen auf Respekt und Vertrauen. Nur wenn sie echtes Interesse zeigen, können Finanzinstitute einen kontinuierlichen Dialog mit ihren Kunden pflegen.

DIE MATROSCHKA-PUPPEN

Die Leitprinzipien sind miteinander verbunden wie Simon Sineks »Warum«, »Was« und »Wie«. *Integraler Bestandteil des Lebens* bezeichnet die Domäne, in der Finanzinstitute ihren Mehrwert bieten und dadurch ihren Zweck finden. *Kontextbasierte Ökosysteme* sind die neuen Konzepte, die Banken und Versicherer im Customer-Engagement anwenden sollten. *Einfach menschlich* beschreibt, wie die Anbieter sich präsentieren sollten, wenn sie ihre täglichen Leistungen erbringen und Customer-Engagement-Strategien umsetzen. Der Vergleich zu den ineinander verschachtelten russischen Matroschka-Puppen liegt hier nahe. Dabei bildet das Prinzip *integraler Bestandteil des Lebens* den Kern, *kontextbasierte Ökosysteme* die Manifestation und *einfach menschlich* die Persönlichkeit.

Bild: © Reinventing Customer Engagement

RAUM, SICH VOM WETTBEWERB ABZUGRENZEN

Die drei Leitprinzipien zu kombinieren, bietet kein Instantrezept. Vielmehr markieren diese Leitsätze den Raum, in dem jede Bank und jeder Versicherer sich definieren und abgrenzen muss. Differenzierte Konzepte lassen sich nur auf diese Weise entwickeln. Unter der Überschrift »Was ist zu tun« haben wir sechs, für die Entwicklung einer Customer-Engagement-Strategie ausschlaggebende, Instrumente zusammengestellt.

1. Unternehmenszweck – der Kompass, der das langfristige Leitbild vorgibt: Finanzdienstleistungen, die das Leben begleiten.
2. Gegenseitigkeit – damit Kundennutzen stets Teil der Gleichung ist, ein wichtiger Aspekt für eine datenbasierte Zukunft.
3. Kontextbasiertes Denken – großräumig denken anstatt sich auf Details zu fixieren, um ein Gespür für die Kundenprobleme zu entwickeln und neue Umsatzquellen und Geschäftsmodelle zu fördern.
4. Die Ökosystemarchitektur, um gemeinsam mit Drittanbietern eine Kundenerfahrung ohne Reibungsverluste zu schaffen und Kunden einen hohen Nutzen für ihr Geld, zu möglichst niedrigen Kosten, zu bieten.
5. Die Marke leben – eine kreative Strategie, mit der sich ein Unternehmen über alle Customer-Engagement-Instrumente (Geschäftsmodell, Marke, Angebote und Kundenerfahrung) vom Wettbewerb differenziert. Mithilfe einer designorientierten Denkweise orientiert sich das Unternehmen, jenseits von Funktionen, auf Engagementstrategien über den gesamten Kundenlebenszyklus.
6. Mitarbeiterengagement, um die menschliche Seite zu pflegen und sie mithilfe von Technologie zu stärken.

Derartige Listen legen nahe, dass es ein geordneter mechanischer Prozess ist, Customer-Engagement weiterzuentwickeln. Das Gegenteil trifft zu. Es geht vielmehr darum, Finanzinstitute mithilfe eines Perspektivwechsels fit für ihre Kunden zu machen. Das ist, als würde man einen vertrauten Lebensstil ändern.

DER DIGITALE WANDEL

DREI HERAUSFORDERUNGEN

Ein digitales Transformationsprogramm weist im Idealfall drei Herausforderungen auf: 1. Bestehende Geschäftsmodelle infrage stellen. 2. Das traditionelle Geschäft erneuern. 3. Das bestehende Geschäftsmodell digitalisieren. In der Praxis beobachten wir – wie im ersten Kapitel bereits erwähnt –, dass Finanzinstitute die Digitalisierung betonen. Das heißt, das bestehende Geschäft digitalisieren, um operative Exzellenz zu erreichen und Reibungspunkte für Kunden auszuräumen. Allerdings können Unternehmen unterschätzen, wie wichtig die Zukunft der Transformation und Herausforderung des bestehenden Geschäfts ist. Sie versäumen, Customer-Engagement-Strategien und neue Umsatzströme sowie Geschäftsmodelle zu entwickeln. Der ausschließliche Fokus auf operativer Exzellenz ist eine Sackgasse. Die Frage lautet also, wie Sie diese drei Hürden gleichzeitig bewältigen können. Wie gelingt es Finanzinstituten, sich wesentlich mehr für die erste und zweite Herausforderung ins Zeug zu legen?

Um keine Missverständnisse aufkommen zu lassen: Wir glauben daran, das traditionelle Geschäft zu digitalisieren, um operative Exzellenz zu erreichen. In unserer Beratungsarbeit ist dies eine wichtige Komponente. Dieses Bemühen ist nicht nur maßgeblich, um sich weiter am Markt zu behaupten, sondern senkt auch kurzfristig die Kosten. In mehreren Banken und Versicherungen haben wir Einsparpotenziale zwischen mehreren zehn und Hunderten Millionen Euro identifiziert und realisiert, und zwar mittels Digitalisierung der Produkte, Verändern des Kundenkontaktmixes, Einführen der automatisierten Schadensregulierung und einer besseren Datennutzung. Daher verstehen wir, dass digitale Transformationsprogramme auf operative Exzellenz abzielen. Abgesehen davon bedürfen viele Prozesse und Systeme seit Jahren einer Aktualisierung. Die meisten datieren noch aus der Zeit, bevor es das Internet gab. Außerdem arbeiten die meisten Menschen im operativen Bereich; ihr Fokus ist also vollkommen verständlich.

DIE UMBRUCHPHASE

Die Zeiten, in denen wir leben, sind komplex. Es ist eine Umbruchphase. Wir wissen, dass sich das Spiel, seine Regeln und die Spieler verändern. Das geschieht selbstverständlich nicht über Nacht, einfach abzuwarten ist allerdings keine Option. Finanzinstitute sollten für die neu anbrechende Phase bereit sein. Gleichzeitig läuft das aktuelle Geschäft weiter wie bisher und bedarf ebenfalls ständiger Optimierung. Das ist so, als würde man auf mehreren Schachbrettern gleichzeitig spielen. Und um eine weitere Metapher zu verwenden: Je schneller sich der Nebel verdichtet, desto schneller müssen wir fahren. In dieser Umbruchphase stellen sich Banken und Versicherern einige erfolgskritische Fragen:

- Wie können Sie Innovationen für alle drei Herausforderungen des digitalen Wandels schaffen – Digitalisierung, Erneuerung und Herausforderung des traditionellen Geschäfts?
- Wer repräsentiert die zukünftige Organisation? Welche Kompetenzen brauchen wir? Wie gewinnen und entwickeln wir diese?
- Welches Maß an radikaler Veränderung kann die Organisation verkraften? Wie lassen sich Hürden wie Veränderungsresistenz überwinden, und wie finanzieren wir die Transformation?
- Wie setzen wir die Energie des bestehenden Systems ein, um das neue System zu etablieren?

Zur Lösung dieser Fragen der Umbruchphase und um der Erneuerung und Herausforderung des bestehenden Geschäfts aufmerksam zu begegnen, eignen sich die folgenden drei erprobten Instrumente: Szenarioplanung, den neuen Ansatz vom traditionellen Geschäft trennen und Anpassung.

1. SZENARIOPLANUNG

Wir wissen, dass die Welt sich verändert. Wohin die Reise geht, ist weniger klar. Daher ist es wichtig, vor der Entwicklung eines digitalen Transformationsprogramms mehrere realistische Szenarien durchzuspielen, um eine robuste Strategie für die Zukunft zu entwerfen. In diesen Szenarien und Strategien erhalten die drei Herausforderungen des digitalen Wandels – Digitalisierung, Erneuerung und Herausforderung des traditionellen Geschäfts – die nötige Aufmerksamkeit. So starten wir durch, um die drei separaten Formen der digitalen Transformation und Innovation gleichzeitig zu initiieren und eine Roadmap für jede Einzelne aufzusetzen.

2. DEN NEUEN ANSATZ VOM TRADITIONELLEN GESCHÄFT TRENNEN

Customer Engagement und Wachstumsmotoren mithilfe des kreativen Einsatzes neuer Technologien zu entwickeln, verlangt nach einem frischen Ansatz. Das bestehende Geschäftsmodell zu erneuern und infrage zu stellen, ist grundlegend anders, als die bestehenden Geschäftsprozesse zu digitalisieren.

Sie sind gefordert, außerhalb der bekannten Kategorien, über völlig

Bild: © Ymke Sie

neue Möglichkeiten nachzudenken. Revolutionäre Ideen werden in großen Unternehmen oft abgewürgt. Wenn Sie der Truppe zu weit vorauseilen, laufen Sie Gefahr, unbewusst als Feind wahrgenommen zu werden. Abgesehen davon bewährt sich der aktuelle Ansatz zur Digitalisierung des traditionellen Geschäfts. Dieser macht das Business effizienter, senkt signifikant Kosten und beseitigt Schwachstellen. Zwar könnte sich der Ansatz stärker an den drei Leitprinzipien orientieren, aber es ist nicht klug, ihn über das Erprobte hinaus anzupassen.

Zwei Horizonte, zwei Prozesse

Viele Unternehmen haben die Innovation in zwei unterschiedliche Zeithorizonten organisiert: den operativen/taktischen Horizont versus den strategischen Horizont. Auf diese Weise widmen sie sich parallel den aktuellen Kundenbedürfnissen und dem latenten zukünftigen Bedarf, dessen sich Verbraucher noch nicht bewusst sind und den sie nicht präzise artikulieren können, den Sie aber vorhersehen sollten. Zwei unterschiedliche Innovationsprozesse sind hier erforderlich, um die beiden Horizonte widerzuspiegeln: der strategische Zeithorizont »Innovation, um neue Wertangebote zu entwickeln« und der operative beziehungsweise taktische Zeithorizont »Wertangebot für den aktuellen Markt«. Finanzinstitute sollten ihren Kunden nicht nur zuhören, sondern auch ihre zukünftigen Bedürfnisse vorwegnehmen.

Separate Organisationen

Noch einen Schritt weiter als separate Prozesse führt es, separate Organisationen zu schaffen. Die Vorteile einer Trennung sind eindeutig: ein klarer Fokus ohne Altlasten und die Chance, ein Dreamteam, mit einer perfekten Mischung aus Fähigkeiten, Fachwissen und Persönlichkeiten zusammenzustellen, mit einer eigenen Kultur, schlank und schlagkräftig. Das traditionelle Geschäft zu erneuern und infrage zu stellen erfordert einen völlig anderen Typ Mensch als das traditionelle Geschäft zu digitalisieren. Ziele, Prozesse, Organisationen und Menschen zu vermischen, führt am Ende zu einem Misserfolg aller Komponenten.

Die Danske Bank gründete MobilePay bewusst außerhalb der angestammten Organisation. Mark Wraa-Hansen, Danske Bank: »Auf der einen Seite haben wir die klassische Bank, die ständig weiterentwickelt wird. Auf der anderen Seite verfolgen wir mehrere disruptive Initiativen, die nicht in die bestehende Organisation passen, weil sie die Strategie der klassischen Bank zu stark infrage stellen. Uns ist aber bewusst, dass wir uns mit ihnen beschäftigen müssen. Hätten wir nicht MobilePay entwickelt, hätten PayPal, Facebook oder Snapchat das womöglich getan, und wir hätten viele

WAS MEINEN WIR MIT DEM AKTUELLEN ANSATZ ZUR DIGITALEN TRANSFORMATION?

Der allgemeine Ansatz beginnt damit, eine digitale Roadmap zu entwerfen. Auf Basis der digitalen Trends und der strategischen Herausforderungen der Finanzinstitute sowie eines Überblicks über den derzeitigen Einsatz digitaler Technologien wird die Lücke zur digitalen Reife ermittelt. Anschließend werden diese Ansätze in Form von Initiativen konkretisiert, die zeitnah umzusetzen sind, um die Lücke zu schließen, einschließlich der entsprechenden Organisation, der wirtschaftlichen Argumente und der Budgets. Von der Lückenanalyse geht man zügig zum Design der Kundenerfahrung über. Das funktioniert, weil so die Lösungen und Veränderungen innerhalb und außerhalb der Organisation schneller deutlich werden.

Kontakte und wichtige Kontaktpunkte zu unseren Kunden verloren. Aus diesem Grund verfolgen wir disruptive Initiativen außerhalb der klassischen Bank.«
Michal Panowicz schuf das innovative Konzept mBank im undichten Dachgeschoss eines Warenlagers viele Meilen von der Bankzentrale entfernt. »Die meisten Banken arbeiten in Silos und sind im Trott der Gegenwart und Vergangenheit gefangen. Digitale Innovation verlangt, dass die Silos niedergerissen werden, damit die Kreativität aus der Vielfalt funktionsübergreifender Teams erblühen kann. Die Veränderung findet hauptsächlich im Kopf (Wissen, Kontext) und im Herzen (Emotionen, Einstellung) statt. Unser Entwicklungsstandort stand für einen frischen Start der beteiligten Teams und für einen eindeutigen Fokus. Die richtige Mischung aus Freiheit und Disziplin, offenen Zeitschienen und Verantwortlichkeiten erzeugt Ideen, die in dieselbe Richtung dirigiert werden. Daraus entsteht eine Motivation, die von der Basis ausgeht, und vor allem ein neues, größeres Maß an Zusammenarbeit und Teamgeist.«

Auch Pin Ang setzt auf diesen Greenfield-Ansatz. In Kapitel 2 haben wir bereits alle digitalen Plattformen und neuen Geschäftsfelder erwähnt, die Ping An in kurzer Zeit aufgebaut hat. Sie alle wurden außerhalb der etablierten Legacy-Systeme entwickelt. Einflussreiche technologische Entwicklungen, wie Big Data und Verhaltensökonomie, werden organisatorisch und energetisch vom etablierten Geschäft getrennt. Auf diese Weise wird ein höheres Tempo, eine höhere Qualität und Tiefe gewährleistet. Die vollständige Sichtung aller Daten eines Pin-Ang-Kunden besteht zum Beispiel aus 3.600 Arten dynamischer Daten mit unterschiedlichen Merkmalen.

3. ABSTIMMUNG

Es versteht sich von selbst, dass Lernerfahrungen zwischen den drei Instrumenten – Szenarioplanung, den neuen Ansatz vom traditionellen Geschäft trennen und Anpassung – ausgetauscht und, wenn möglich, die jeweiligen Anstrengungen abgestimmt werden müssen. Dieser Prozess ist heikel. Denken Sie daran, inwiefern ein Marktplatz mit der IT-Strategie in Verbindung steht. Nicht nur müssen alle voneinander profitieren und dasselbe Ziel ansteuern. Es besteht dabei die Gefahr, dass Grenzen gesetzt werden oder unproduktive Diskussionen entstehen, die Energie verschwenden und von der Aufgabe ablenken. Maurizio Poletto (Managing Director und Head of Design, Bee-One Innovation Lab of Erste Group) berichtet, wie diese große Bank diese Hürden nahm: »Zwischen uns und der Bank gibt es eine kleine Einheit, der ›Erste Hub‹: Wenige vernetzte Leute, welche gut vermitteln können, betreiben Lobbyarbeit für unsere Strategie. So wie das kleine Zahnrad am Hinterreifen eines Fahrrads, das die Energie des Pedals in Umdrehungen der großen Reifen wandelt.«

J.P.Morgan
MIT FINTECHS
ZUSAMMENARBEITEN

Ausblick von Level 39, dem Fintech-Hotspot Canary Wharf, London. Bild: © Reinventing Customer Engagement

CORPORATE VENTURING

Praktisch jede Bank und jede Versicherung organisiert Wettbewerbe und Hackathons oder unterstützt ein oder mehrere Accelerator-Programme. Einige haben sogar ihre eigene Corporate-Venture-Sparte gegründet. Die für Investitionen verfügbaren Mittel bewegen sich zwischen 10 und 200 Millionen Euro. Jede größere Stadt positioniert sich derzeit als »Fintech Hub.« Es hat fast den Anschein, als gebe es mehr Accelerator und Hubs als Fintechs, was wie eine Warnung ist.

Benoît Legrand, Head of Fintech der ING Group: »Die Herausforderung reicht weit über die Aktivität als Risikokapitalgeber und die Investition in Fintechs hinaus. Zwar sorgt das für einen positiven PR-Effekt und internen Drive, aber es sollte nicht der Hauptweg zur Selbsterneuerung sein. Corporate Venturing ist ein Mittel, aber kein Endzweck. Die Herausforderung des digitalen Wandels ist im Wesentlichen kultureller Natur und betrifft das gesamte Unternehmen, nicht nur einige Technik- und Innovationsfreaks. In unserem Fall bedeutet das, 54.000 Menschen dazu zu bewegen, die Veränderungen positiv anzunehmen, nach vorne zu denken und sich der Außenwelt zu öffnen. Das Unternehmen (einschließlich der administrativen Funktionen wie Risikomanagement und Personal) sollte diesen Prozess anführen und sich zunächst eine zentrale Frage stellen: Wird mir die Partnerschaft mit diesem Fintech helfen, die Strategie von ING schneller und besser umzusetzen? Wenn das der Fall ist, werden wir pragmatisch nach der besten Form der Partnerschaft suchen, einschließlich einer Kapitalbeteiligung.«

Es hat fast den Anschein, als gebe es mehr Accelerator und Hubs als Fintechs, was wie eine Warnung ist.

SYMBIOTISCHE BEZIEHUNGEN

In den kommenden Jahren werden wir das Zeitalter der symbiotischen Beziehungen zwischen Fintechs und etablierten Finanzdienstleistern erleben. Ob Finanzinstitute sich grundlegend verändern oder Reibungspunkte beseitigen wollen – auf jeden Fall sind sie gut beraten, wenn sie Fintechs einbinden. So können sie Innovationen beschleunigen und Entwicklungskosten senken, um Angebote zu bereichern und neue Umsatzströme zu erschließen. Denn Fintechs füllen die Positionen im Ökosystem eines Finanzinstituts (oder Marktplatzes), die Banken und Versicherungen selbst nicht füllen können oder wollen. Im Gegensatz dazu ist die Größe der etablierten Anbieter – der Umfang der Kundenbasis – etwas, wovon Fintechs nur träumen können. Mit etablierten Marktakteuren zu kooperieren, ist für Fintechs ein guter Weg, um von Größenvorteilen zu profitieren.

Fintechs können bei allen drei Anforderungen des digitalen Wandels aktiv werden. Nicht immer sind dafür Investitionen nötig.

PolicyGenius, zum Beispiel, bietet Lösungen für Kunden, die Versicherungslücken aufdecken oder wissen möchten, ob sich der Schutz ihrer verschiedenen Policen überschneidet. PolicyGenius bietet eine individuell ausgerichtete Plattform für einen Versicherungscheck, über die Verbraucher ihren Bedarf erkennen und Lösungen prüfen. PolicyGenius Online-Store bietet Versicherungen verschiedener Sparten, von Lebens- und Langzeiterwerbsunfähigkeit bis zu Haustieren. Tarifangebotsfunktionen liefern direkte Vergleiche zwischen maßgeschneiderten Policen. Hinter PolicyGenius stehen AXA Strategic Ventures und AEGON Transamerica Ventures. Was würde passieren, wenn AXA und AEGON die PolicyGenius-Plattform für sämtliche Makler und Agenten in allen Ländern öffneten, in denen sie aktiv sind? PolicyGenius hätte auf einen Schlag eine Größe und kritische Masse, die es auf sich selbst gestellt niemals bewältigen könnte.

EIN NEUER INNOVATIONSANSATZ

Mit Fintechs zusammenzuarbeiten, lässt Unternehmen das Thema Innovation überdenken. Innovation bedeutet nicht, Kunden in Fokusgruppen zu fragen, was sie sich wünschen. Es geht darum, neue Technologien dahingehend zu verstehen, wie sie mit dem Kundenverhalten interagieren. Und darin sind Fintechs wesentlich besser als etablierte Anbieter. Werfen wir einen näheren Blick auf ihre Talente:

Fintechs ...

- treten an, Finanzdienstleistungen zu verbessern. Sie hinterfragen ständig den Status quo. Dabei übertreffen sie den Versuch, die Leistungen einer Bank oder eines Versicherers zu verbessern.
- sind kleiner und wendiger und auf Innovation ausgerichtet. Etablierte Anbieter wollen bewahren und alles am Laufen halten.
- erkennen die Vorteile neuer Technologien schneller als etablierte Anbieter und machen sie sich schneller zunutze.
- verstehen die Informationen, auf die Verbraucher zugreifen, und die Art, wie sie sich gegenseitig beeinflussen.
- nutzen Daten intelligenter und besser.
- konzentrieren sich oft auf ein spezifisches Kundensegment und/oder ein bestimmtes Angebot, anstatt auf allen Ebenen zu konkurrieren. Warum sollte man ein riesiges Raumschiff bauen, wenn der Verbraucher gar nicht alles gleichzeitig braucht?
- widmen sich der Beseitigung einer sorgfältig ausgewählten Schwachstelle.
- wagen es, Risiken einzugehen, weil sie an etwas glauben und weil sie ein profundes Wissen über den Teilbereich besitzen, auf den sie sich konzentrieren.
- entwickeln Produkte, die Verbraucher lieben, und bieten eine wesentlich bessere Kundenerfahrung, die weniger kostet und perfekt auf digitale Kanäle abgestimmt ist. Das können sie am besten: moderne Produkte und Dienstleistungen kreieren. Sie sind von Kundenorientierung besessen.
- werden nicht von überholten Konventionen ausgebremst.
- werden nicht von Altsystemen behindert.
- werden von einem Unternehmer mit einem Leitbild geführt und sind nicht von komplizierten Entscheidungen, Prozessen und Planungsprozessen, IT-Architekten, Standards und IT-Kalendern bestimmt.
- sind serviceorientiert, flexibel und wendig. Sie sind effektive Partner und legen keinen Wert auf Hierarchien. Sie sind offen für Kundenfeedback und in der Lage, schnell zu reagieren. Sie haben ein kleineres Ego und sind zugleich Herr ihrer Entscheidungen.

» Innovation bedeutet, zu verstehen, wie neue Technologien mit dem Kundenverhalten interagieren. «

» Die Zusammenarbeit mit Fintechs ist wie eine Impfung: Sie hilft uns, uns auf neue Attacken vorzubereiten und uns an veränderte Umgebungen anzupassen. «

IN DIE FINTECH-GEMEINDE EINTAUCHEN

Innovation gemeinsam mit Fintechs voranzutreiben, ermöglicht, den Status quo zu erschüttern und in einer stagnierenden Finanzdienstleistungsindustrie Veränderungen zu beschleunigen. Abgesehen davon können Banken und Versicherer von der Innovationskraft und Kultur der Fintechs lernen und auf ergänzende Kompetenzen zugreifen. Etablierte Finanzinstitute sollten noch einen Schritt weitergehen und wie Fintechs denken und handeln. Die alten Unternehmen müssen in die Fintech-Gemeinde eintauchen, um in einem dynamischen technologischen Umfeld Schritt halten oder sogar einen Schritt voraus sein zu können. So hätten sie außerdem Zugang zu qualifizierten Menschen, die nicht gern für große Konzerne arbeiten. Junge Profis wollen ein höheres Tempo, intellektuelle Herausforderung, Verantwortung und Wirkungsmöglichkeiten. Sie denken lösungs- und nicht schrankenorientiert. Sie wollen weder Zeit noch Talent auf irrelevante und überflüssige Aktivitäten verschwenden. Weniger das Produkt, sondern das Unternehmen, das ein Produkt entwickelt und vermarktet, muss attraktiv und herausfordernd sein.

TEAMS STÄRKEN

Benoît Legrand (ING Group): »Talente zu gewinnen – im IT-Bereich, aber nicht ausschließlich – ist und bleibt einer der zentralen Erfolgsfaktoren für den digitalen Wandel. Bis 2025 werden rund 75 Prozent der Erwerbstätigen Millennials sein. Also passen wir uns ihren Bedürfnissen an, verleihen dem, was sie tun, einen Sinn, versetzen sie in die Lage, etwas Wirkungsvolles zu tun und zu lernen, und fördern Zusammenarbeit in einer horizontalen, statt in einer ausgeprägt hierarchischen Organisation. Dies betreiben wir zum Beispiel in großem Stil in den Niederlanden, wo unsere Bank die Arbeitsweise von Spotify, Zappos und ähnlichen Start-ups übernimmt. Konkret bedeutet das eigenständig und selbstverantwortlich arbeitende Teams, die nahe an den Kunden und in der Lage sind, effektiv und schnell (in wenigen Wochen, anstatt in Monaten oder Jahren) Werte zu schaffen und die IT umzustrukturieren. Auf diese Weise wollen wir ein attraktives Umfeld mit dem Besten aus beiden Welten kombinieren: die Wendigkeit eines Start-ups und die Macht einer etablierten Marke, eine breite Kundenbasis und eine überzeugende Finanzdienstleistungserfahrung.«

GoBear ist eines der stark wachsenden Fintech-Start-ups in Asien, mit Marktpräsenz in Singapur, Thailand, Malaysia, Philippinen, Vietnam und seit 2017 auch Indonesien. Zudem ist GoBear das erste unabhängige Vergleichsportal für Versicherungs- und Finanzprodukte in Asien. Das Portal sammelt weder Produkte noch verkauft es sie, sondern bietet Verbrauchern einen kostenlosen und transparenten Vergleich auf Basis ihrer finanziellen Bedürfnisse, ohne störende Werbung bestimmter Anbieter. So erleben Verbraucher einen kundenfreundlichen und informativen Service, durch den sie Zeit und Geld sparen. Bild: © GoBear

DEN STUHL RÜCKEN

Wir glauben, dass es zunehmend wichtiger wird, eine Kultur der konstanten Innovation zu pflegen, um mit den Entwicklungen Schritt zu halten. Anstatt das Unmögliche zu versuchen, sprich ihre DNA zu verändern, sollten Finanzinstitute beherzigen, dass sie nur durch kontinuierliche Innovation ihre DNA an die Veränderungen des Marktes anpassen. Sie können zwar großartige Algorithmen kaufen, aber wenn Sie nicht in der Lage sind, Ihre Kultur zu verändern, wird die Umsetzung dieser Algorithmen scheitern.

Ein Bankmanager drückte es so aus: »Ich betrachte die Zusammenarbeit mit Fintechs wie Impfungen in der Biologie: Diese Injektionen in unser Zytoplasma helfen uns, uns auf neue Attacken vorzubereiten und uns an ein verändertes Umfeld anzupassen. Wenn Sie neue Fintechs übernehmen, laufen Sie Gefahr, sie zu zerstören, wenn Sie sich als Organisation nicht anpassen. Sie sollten dafür sorgen, dass Ihre Mitarbeiter ihre Mentalität justieren. Das ist wie Klavierspielen. Einige Leute setzen sich auf ihren Klavierstuhl und rücken ihn zum Klavier. Andere wollen ihre Sitzposition nicht ändern und versuchen, das Klavier näher zum Stuhl zu bewegen. Wir sollten Mitarbeiter dazu bewegen, ihren Stuhl zu rücken, wenn sie sitzen. Wie sie den Stuhl rücken, hängt von der jeweiligen Situation ab, aber stets sollte Wert für unsere Kunden erzielt werden.«

UNTERSCHIEDLICHE SYMBIOTISCHE BEZIEHUNGEN

Wir haben unterschiedliche Modelle kennengelernt, in denen die Beziehungen zwischen Fintechs und Finanzinstituten zu florieren scheinen und die Innovationskraft der Bank beziehungsweise des Versicherers offensichtlich gestärkt wird. In diesem Abschnitt stellen wir sieben Fallbeispiele vor, die das Thema aber nicht erschöpfend behandeln. Jeden Tag entstehen neue Arten symbiotischer Beziehungen, die sich kombinieren lassen.

1. INJEKTION

Neal Cross, Chief Innovation Officer der DBS Bank, involviert Fintechs auf seine Art: »Ich innoviere nicht, ich verkaufe. Ich verkaufe Programme, die bankinterne Geschäftsprobleme lösen. Wir beginnen immer bei ihren Problemen rund um Geschäftsmodellinnovation oder KPIs. Die Start-up-Gemeinde spielt in unseren Programmen eine zentrale Rolle. Oft sage ich unseren Geschäftseinheiten: ›Gebt uns zwanzig eurer Leute, wir teilen sie in Teams auf und bringen sie mit Start-ups zusammen.‹ Von der Einbettung unserer Mitarbeiter in diese agile, schlanke und schlagkräftige Ar-

Bild: © MetLife LumenLab in Singapore

beitsweise profitieren alle. Wir sorgen dafür, dass unsere Teams in strukturierten Prozessen arbeiten, inklusive Forschung, Experimenten und Prototyping sowie anschließender Umsetzung. Wir handeln stets fokussiert und holen uns die Rückendeckung der Unternehmensführung, bevor wir ein Projekt starten. Auf diese Weise vermeiden wir, dass Innovationen am Ende nicht umgesetzt werden.«

2. IKONEN

Andrew Brem, Chief Digital Officer von Aviva: »Nach unserer Auffassung werden ›Ikonen‹ gebraucht, die den digitalen Transformationsprozess anführen. Unsere sogenannten Digitalgaragen in London und Singapur sind solche Ikonen. Dabei handelt es sich um konkrete visuelle Manifestationen unseres digitalen Wegs, die jeder bei Aviva sehen kann. Die Garagen sind keine reinen Ideenlabore, in denen irgendwelche Geheimprojekte ausgetüftelt werden. Vielmehr handelt es sich um reale Arbeitsorte, an denen über wichtige Innovationen entschieden wird. Von den Garagen aus betreiben wir digitale Geschäfte und entwickeln und bauen unsere digitalen Ökosysteme auf, zum Beispiel MyAviva.

Jeder aus dem Unternehmen ist willkommen, um dort Workshops und Meetings abzuhalten und unsere digitalen Kompetenzen aus erster Hand zu erleben und zu spüren. Die Garagen helfen uns auch dabei, mit Fintech-Start-ups zu arbeiten und ihre Kultur in unsere Organisation einzubauen, indem wir eigene Start-ups gründen, aber auch, indem wir Partnerschaften eingehen, Mentoring und Investitionen betreiben. Aviva Ventures, mit 100 Millionen Pfund Sterling ausgestattet, agiert auch in den Garagen, so wie auch einige der Start-ups, in die wir investieren, zum Beispiel Cocoon, aktiv im Internet der Dinge für häusliche Sicherheitssysteme.«

3. DIGITALFABRIK

Im Sommer 2016 gründete die Deutsche Bank ihre Digitalfabrik. Mehr als 400 IT-Spezialisten und Bankexperten aus den Sparten Private Banking, Vermögensmanagement und Geschäftsbank, arbeiten in Frankfurt an einem spezifischen Portal, um neue digitale Produkte und Dienstleistungen für die Kunden der Deutschen Bank zu entwickeln. Darüber hinaus gibt es 50 Plätze für externe Partner aus der Fintech-Gemeinde. Die Digitalfabrik ist auch mit den Innovationslaboren der Bank in Berlin, London und Palo Alto vernetzt.

4. SCHNITTSTELLE

Andrew Rear, CEO von Munich Re Digital Partners: »Damit die Kulturen nicht zusammenprallen, haben wir 2016 eine separate Einheit namens Digital Partners gegründet. Zwei Dinge sind unerlässlich, damit die Schnittstelle zwischen den beiden Welten funktioniert: Erstens ›Tempo‹. Start-ups bewegen sich schnell und lehnen die Schranken ab, die Systeme und Prozesse von Großunternehmen ihnen auferlegen. Den Spruch ›Zeit ist Geld‹ nehmen sie wörtlich. Wir müssen uns daher im gleichen Tempo bewegen. Zweitens geht es um die Entscheidungsfindung: Start-ups treffen Entscheidungen, sie organisieren

> »Kombinieren Sie die Agilität eines Start-ups mit der Macht einer etablierten Marke und einer breiten Kundenbasis.«

keine Ausschüsse. Daher machen wir das auch nicht. Alle zentralen Entscheidungen der Munich Re liegen in unseren Händen. In unserem Modell machen wir die Dinge, die Start-ups nicht erledigen müssen, um ihrem Angebot Leben einzuhauchen. Dazu gehören zum Beispiel die Verwaltung der Versicherungspolicen, Compliance, das Berichtswesen und die Preisgestaltung – sprich, der ›langweilige Versicherungskram‹. Wir sind an unseren Start-up-Partnern beteiligt, mischen uns aber nicht in ihre Art des Customer Engagements ein. Die positiven Effekte auf unsere ›reguläre‹ Organisation sind bemerkenswert. Zum Beispiel war das neue Tempo für unsere Leute im Risikomanagement und in der Compliance gewöhnungsbedürftig. Aber sie passen sich an und sind dabei, neue Wege zu finden, um ihre Verantwortung auf eine Start-up verträgliche Art zu erfüllen.«

Ein Beispiel für eine Schnittstelle zwischen Munich Re und Start-ups auf regionaler Ebene ist Mundi Lab, eine Accelerator-Partnerschaft zwischen Munich Re Iberia & Lateinamerika und Alma Mundi Ventures. Augusto Diaz-Leante, Senior Vice President von Munich Re Life, Spanien, Portugal und Lateinamerika, erklärt, wie die gegenseitige Förderung funktioniert: »Wir wählen Start-ups aus der ganzen Welt aus, zum Beispiel RiskApp aus Italien und Netbee aus Brasilien. 20 Führungskräfte von Munich Re betreuen die Start-ups als Mentoren auf individueller Ebene. Die leistungsfähigsten Unternehmen mit dem größten Potenzial, die Versicherungsindustrie aufzumischen, erhalten die Chance, in einem der Märkte von Munich Re Iberia oder Lateinamerika an einem Pilotprogramm zu arbeiten. Auf diese Weise tauschen wir Wissen, Erfahrungen und Expertise aus.«

5. OFFENE INNOVATION

Zurich schuf eine Plattform, um die Innovationsinitiativen und -projekte im Konzern zu bündeln. Xavier Tuduri, CEO des ServiZurich Technology Delivery Center: »Im Zurich Innovation Lab schaffen wir disruptive Ideen und strategische F&E-Projekte für die globale Zurich-Gruppe. Wir glauben an offene Innovation. Ein kollaboratives Modell, das internes Wissen – zum Beispiel über bestimmte Märkte – mit externem Talent und disruptiven Technologien kombiniert. Auf diese Weise liegen wir immer vorne bei neuen disruptiven Fintech- und Insurtech-Entwicklungen und sind in der Lage, schnell greifbare Prototypen zu entwickeln, die zu unseren Geschäftsfeldern passen und diese inspirieren. Dabei handelt es sich um Prototypen ohne hohe riskante Investitionen, zum Beispiel der Einsatz von Drohnen zur Risikobewertung. Jedes Prototypprojekt leitet ein ServiZurich-Mitarbeiter, der mit mehreren Start-ups, Universitäten und Institutionen zusammenarbeitet. So werden unseren Leuten und unserer Organisation neue Arbeits- und Denkweisen vermittelt.«

6. CO-OPETITION – KOOPERATION UND WETTBEWERB

Will sich ein Finanzinstitut wie ein Fintech verhalten, sollte es sich öffnen, das Ökosystem überdenken und sich weit vorne positionieren, um am Puls der Zeit zu bleiben. Zudem ist es sinnvoll, sich mit Fintechs zusammenzutun, um die Innovation zu beschleunigen, zu lernen und den gesamten Sektor voranzutreiben.

Nach unserer Auffassung ist Insurtech Hub Munich das perfekte Beispiel dafür. Zwölf Versicherungen, von globalen Konzernen wie Allianz, Generali und Munich Re bis zu lokalen Anbietern wie LV1871, Nürnberger und Die Bayerische, kooperieren mit dem Staat Bayern, führenden Universitäten und Forschungsinstituten aus der Region sowie etablierten Konzernen aus verwandten Industrien – zum Beispiel aus der Automobil- und der Gesundheitsindustrie. Gemeinsam bilden sie einen Innovations-Hub für das Versicherungswesen.

Martin Gräfer (Die Bayerische) verkörpert diese Mentalität: »Wir brauchen ein digitales Ökosystem für Firmengründer, um innovative Ideen für die Versicherungsbranche zu einem tragfähigen Geschäftsmodell zu entwickeln. Nur so können wir den Bedürfnissen einer neuen Kundengeneration gerecht werden. Einer Generation, die von Google oder Amazon nutzerfreundliche Angebote kennt. Komplizierte Versicherungsverträge und schleppende Prozesse sind nicht mehr tragbar. Viele Antworten, die die Branche bislang entwickelt hat, sind unausgereift. Wir brauchen frische Ideen, um nicht den Anschluss zu verlieren. Noch ist schwer zu beurteilen, welche Lösungen vom Kunden letztlich angenommen werden und den rechtlichen Vorgaben Genüge leisten. Auch wenn wir mit Insurtechs ein Stück weit konkurrieren, können wir viel voneinander lernen. Gemeinsam können wir Innovationen erfolgreich zur Marktreife bringen. Deshalb ist die enge Kooperation mit Insurtechs so wichtig. Und aus diesem Grund ist Die Bayerische Mitgründer des InsurTech Hub München.«

Mit mehr als 180 Insurtechs in ihrem Umfeld ist München inzwischen de facto die Insurtech-Hauptstadt der Welt. Wir gehen davon aus, dass Insurtech Hub Munich ihr einen weiteren Wachstumsschub verleihen wird. Für uns ist dies ein wichtiger Grund, eine DIA München zu organisieren.

7. KOMPETENZBILDUNG

Lee Ng, Vice President und COO von LumenLab, das MetLife-Innovationszentrum in Singapur: »LumenLab und unsere neuen Geschäftszweige unterscheiden sich vom MetLife-Kerngeschäft. Unser Leitbild lautet, einen Wachstumsmotor zu entwickeln, der disruptive und umsatzstarke Geschäftsfelder für MetLife generiert, indem er auf die Bedürfnisse asiatischer Verbraucher in puncto Gesundheit, Alter und Vermögen eingeht. Wir arbeiten allerdings mit nationalen Experten, um Testpläne für neue Geschäftsideen zu entwickeln und ihr Marktpotenzial zu bewerten. In unserem ersten Jahr haben wir zum Beispiel BerryQ gegründet, eine Quiz-App, die Nutzer für ihr Gesundheitswissen belohnt, sowie Rememory Stories, eine Plattform mit intergenerationellen Geschichten. Und wir haben CONVRSE entwickelt – darüber ist es möglich, virtuelle Realität rund um Services und Verkauf von Finanzdienstleistungen zu erleben.

Als Folge dieser Kooperation zeigt sich ein Mentalitätswandel bei MetLife. Unsere Mitarbeiter entwickeln sich weiter in der Art, wie sie Ideen testen sowie mit neuen Instrumenten und einer anderen Art zu denken. Unser Kernversicherungsgeschäft verbessert die Ergebnisse der Menschen in unserem Unternehmen, da sie zum Beispiel Neugier, Tempo, Experimentierfreudigkeit und Wagemut entwickeln. Mit anderen Worten: Wir leuchten MetLife den Weg zu Innovationen.«

ZEHN GRUNDLEGENDE KOMPETENZEN

Die nächste Ebene des Customer Engagements und damit gewinnbringenden Nutzen aus den technologischen Möglichkeiten zu schaffen, geschieht nicht schrittweise, sondern erfordert neue Talente und Kompetenzen in den meisten Organisationen. Kein leichtes Unterfangen. Jeder Mitarbeiter eines Finanzinstituts hat direkt oder indirekt mit Customer Engagement zu tun. Würde man dies mit einem Restaurant vergleichen, müssten auch die Köche nicht nur kochen, sondern lernen, die gesamte gastronomische Erfahrung aus der Perspektive des Gastes zu sehen.

Die Anforderung, das Gesamtbild im Blick zu haben, erstreckt sich über alle Kanäle, Produkte und Abteilungen. Es geht um Arbeitsmethoden, aber auch um die Veränderung jahrzehntelanger Routinen und Überzeugungen in puncto

Von der »porsche marriage« Kampagne im Rahmen des »share a porsche« Konzepts

„Auch die Köche müssen lernen, die Kundenerfahrung aus der Perspektive des Gastes zu sehen."

Unternehmenskultur. Zu verstehen, wie wichtig Engagement ist, ist eine Sache, die wahre Herausforderung liegt aber darin, zu wissen, wie man es weckt und pflegt. Um Morpheus aus dem Film *Matrix* zu zitieren, »ist es etwas anderes, ob man den Weg kennt, oder ob man ihn beschreitet«. Wir haben zehn unverzichtbare Kompetenzen identifiziert, um digitale Technologien zugunsten neuer Customer-Engagement-Wege zu erschließen, verbunden mit den drei Leitprinzipien.

1. KUNDENOBSESSION

Eine höhere Stufe der Kundenobsession ist vonnöten. Da die neuen Technologien das Kundenverhalten anders definieren, müssen wir viel mehr herausfinden. Vor allem, wenn Finanzinstitute zu einem Bestandteil des Lebens ihrer Kunden werden und ihnen in allen möglichen Situationen helfen wollen. Aus den drei vorhergehenden Kapiteln filtern wir folgende Anforderungen:

- Finanzinstitute benötigen ein wesentlich breiteres Wissen, wie Smartphones sich auf die Wünsche, Erwartungen und Verhaltensweisen der Kunden in puncto Finanzdienstleistungen auswirken. Banken und Versicherungen sollten die Anforderungen an die Customer-Engagement-Strategien weiter ergründen.

- Das Gleiche gilt für vernetzte Geräte. Finanzinstitute sollten erforschen, was Kunden im Hinblick auf die Datennutzung von ihnen erwarten. Dazu muss man wissen, wie Menschen zwischen dem Schutz ihrer Privatsphäre und dem Komfort oder Mehrwert abwägen. Welchen Grad an Gegenseitigkeit erwarten die Verbraucher, und wo liegen die Grenzen? Wie können Banken und Versicherungen ihre Klientel mit der Datennutzung vertraut machen?
- Finanzinstitute sollten weitaus mehr über ihre Kunden erfahren, um Konzepte für Pull-Plattformen zu entwickeln. Kontextbasiert zu denken ist vonnöten: Welche Ereignisse oder Themen veranlassen Menschen, nach bestimmten Inhalten zu suchen? Auf welche Weise können die Unternehmen ihnen dabei helfen? Welche Rolle können sie im Leben der Kunden spielen? Was akzeptieren die Menschen?
- Welches sind die besten Wege, den Kundendialog zu pflegen, die Kontaktfrequenz zu steigern und stets wertvoll für die Menschen zu sein, um auf dieser Basis Pull-Plattformen zu entwickeln und interessant zu bleiben?
- Was bedeuten die Worte »einfach«, »persönlich« oder »menschlich« in der Domäne einer bestimmten Bank oder Versicherung beziehungsweise für die konkrete Zielgruppe? Wie gehen Verbraucher mit den neuen Technologien um, die ihnen den Alltag erleichtern sollen? Und empfinden die Menschen es so, dass sie von diesen Neuerungen profitieren?

All diese Aspekte erfordern es nicht nur, in eine profunde Kundenforschung zu investieren, sondern auch mit Wissenschaftlern und anderen Parteien auf dem gleichen Gebiet zu kooperieren. Im Bereich Bezahlsysteme können Sie Händler beteiligen, in der Autoversicherung Automobilmarken und so weiter.

Daniel Schreiber, CEO von Lemonade: »Professor Dan Ariely von der Duke University, Autor des Buchs *The honest truth about dishonesty* ist unser Vorstand für Verhaltensökonomie. Seine Forschungsergebnisse haben Folgendes ergeben: ›Wenn man versuchen würde, ein System zu errichten, dass das Schlechteste im Menschen zutage fördert, wäre es der heutigen Versicherung erstaunlich ähnlich.‹ Wir glauben, dass Verhaltensökonomie, kombiniert mit moderner Technologie, die Betrugsfälle verringern, die Kundenerfahrung verbessern, Bürokratie abbauen und die Kosten für unsere Klientel senken kann. Einer unserer wichtigsten Leitsätze lautet, dass man nie mit seinen Kunden im Konflikt sein darf. Wir werden kein Geld damit verdienen, die Schadensregulierung zu verweigern. Wir nutzen die Verhaltensökonomie, um unsere beiderseitigen Interessen zu vereinen, damit unsere Kunden ihre Schadensmeldungen nicht mehr frisieren und wir die Regulierung nicht verweigern müssen.«

> Die meisten Finanzinstitute sind nicht kreativ genug, um wertvolles Wissen aus den Daten zu ziehen.

2. DATENANALYSE ERSTKLASSIG BETREIBEN

Eine zentrale Herausforderung für Finanzinstitute lautet, neue Kompetenzen zu schaffen, um die mittels vernetzter Geräte, Pull-Plattformen und Smartphones gesammelten Daten umfassend zu nutzen. Die meisten Banken und Versicherer sind den Umgang mit derart großen Datenströmen nicht gewohnt. Sie kennen es nur, eine mehr oder weniger begrenzte und vorhersagbare Datenmenge zu bewältigen.

Die enormen Datenvolumen in den Finanzinstituten lassen viel Wissen vermuten. Oft handelt es sich aber nur um einen riesigen, ungenutzten Datenwust. Den meisten Banken und Versicherungen ist es bisher tatsächlich nicht gelungen, diese Datenberge in neue Angebote mit neuen Vorteilen zu übersetzen. Laut Oliver Wyman haben mehrere Großbanken bisher jeweils mehr als 500 Millionen Dollar in Datenmanagementprogramme investiert. Anscheinend sind die meisten Finanzinstitute nicht kreativ und unternehmerisch genug, um wertvolles Wissen aus den Daten zu ziehen – weder für ihre Kunden noch für sich selbst.

Laut einer Umfrage von Verizon, American Banker und SourceMedia Research, gaben 69 Prozent der Banken an, die größte Herausforderung im Zusammenhang mit dem Internet der Dinge seien fehlende Datenmanagementstrategien. Es reicht jedoch nicht, die gewaltigen Datenströme zu verwalten. Diese sind nur dann interessant, wenn sie neue innovative Angebote und Umsatzströme generieren. Zu diesem Zweck sind die Daten in umsetzbare Erkenntnisse und neue Angebote zu übersetzen, die dann schnell und wirksam auf den Markt gebracht werden.

Priit Perens (Swedbank) nennt drei Eckpfeiler für Wettbewerbsvorteile: »Unsere Kundenbasis, umfassende Kundendaten und unsere Marke. Wir wissen nicht, welche Lösung sich am Ende am Markt bewähren wird. Aus diesem Grund haben wir drei strategische Entscheidungen getroffen: anderen Zugang zu unseren Daten zu gewähren, selbst zu entwickeln und erprobte Verfahren zu übernehmen. Jede neue Lösung muss auf dem bestehenden Datenset aufsetzen und einen Beitrag dazu leisten. Unsere Strategie basiert auf unseren Data-Warehouse-Kompetenzen.«

Neben dem Aufbau neuer Kompetenzen beobachten wir auch Initiativen, um Fähigkeiten und Expertisen leichter und schneller als bisher zu entwickeln. BigML, Gewinner des DIAmond Awards 2016, hat zum Beispiel eine Maschinenlernplattform entwickelt, die Unternehmen aller Größen mithilfe einer End-to-end-Automatisierung hochmoderne Analyseverfahren schneller einsetzen lässt. Auf diese Weise hat BigML die Datenanalyse wirklich demokratisiert. Seine intuitive Lösung ermöglicht auch Nicht-Akademikern, mittels skalierbaren, erprobten Algorithmen interpretierbare und exportierbare Modelle zu entwerfen.

3. BEZIEHUNGSAUFBAU

Beziehungen zu Kunden und Partnern, als Teile desselben Ökosystems, sowie zu Fintechs aufzubauen, ist eine Kernkompetenz.

Auf der nächsten Stufe des Customer Engagements gehen wir von transaktionsgetrieben zu beziehungsgetrieben über. Die Kompetenz, Kundenbeziehungen zu entwickeln, haben die meisten Versicherungen in den letzten hundert Jahren an Versicherungsmakler ausgelagert. Im Bankgeschäft findet sie ausschließlich im Private Banking und Vermögensmanagement statt. Diese Talente sind wichtig für das digitale Geschäft. Beziehungen sind wie im echten Leben aufzubauen. Zu wem wollen wir eine Verbindung, auf wen verzichten wir lieber? Und welche Art Beziehung? Wie entwickeln wir sie? Kontaktpflege statt aggressiver, isolierter Verkaufsabschlüsse. Wie geben wir unser Bestes?

Vincent Boon (Telefónica Standing on Giants): »Unsere Erfahrung zeigt, dass sich Online-Communities und kreative Customer-Engagement-Strategien für Serviceanbieter auszahlen – wenn Letztere es richtig machen. Mithilfe unserer Methodologie haben wir mehr als 120 unterschiedliche Prozesse identifiziert, um Beziehungen aufzubauen, diese zu pflegen, um anzuspornen und weiterzubilden (zu informieren). Unser Team baut Kontakte zu denjenigen Kunden aus, die bereit und in der Lage sind, uns zu helfen, indem unsere Mitarbeiter die Kunden informieren und sie als Dank für ihre Anstrengungen und Beiträge anerkennen. Jedes Mal, wenn ein Beteiligter die Frage eines anderen beantwortet, fühlt er sich zugehörig. Oft möchten Ihre Kunden helfen, aber sie wissen nicht, wie. Wenn Sie die Menschen unterstützen, indem Sie auf Fragen oder Diskussionen hinweisen, an denen sie sich beteiligen können, binden Sie diese enger an das Unternehmen und Ihre Produkte.«

HSBC Beach Club am Strand von Punta del Este, Uruguay. Bild: © Reinventing Customer Engagement

Finanzinstitute sehen sich mit vielen neuen Aspekten konfrontiert. Es gilt, dem zu folgen, was die Kunden aus der mobilen Welt kennen: ständige Updates und Verbesserungen. Verbraucher erwarten regelmäßige Erweiterungen der Angebote – das heißt, neue Funktionen und Fähigkeiten. Das Leitprinzip *integraler Bestandteil des Lebens* impliziert, dass Produkte und Dienstleistungen lebendig und persönlich sein müssen. Dies sollte bei der Entwicklung neuer Produkte und Services bereits in der Konzeptionsphase berücksichtigt werden. Und Beständigkeit ist ebenfalls ein Faktor. Jedes Konzept sollte in der Lage sein, die sich ändernden Kundenbedürfnisse im Lauf der Zeit vorauszusehen und sich nahtlos daran anzupassen. Ein mehr oder weniger konstanter Strom aus Upgrades und Wiederholungen sollte fließen, der den ständigen Kundenwunsch nach neuen Produkten und Innovationen beherzigt, damit Verbraucher auch langfristig mitspielen.

Neben den Kundenbeziehungen sind auch andere Verbindungen zu entwickeln und mithilfe der Player zu pflegen, die am Ökosystem oder der Welt der Menschen beteiligt sind. Zum Beispiel Fintechs, die für eine Bank oder einen Versicherer Services übernehmen; Partnerschaften mit Akteuren innerhalb des Marktplatzkonzepts, Entwickler, die aufgrund der Daten und Infrastruktur der Finanzinstitute Ideen entwerfen und so weiter. Beziehungen aufzubauen wird zu einer Kernkompetenz.

FINTECH CITY
Lenddo
Credit Karma
BIG DATA
Affirm
zest
M-PESA
FINTECH FOR UNBANKED
bKash
ayannah
nearex
Life SREDA
venture capital
BaaS
STATION
STATION
xero
GUSTO
kantox
inDinero
Fintech for SMEs St
BaaS PLATFORM
SME LENDING
INSURTECH
CROWDINVESTING
ONLINE-TRADING
CROWDFUNDING
Online-lending
Lufax
LendingClub
Venmo
TransferWise
ONLINE-REMITTANCES
P2P-lending St
P2B-LENDING
Affirm
Online-lending for students St
earnest
WE
University
payleven
mPOS St
Revel

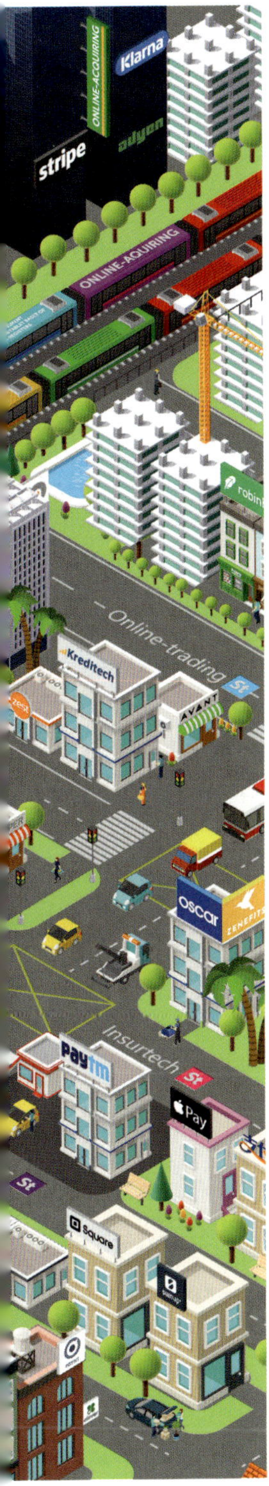

Fintech City
von Life. SREDA.
Bild: © Life.SREDA

> Wenn Sie mitspielen wollen, müssen Sie die Regeln verändern.

4. OFFENE HALTUNG

Markteinsteiger wagen es, die Branchenkonventionen infrage zu stellen. Etablierte Finanzinstitute sollten es ihnen gleichtun. Eduard de Wilde (VODW): »Wenn Sie mitspielen wollen, müssen Sie die Regeln verändern.« Dazu sind überkommene Konventionen in puncto Kundenerwartungen, die Marktpositionierung, das Geschäftsmodell, Produkte und Dienstleistungen, die Rolle der Banken beziehungsweise Makler und die Bedeutung der Kanäle zu hinterfragen. Passen Sie sich nicht den alten Regeln an, sondern suchen Sie nach Wegen, diese zu brechen. Bewahren Sie sich eine offene Haltung.

Banken und Versicherungen denken von jeher in Standards. Diese behindern jedoch die digitale Innovation, wenn neue Initiativen nicht akzeptiert werden, »weil sie nicht unserem Standard entsprechen«. Benoît Legrand (ING Group): »Innovation in Gang zu bringen, ist weniger eine Frage des Nachdenkens, sondern der Umsetzung. In dieser Hinsicht ist Standardisierung in vielen Bereichen effektiv, kann aber nicht die einzige Antwort sein. Standards sollten mit dem richtigen Mix aus Eigenverantwortung und Autorität kombiniert werden.«

> In vielen Organisationen ist das Hauptproblem nicht die Zeit bis zur Markteinführung, sondern die ›Zeit bis zur Entscheidung‹.

Das allseits hohe Entwicklungstempo verlangt, dass wir ständige Ungewissheit aushalten. Diese müssen wir einfach zulassen. Allerdings geht das Banken und Versicherungen gegen den Strich. Mark Wraa-Hansen (Danske Bank): »In Bezug auf die Erfolgsstory von MobilePay könnten Sie meinen, wir hätten alles durchdacht. Das haben wir aber definitiv nicht. Natürlich verfolgten wir einen Business Case, der aber hinten und vorne nicht aufging. Wir haben zahlreiche Parameter übertroffen, aber am Anfang haben wir kein Geld verdient. Mit MobilePay ist es uns allerdings gelungen, eine riesige Nutzerbasis zu schaffen und somit haben wir ein Ökosystem geschaffen. In diesem Ökosystem liegt viel Geld. Der Business Case ist inzwischen vollkommen anders als zu Beginn. Seine Prognosen sind besser, als wir zunächst dachten. Es gibt einfach viele Dinge, die man nicht voraussehen kann. Bei MobilePay gilt der Leitsatz ›First reach, then rich‹. In den Ohren eines Bankers klingt das natürlich riskant.«

Auch Pull-Strategien zeichnen sich durch den richtigen Umgang mit Ungewissheit aus. Push-Strategien machen es relativ leicht, vieles in Programmen zu strukturieren und zu organisieren. Der Ansatz von Pull-Strategien muss jedoch ein hohes Maß an Unvorhersagbarkeit vertragen. Hier heißt es, empathisch und flexibel zu sein und zu improvisieren. Jedes Pull-Konzept sollte zudem in gewisser Weise offen sein. Es geht darum, weiter zu lernen und die gewonnenen Erkenntnisse für den nächsten Schritt zu nutzen, um sich an die veränderlichen Bedürfnisse anzupassen. Wir bewegen uns von Produkten zu sich weiterentwickelnden Dienstleistungen.

5. AGILITÄT

Hier ist es einerseits wichtig, sich Marktveränderungen anzupassen und andererseits notwendig, innerhalb der Organisation agil zu bleiben. Beide Aspekte sind verwandt, aber dennoch unterschiedlich. Digitaler Wandel wird oft damit begründet, dass er die Zeit bis zur Markteinführung verkürzt. Das stimmt natürlich. Diese Phase beträgt bei kleinen Banken sechs Monate. Bei Großbanken dauert es doppelt so lange. Das ist nicht nur bei Finanzinstituten so.

Der Fast Mover Procter & Gamble braucht rund 300 Tage, um eine neue Produktidee ins Verkaufsregal zu bringen. Laut Maurizio Poletto (Erste Group) gibt es dafür einen Grund: Nicht die Zeit bis zur Markteinführung, sondern die ›Zeit bis zur Entscheidung‹ ist das Hauptproblem. Bis sich Unternehmen zu etwas entschließen, vergeht eine Ewigkeit. Aufgrund dieses Schneckentempos werden die Gewinnpotenziale eines neuen Produkts nicht ausgeschöpft, denn der mögliche Gewinn ist höher, wenn Sie Ihr Produkt schneller auf den Markt bringen und somit länger davon profitieren. Auf diese Weise sind Sie weniger dynamisch. Je länger Sie warten, desto irrelevanter ist Ihre Idee.«

Alle in diesem Buch angeführten Customer-Engagement-Strategien erfordern es, kontinuierlich und agil auf veränderliche Kundenanforderungen zu reagieren. Wendigkeit wird zum Standard. Wer hätte gedacht, dass Spotify mehr als Organisationsmodell bekannt sein würde, weniger als Streaming-Service?

KOMMUNIKATION IN DER DIGITALEN TRANSFORMATION

»Der Kunde steht im Mittelpunkt«: Wie ein Mantra wurde dieser Satz bei allen Veränderungsprozessen in der Finanzdienstleistungsbranche während der letzten zwei Jahrzehnte wiederholt. Dabei kaschierte er oft nur notdürftig, dass es mehr um Effizienz und Optimierung als um wirkliche Kundenorientierung ging. Die digitale Transformation macht jetzt ernst. Begriffe wie Customer Journey, Customer Engagement oder Customer Experience signalisieren einen strategischen Paradigmenwechsel in der Ausrichtung von Prozessen, Strukturen und Leistungsangeboten. Gefragt sind Nähe, schnelles Handeln und Flexibilität gegenüber dem Kunden. Auf alte Industriestandards ist dabei wenig Verlass. Vielmehr heißt es, neue Ideen zu finden und zu experimentieren, damit der Verbraucher so zufrieden wie möglich ist. Dies wirkt sich auch auf tradierte Formen von Führung und Zusammenarbeit im Unternehmen aus. Dezentralität, Agilität und Vernetzung ersetzen zunehmend Zentralität, Top-down-Orientierung und klassisches Bereichsdenken.

Daraus resultiert ein hoher Bedarf im Unternehmen, zu erklären und miteinander zu sprechen. Vor allem drei Kernaufgaben sollte sich die interne Veränderungskommunikation widmen:

1. Die unterschiedlichen Aktivitäten ganzheitlich vermitteln: Digitale Transformation ist dezentral angelegt, vielschichtig und vielfach ergebnisoffen. Es braucht ein leicht verständliches und sinnhaftes Gesamtbild, um Mitarbeitern Orientierung zu geben.

2. Der CEO motiviert zur digitalen Transformation: Auch wenn der Chief Digital Officer meist operativ verantwortlich ist, sind digitale Transformation und Customer Engagement strategische Themen ersten Ranges. Deswegen sollte der CEO die kommunikative Führung übernehmen, Impulse geben und motivieren. Schließlich repräsentiert er das Unternehmen als Ganzes.

3. Führung und Zusammenarbeit neu verstehen: Agile Arbeitsstrukturen und Vernetzung erhöhen die Anforderungen an Führungskräfte und Mitarbeiter. Die Kommunikation muss diese Herausforderungen thematisieren, den Diskurs darüber fördern und Impulse für neue Routinen bei Führung und Zusammenarbeit geben.

Im Rahmen dieser drei Aufgaben gestaltet die Kommunikation die digitale Transformation. Dabei sollte sie alle Möglichkeiten in diesem Umfeld nutzen und ein Role Model für agiles Führen und Arbeiten sein.

Egbert Deekeling,
Senior Partner Deekeling Arndt

ING – WER SCHNELL LERNT, GEWINNT

Laut ING muss man schnell auf den Wandel reagieren, um eine nachhaltige, wettbewerbsfähige Kundenbeziehung aufzubauen.

Nick Jue, CEO ING DiBa: »Wir konkurrieren nicht länger mit ABN AMRO, Rabobank oder HSBC, sondern mit Google, Facebook, Crowdfunding-Plattformen und Bitcoins. Die Kundenbedürfnisse verändern sich rasant, der Markt bewegt sich schnell und Technologien entwickeln sich in Höchstgeschwindigkeit. Alles ist im Umbruch. So wird Veränderung zur Konstante. Und das fordert traditionelle Banken mit hierarchischen Strukturen, festen Transferprotokollen zwischen den verschiedenen Abteilungen und kleinen Veränderungsschritten, die manchmal bis zu 18 Monate dauern, heraus. Alle Bereiche müssen Schritt halten. Diese Entwicklung stellt unsere Arbeitsweise, unsere Organisation und unsere Unternehmenskultur auf den Kopf.

Um agiler zu werden, haben wir in den Niederlanden unsere Art zu arbeiten verändert, inspiriert durch Innovateure wie Zappos, Spotify, Netflix und Google. ING ist eine der ersten Banken, die so handelt. Unsere Mitarbeiter arbeiten in Squads, Chapters und Tribes. Squads sind selbstgesteuerte, autonome, neunköpfige Teams, die für ein kundenfokussiertes Projekt durchgängig verantwortlich sind. In einem Squad sind alle Disziplinen vertreten, die es für ein erfolgreiches Projekt braucht. Nach Projektabschluss löst der Squad sich auf und seine Mitglieder arbeiten in anderen Squads weiter. Auf diese Weise erreichen wir eine flachere Organisation, und die Teams und ihre Mitglieder agieren verantwortlicher in Bezug auf tägliche Prioritäten und ihre Arbeitsweise.

Das ist revolutionär und wirkt sich erheblich auf unsere Organisation aus, doch wir haben uns bewusst entschieden. Drei Gründe lagen dem Entschluss zugrunde, der agilen Methode zu folgen. Erstens sind wir dadurch effizienter und flexibler. Zweitens schaffen wir schneller Innovationen und sind schneller am Markt. Und drittens sind wir als Arbeitgeber attraktiver, da unsere Mitarbeiter größere Freiräume genießen und mehr Verantwortung übernehmen als in traditionellen Unternehmen.

Die neuen Arbeitsmethoden erfordern auch andere Fähigkeiten und Verhaltensweisen von den Mitarbeitern. Es ist wichtig, selbst Dinge anzugehen, flexibel und eigenverantwortlich zu agieren. Wir sprechen hier nicht nur von einer anderen Struktur und einer neuen Arbeitsweise, sondern von der Kultur, die diesen Wandel ermöglicht. Diese Kultur wird in unserem sogenannten Orange Code beschrieben. Der Orange Code enthält drei zentrale Prinzipien: (1) Sie übernehmen die neue Kultur und leben Sie. (2) Sie helfen anderen, erfolgreich zu sein. (3) Sie sind immer einen Schritt voraus. Wir unterstützen uns gegenseitig, sind mutig und motiviert. Das lässt sich nicht über Nacht erreichen, sondern muss in jeden Bereich einfließen.«

Experimentieren. Marken wie Nike, Selfridges, Topshop und Liberty of London erforschen neue Wege, Digitaltechnologie in die Kundenerfahrung zu integrieren, zum Beispiel mithilfe des YR-Konzepts.
Bild: © YR Store, Teil der YR Group

6. EXPERIMENTIERFREUDE

Um die Chancen der neuen Technologien auszuschöpfen, sollte man gern experimentieren. Nie hätten wir gedacht, was das Internet möglich macht, geschweige, was Smartphones hervorbringen. Genauso wenig sehen wir voraus, was mittels vernetzter Geräte, Pull-Plattformen oder Marktplätzen entstehen wird. Finanzinstitute sollten Techniken wie die »schlanke Methode« anwenden, um mit neuen Ideen und Prozessen zu experimentieren und diese mithilfe von schnellen Feedbackschleifen ständig verbessern. Das ist auch eine Frage der Kultur. Neal Cross (DBS Bank): »Die Herausforderung besteht darin, den Ehrgeiz der Menschen zu wecken. Wir haben das Wort ›nein‹ in ›lasst uns experimentieren‹ geändert.« Dies ist selbst auf breiter Ebene möglich. Banco Bradesco testet alle möglichen technischen Innovationen, und prüft, wie Kunden reagieren. Die Bank verfolgt rund 2.000 digitale Innovationsprojekte mit einem Gesamtetat von 2 Milliarden Euro pro Jahr. Das für Innovationen zuständige Vorstandsmitglied ist auch für IT und das operative Geschäft verantwortlich, weil Banco Bradesco so die Umsetzung erleichtern will.

Es gehört zur agilen Arbeitsweise und zum Experimentieren, Minimum Viable Products auf den Markt zu bringen und diese laufend zu optimieren. Mark Wraa-Hansen (Danske Bank): »MobilePay war auf dem Markt, bevor es fertig war. Die Leute sagten uns: ›Bringt das nicht heraus, bevor ihr dies oder das gelöst habt.‹ Das hat uns natürlich verunsichert. Aber wir wollten nicht den First-Mover-Vorteil verlieren. Wir bauen ein Flugzeug, während es fliegt. Wenn es perfekt ist, ist es zu spät.«

> »Wenn es perfekt ist, ist es zu spät.«

»DBS: Die Herausforderung besteht darin, den Ehrgeiz der Menschen zu wecken. Wir haben das Wort ›nein‹ in ›lasst uns experimentieren‹ geändert.«

7. KREATIVITÄT

Daten zu sammeln und zu bearbeiten, ist eine Sache; Daten in neue Konzepte, neue Ideen für Pull-Plattformen, neue Kundendialoge oder Mehrwert zu übersetzen, ist eine andere. Finanzinstitute erweisen sich als recht schwach, wenn sie Kompetenzen für eine zukunftsweisende Datenanalyse entwickeln; ihnen fehlt die Kreativität. Die OCBC Bank legt die Kundenerfahrung in die Hände von Designexperten, anstatt sie Bankern zu übertragen. Sie sagen: »Wir engagieren ›Exoten‹, die sich Fragen erlauben, die sich keiner sonst zu stellen traut.« Maurizio Poletto (Erste Group): »Die Hälfte der Leute unserer digitalen Innovationseinheit hat einen bunten Hintergrund – sie stammen aus der Spieleindustrie, aus dem elektronischen Einzelhandel und dem Online-Poker. Die andere Hälfte kommt aus der Bankbranche. Wir sorgen für den richtigen Kontext, damit sie effektiv arbeiten können.«

8. ORCHESTRIERUNG

Eine Orchestrierung ist auf verschiedenen Ebenen erforderlich: um aus den agilen Teams die maximale Leistung herauszuholen, um Silos niederzureißen und ein Ökosystem zu schaffen, in dem jeder seinen Mehrwert hat. Begriffe wie Ökosystem und Marktplatz suggerieren, dass diese Konzepte mehr oder weniger autonom funktionieren. Das stimmt nicht ganz. Theo Bouts (Allianz): »Eine Schlüsselfunktion in intelligenten Ökosystemen ist die Orchestrierung. Der wichtigste Faktor für eine erfolgreiche Orchestrierung ist, zu sehen, wie wichtig Konnektivität sowie die eigene Bereitschaft, diese zu leben, ist.

Die Rollen zwischen Versicherungen, Kunden und Vertriebspartnern verschieben sich. Sie sollten die Bedürfnisse aller Knotenpunkte im Netzwerk verstehen und respektieren – zum Beispiel der Kunden und Vertriebspartner – und Knoten zugänglich machen, die nicht für Sie, aber für das

Ökosystem relevant sind. Dieser Teil der Orchestrierung erfordert eine gewisse Reife, aber auch eine andere Mentalität. Wenn es gut läuft, sind alle Beteiligten eines Ökosystems sicher, dass für das Netzwerk, aber auch für seine Mitglieder Mehrwert entsteht. Aus diesem Grund passen aggressive Verkaufstaktiken nicht.

Die Orchestrierung setzt Besonderheiten voraus: Inhalte, Menschen und Prozessfähigkeiten. In Bezug auf ein ›Netzwerk‹ könnten ›Prozessfähigkeiten‹ als wichtigste Kompetenz eines Ökosystems gelten, um dem System neue Impulse zu geben. Ich glaube, dass die anderen beiden, Inhalte und Menschen, viel wichtiger sind. Wenn Sie als Orchestrierer erfolgreich sein wollen, müssen Sie Inhalte hundertprozentig beherrschen. Kooperation und, falls nötig, Kompromissfähigkeit liegen Ihnen am besten im Blut. Intelligente Ökosysteme lassen sich jedoch nicht von heute auf morgen etablieren. Wir müssen erfolgreiche Push-Strategien fortführen und gleichzeitig Netzwerke aufbauen. In Letzterem gilt, dass der Kunde bestimmt, aber natürlich sind auch die Geschäftsinteressen wichtig. Die Vertriebspartner verknüpfen uns mit den Kunden, wobei ihre Interessen zuweilen gewichtiger sind als die der Klientel, wenn eine zu große Abhängigkeit von diesen Partnern besteht. Einstweilen muss ein guter Orchestrierer ein wenig schizophren sein.«

Jouk Pleiter, CEO von Backbase, spricht auf der Konferenz The Digital Insurance Agenda (DIA) darüber, wie man digitale Kundenerfahrungen auf den bestehenden Legacy-Systemen aufsetzen kann. DIA ist eine globale Community aus Change Agents von Versicherungen und Fintech-Entrepreneuren, welche die digitalen Strategien der Versicherer fördert. Bild: © The Digital Insurance Agenda / DIA Barcelona

> Customer Engagement erfordert es oft, tief verwurzelte Unternehmenskulturen zu verändern.

9. DIE RICHTIGEN MITARBEITER GEWINNEN

Zu Customer Engagement überzugehen, ist womöglich eine der größten Herausforderungen für ein Unternehmen. In erster Linie, weil es oft seine tief verwurzelte Kultur verändern muss. Es geht nicht darum, ein neues Organigramm zu entwerfen, sondern Menschen um sich zu scharen, die agil und verantwortlich arbeiten, über die richtigen Fähigkeiten verfügen – zum Beispiel Datenkreativität –, die offen sind und mit einem bestimmten Maß an Ungewissheit umgehen können. Außerdem Mitarbeiter, die gern Beziehungen zu anderen knüpfen und von Kundenorientierung besessen sind.

Oft gibt es Personen mit diesen Gaben in Banken oder Versicherungen; es gilt nur, sie aufzuspüren und ihnen Verantwortung zu übertragen. Die hier aufgezählten Eigenschaften sind jedoch nicht in den Genen aller Finanzinstitute vorhanden. Versicherer haben sich Zeit gelassen, substanzielle Summen in Innovation zu investieren.

Peter Maas, Professor für Versicherungsmanagement an der Universität Sankt Gallen, Schweiz, argumentiert, dieser Sachverhalt liege in der DNA der Versicherungsindustrie begründet. Der Kern ihres Geschäftsmodells sind Risikostatistiken, die sich mit der Vergangenheit befassen. Dieses Modell führt nicht in die Zukunft, malt weder Kundenbedürfnisse aus noch bemüht es sich um die Pflege von Beziehungen. Innovation und Customer Engagement sind diesem Ansatz fremd.

10. FÜHRUNG

In der Unternehmensspitze befinden sich die wichtigsten Change Agents. Notwendig sind motivierte Vorstände, die Kunden lieben. Außerdem ist ein Leitbild erforderlich, das Customer Engagement als Hauptquelle für Alleinstellungsmerkmale und Gewinn betrachtet – ein Leitbild, das stets so kommuniziert wird, dass Kunden es verstehen und es Mitarbeiter motiviert.

Die IT-Infrastruktur erschwert es oft, das bestehende Geschäft zu erneuern und zu hinterfragen. Nach unserer Erfahrung ist die Managementkultur manchmal jedoch das größere Hindernis. Je mehr Führungsebenen, desto bürokratischer die Prozesse und desto größer die Gefahr, dass die Politik sich einmischt. Eine agile Arbeitsweise fordert Widerstand heraus, vor allem im mächtigsten Teil der Organisation, dem mittleren Management. Welche Gans freut sich schon auf Weihnachten?

Andrew Brem, Chief Digital Officer, Aviva: »Die Teams in unseren Garagen bringen eine unterschiedliche DNA mit. So haben wir vor kurzem zum Beispiel einen führenden Designer von Call of Duty angeheuert, einem der erfolgreichsten Online-Spiele der letzten Jahre und ein digitaler Zeitvertreib von Millionen Menschen.«

Pol Navarro (TSB): »Wir müssen Agilität und Serviceorientierung im C-Level-Management fördern. Wenn wir genauso schnell sein wollen wie Google, sollten wir eher wie ein Start-up denken und handeln. Gewähren wir Start-ups Zugang zu unserer Plattform und erlauben wir Innovation und Kreativität. Angesichts des neuen Wettbewerbs (in dem mobile Unternehmen mobile Bezahlplattformen anbieten) müssen wir kooperativer und partnerschaftlicher sein. Es gilt, unsere Führungsriege im Bankgeschäft mit Unternehmern aus anderen Branchen zusammenzubringen, erstklassige Unternehmen wie Nike und Apple, die gemeinsam neue Services erarbeiten.«

»Um wirklich etwas zu verändern, sollten sich Führungskräfte die Zeit nehmen, selbst im direkten Kundenkontakt zu arbeiten.«

Andrew Brem (Aviva): »Unser CEO Mark Wilson fordert mich ständig dazu heraus, schneller und weiter zu gehen. Er weiß, dass seismische Veränderungen alles andere als ein Kinderspiel sind – eine Sichtweise, die er vor kurzem in seinem Feedback äußerte, er erhalte nicht genügend Beschwerden über mich!«

Alles steht und fällt damit, ob das C-Level-Management genügend Kraft und Ausdauer besitzt, um Veränderungen umzusetzen und die übrigen Managementebenen dazu zu bewegen, das neue Leitbild voll zu unterstützen. Falls diese Verantwortlichen scheitern, liegt das an schlechten Change-Management-Fähigkeiten, sagt Michal Panowicz (Nordea): »Das hat nichts mit irgendeiner mythischen Kultur zu tun, sondern aus-

Bild: © James Bartosik

schließlich mit den Menschen als Kulturträgern.« Veränderung wird oft als Eingeständnis des Scheiterns betrachtet. Aus diesem Grund zögern hier viele Menschen. Wenn Veränderung scheitert, liegt das oft an der horizontalen Führung und an Führungskräften, die Geschäftsdetails nicht kennen und nur delegieren, aber keine Zeit an der Front verbringen und nicht über die inhaltliche Tiefe in puncto digitaler Transformation verfügen. Um wirklich etwas zu verändern, sollten sich die Führungskräfte die Zeit nehmen, selbst im direkten Kundenkontakt zu arbeiten.«

SCHACHBOXER

Wir befinden uns am Anfang einer neuen Ära in der Finanzdienstleistungsindustrie, einer neuen Phase des Customer Engagements. Finanzinstitute sollten wie Schachboxer agieren – keine leichte Aufgabe. Schachboxer sind eine seltene Spezies. Nicht jeder verfügt über die Talente, um sowohl ein guter Boxer als auch ein guter Schachspieler zu sein. Banken und Versicherungen sind gefordert, Menschen aus beiden Disziplinen um sich zu scharen und sie so einzusetzen, dass das Unternehmen zum besten Schachboxer der Welt werden kann. Operative Exzellenz und ein erstklassiges Customer Engagement sind gefragt. Das bedeutet, intensiv zu kooperieren, aber auch offen genug zu sein, damit jeder eigenverantwortlich arbeiten kann, so lange er die produktivste Lösung verfolgt.

ÜBERGREIFENDE PRINZIPIEN

In diesem Buch berichten wir von mehr als hundert Best-Practice-Beispielen. Betrachten Sie diese als gesammelte Ideen und Puzzleteile und als erste Belege für einen erfolgreichen digitalen Wandel. Nicht einzelne Fälle, sondern die übergreifende Idee, die drei Leitprinzipien, zählen hier. Die präsentierten Leitbilder, Erkenntnisse und Konzepte sollen zu einem Überblick inspirieren, wie Finanzdienstleister die neuen Technologien einsetzen können. Wie Unternehmen mittels dieser Technologien ein besseres Customer Engagement, engere und belastbarere langfristige Beziehungen sowie neue Wirtschaftsmotoren aufbauen, um vom »digitalen Wandel zur Aktualisierung überholter Prozesse« zum »digitalen Wandel hin zu einer profitablen Zukunft« überzugehen. Dieser Ansatz ist der nächste große Sprung, der neuen Wert für Finanzinstitute und ihre Kunden generiert.

QUELLEN

Alfaro Martínez, Elena und Marcelo Soria Rodríguez, *The journey to Smart cities* (BBVA Innovation, Mai 2012)

Anderson, Janna und Lee Rainie. *The Internet of Things will thrive by 2025* (Pew Research Center, 14. Mai 2014)

»The global race of banking innovation«, ASB *Blog* (21. November 2013)

Avery, Jill, Susan Fournier, John Wittenbraker, » Unlock the mysteries of your customer relationships«, *Harvard Business Review*, Juli–August (2014)

Barry, Chris, Rob Markey, Eric Almquist und Chris Brahm, »Putting social media to work«, Bain Brief, September (2011)

Basak, Sonali, »Allstate launches stand-alone unit to collect customer data«, *Chicago Tribune* (5. August 2016)

Beattie, Craig und Michael Fitzgerald, Machine intelligence in insurance: designing the aware machine (Celent, 2015)

Beattie, Craig und Nicolas Michellod, Bigger data: a look at how far insurers have moved to take advantage of opportunities (Celent, 2016)

Beck, Christopher, »Five of the coolest insurance apps«, *Tech Cocktail* (September 2013)

Belinky, Mariano, Emmet Rennick und Andrew Veitch, *The fintech 2.0 paper: rebooting financial services* (Santander InnoVentures – Oliver Wyman – Anthemis Group, 2015)

Bochenski, Natalie, »Queensland Optus mobile phones change to daylight saving time«, *Sydney Morning Herald* (14. Januar 2015)

Bockel, Huib van, *The social brand* (The social publishing house, 2014)

Bokkerink, Ivo, Cor de Horde und Pieter Lalkens, »Banken en data: een gevoelig punt«, *Het Financieele Dagblad* (7. Februar 2015)

Bonchek, Mark und Sangeet Paul Choudary, »Three elements of a successful platform strategy«, *Harvard Business Review* (31. Januar 2013)

Brat, Eric, Davide Corradi, Ofir Eyal, Tim Hoying und Yasushi Sasa, »Telematics: The test for insurers«, *BCG Perspectives* (4. Dezember 2013)

Brockmeier, Joe, »Mobile apps and customer engagement«, *ClickFox* (November 2011)

Burke, Jade, »50% of young Brits feel lost without mobile internet«, *PCR* (9. Dezember 2014)

»Unilever's All Things Hair«, *Campaign* (16. April 2014)

2015 World insurance report (Capgemini/Efma, 2015)

Chellappa, Ramnath, Raymond Sin, »Personalization versus Privacy: An Empirical Examination of the Online Consumer's Dilemma«, *Information Technology and Management 6* (2005)

Chishti, Susanne, Janos Barberis, The fintech book: the financial technology handbook for investors, entrepreneurs and visionaries (Wiley, 2016)

Choudary, Sangeet Paul, Platform power. Secrets of billion-dollar internet startups (2013)

Clark, Nicola, »Nike marketing boss attacks old' approach to social-media«, Marketing Magazine (9. Mai 2012)

Cohen, Roger, »Internet of things moet nog doorbreken«, *Het Financieele Dagblad* (14. Januar 2012)

Corcoran. Derek, *Systems of Engagement* (Avoka White Paper für AIIA, 2013)

Usage-Based Auto Insurance (Crimson Hexagon, 2013)

Crosman, Penny, »US Bank pushes voice biometrics to replace cluncky passwords«, *American Banker* (13. Februar 2014)

Crosman, Penny, »Why the internet of things should be a bank thing«, *American Banker* (19. November 2015)

Curtis, Sophie, «CES 2015: the year of the connected home?«, *The Telegraph* (16. Dezember 2014)

Dahl, Corey, »Four insurance apps worth downloading«, *LifeHealthPro* (März 2013)

Damodaran, Aswath, »A disruptive cab ride to riches: The Uber payoff«, *Forbes* (10. Juni 2014)

Dangerfield, Mark, »The Internet of Things – Banking«, *Westpac REDnews* (12. September 2014)

Danova, Tony, »The connected-home report: forecasts and growth trends for the leading internet of things' market«, *TechMore* (21. November 2014)

De Armond, Cindy, Paul Lalancette, John V. Mulhall, *The connected. home. New opportunities for property & casualty Insurers* (Accenture, 2013)

Dietz, Miklos, Somesh Khanna, Tunde Olanrewaju und Kausik Rajgopal, *Cutting through the fintech noise: markers of success, imperatives for banks* (McKinsey & Company, Dezember 2015)

Dijksterhuis, Edo, »The return of the filmclub – in tijden van Netflix«, *De Volkskrant* (21. Februar 2015)

»The great chain of being sure about things«, *The Economist* (31. Oktober 2015)

»The trust machine«, *The Economist* (31. Oktober 2015)

Mind the marketing gap (The Economist Intelligence Unit, 2013)

Dongen Crombags Beate van und Deborah Wietzes, *CEX sells* (Lannoo, 2015)
Dorrestijn, Conny, »Blockchain and InsurTech: Time to overtake the banks«, *Digital Insurance Agenda* (20. Mai 2016)
Edgar, S.R., T. Swyka, G. Fulk und E.S. Sazonov, »Wearable shoe-based device for rehabilitation of stroke patients«, *Proceedings Annual International Conference of the IEEE Engineering in Medicine and Biology Society* (2010)
Elshout, Arie, »Twitter geeft de massa tanden«, *De Volkskrant* (8. Februar 2012)
»Financial institutions turn to the internet of things to stay competitive«, *eMarketer* (28. März 2016)
Options and opportunities. Forging lasting banking relationships with millennials (FICO, 2014)
Farr, Christina, »Exclusive: Apple's health tech takes early lead among top hospitals«, *Reuters* (5. Februar 2015)
Feniks Reggy de und Roger Peverelli, *Reinventar los Servicios Financieros. Las expectativas del consumidor ante los futuros bancos y aseguradoras* (Financial Times Prentice Hall, 2011)
Fitzgerald, Michael, *Accelerating insurance transformation: the good, the bad and the ugly of innovation relationships* (26. Januar 2016)
From traditional bank to marketplace bank (Five Degrees white paper, 2016)
The era of living services (Fjord, 2015)
»Almoayyed Motors Receives Ford Service Excellence Certification for Third Consecutive Year«, *Ford.com* (15. April 2013)
North American Technographics Benchmark Survey US & Canada (Forrester Research, 2010)
Flanagan, Will, »1 Out of every 5 minutes on a mobile phone is spent on Facebook or Instagram«, *Chicago Inno* (22. April 2015)
Friedman, Sam und Michelle Canaan, *Overcoming speed bumps on the road to telematics* (Deloitte)
Franco, Nello, »The customer engagement model«, *Nello Franco's blog* (Januar 2014)
French, Tom, Laura LaBerge und Paul Magill, »Building your customer engagement ecosystem«, *Forbes.com* (Juli 2012)
French, Tom, Laura LaBerge und Paul Magill, »Five no regret moves for superior customer engagement«, *McKinsey Quarterly* (Juli 2012)
Fromm, Erich, *The art of loving* (Harpers & Brothers, 1956)
Gartner says 4.9 billion connected things will be in use in 2015 (Gartner, 2014)
Gera, Piercarlo, *The RE-banking Revolution* (Accenture, 2013)
Mobile health shows big potential from small beginnings (GfK, 2014)
Gneezy, Ayelet und Nicholas Epley, »Worth keeping but not exceeding: Asymmetric consequences of breaking versus exceeding promises«, *Social Psychological and Personality Science Online* (8. Mai 2014)
Greenough, John, »The connected car' is creating a massive new business opportunity for auto, tech, and telecom companies«, *Business Insider UK* (11. März 2015)
Griffiths, Sarah, »Fido's got a phone!«, *Daily Mail* (2. Dezember 2013)
Groenfeldt, Tom, »Banks lag in Internet of Things, and that's fine«, *Forbes* (11. Dezember 2015)
Hagel, John und John Seely Brown, *From push to pull. Emerging models for mobilizing resources* (Arbeitspapier, 2005)
Hernæs, Christoffer, »Banks should prepare for the internet of things«, *TechCrunch* (10. November 2015)
Hooton, Christopher, »Our attention span is now less than that of a goldfish, Microsoft study finds«, *The Independent* (14. Mai 2015)
Dating Services in the US (IBIS World, November 2014)
Share and share alike? Not exactly (Ipsos OTX, 2013)
Horovitz, Bruce, »Bank of America fee retraction shows effect of consumer rage«, *USA Today* (1. November 2011)
Jetten, Nick, »Marketing Science: Personalisatie versus privacy«, *MarketingTribune* (6. Mai 2014)
Kelly, Tim, »Consumers are in the connected car's driver seat in 2015«, *Wired* (28. Januar 2015)
Kirkland, Rik, *How blockchains could change the world – Interview mit Don Tapscott* (McKinsey & Company, 2016)
Koehn, Ruediger, »Siemens investiert in das Internet der Dinge«, *Frankfurter Allgemeine Zeitung* (4. April 2014)
Lapowsky, Issie, »Google will make health searches less scary with fact-checked results«, *Wired* (10. Februar 2015)
Lara Bartolomé, Beatriz (Hrsg.), *There's a future. Visions for a better world* (BBVA, 2012)
Larson, Christina, »Alipay leads a digital finance revolution in China«, *MIT Technology Review* (26. Januar 2015)
Lea, Wendy, »The new rules of customer engagement«, *Inc.* (April 2012)

Legrand, Benoît, *Changeons la banque! Playdoyer pour une banque qui rend plus autonome* (Le Cherche Midi, 2015)
Leichsenring, Hansjörg, »Markus Pertlwieser über die digitalen Herausforderungen für die Deutsche Bank«, *Der Bank Blog* (3. Juni 2015)
Liew, Ruth, »Wearable tech the future of life insurance«, *Sydney Morning Herald* (10. März 2016)
Lindsay, Greg, »Engineering serendipity«, *The New York Times* (5. April 2013)
Macgregor, Jamie, *Progress towards a digital future: how ready are insurers today* (Celent, 2016)
Macgregor, Jamie und Michael Fitzgerald, *How to innovate: injecting innovation into planning* (Celent, 2015)
Manchester, Glen, *Engagement 3.0* (Thunderhead.com, 2014)
Marel, Gerben van der, »De auto, de mens en de robot«, *Het Financieele Dagblad* (24. Januar 2015)
Marel, Gerben van der, «Facebook spreidt zijn tentakels uit«, *Het Financieele Dagblad* (16. April 2016)
Marous, Jim, »It's time to reinvent mobil banking«, *The Financial Brand* (12. Januar 2014)
Marous, Jim, »Internet of things: opportunity for financial services?«, *The Financial Brand* (20. Oktober 2015)
Connected car, automotive value chain unbound (McKinsey, September 2014)
McCluskey, Priyanka Dayal, »Harvard Pilgrim offers cash rewards for eating well«, *The Boston Globe* (20. Juni 2014)
McCormack, David, »Cell phones slowing down service in restaurants. Wait times have doubled because customers are too busy with their screens«, *Daily Mail* (13. Juli 2014)
McGrath, Jenny, »Got Nest? Some insurance companies reward smart-home device owners«, *Digital Trends* (25. Januar 2015)
Meeker, Mary, *2014 Internet Trends* (Kleiner Perkins Caufield Byers, 2014)
Meeker, Mary, *2015 Internet Trends* (Kleiner Perkins Caufield Byers, 2015)
Meeker, Mary, *2016 Internet Trends* (Kleiner Perkins Caufield Byers, 2016)
Middleton, Peter, Peter Kjeldsen, Jim Tully, *Forecast: The Internet of Things, Worldwide* (Gartner, November 2013)
Mikitani, Hiroshi, *Market Place 3.0. Rewriting the rules of borderless business* (Palgrave Macmillan, 2013)
Miller, Ron, »Connected home products need to shift from nerds to normal« *Techcrunch* (15. März 2015)
Murphy, Margi, »BMW to install usage-based insurance telematics into cars«, *Computerworld UK* (4. August 2014)
Myles, Marie, »Customer engagement: a new paradigm?«, *Experian iMarketer* (Juni 2011)
Nag, Somenath, *mHealth – Making connected healthcare a reality* (Calsoft Labs, Mai 2014)
Nelson, Gabe, »Remote updates speed Tesla's Autopilot push«, *Automotive News* (23. März 2015)
Nudd, Tim, »Nike+ made Just do it' obsolete. Stefan Olander on building a new ecosystem of engagement«, *Adweek* (20. Juni 2012)
Nusca, Andrew, »The department store of the future has apps«, *ZD Net* (20. September 2012)
Obertreis, Rolf, »Deutsche Bank. Die Zukunft des Banking«, *Tagesspiegel* (April 2016)
O'Donnell, Anthony R., »Why AT&T's Digital Life ad should terrify insurers«, *Insurance Innovation Reporter* (26. November 2013)
O'Donnell, Anthony R., »After Telematics: What Smart Homes Mean for Insurance Product Innovation«, *Insurance Innovation Reporter* (25. April 2014)
Olanrewaju, Tunde, *The rise of the digital bank* (McKinsey & Company, 2014)
Openshaw, Eric und Jerry Belson, »The era of the (digital) omnivore is upon us«, *Financial Times* (28. März 2014)
Ortutay, Barbara, »Swipe right for Ms. Right: The rise of dating apps«, *Bloomberg Businessweek* (20. Mai 2014)
Ozdalga, Errol, Ark Ozdalga and Neera Ahuja, »The smartphone in medicine«, *Journal of Medical Internet Research* (September 2012)
Pallotta, Frank, »Blockbuster Lego Movie' snubbed by Oscars«, *CNN Money* (15. Januar 2015)
Palmieri, Carlo, »What is Blockchain and How Can it Benefit Insurance?«, *Linkedin* (21. Januar 2016)
Personal connected health (Personal Connected Health Association, 2014)
Peverelli, Roger und Reggy de Feniks, *Reinventing financial services. What consumers expect from future banks and insurers* (Financial Times Prentice Hall, 2010)
Peverelli, Roger, Reggy de Feniks und Walter Capellmann, *Wie sich die Finanzbranche neu erfindet* (FinanzBuch Verlag, 2012)
Peverelli, Roger und Reggy de Feniks, »Seven flavours of fintech in insurance«, *Life.SREDA's Money of The Future* (Frühjahr 2016)
Prentice, Stephen, *The five smart technologies to watch* (Gartner, 2014)
Ramaswami, Prem, »A remedy for your health-related questions: health info in the Knowledge Graph«, *Google* (10. Februar 2015)
Rawson, Alex, Ewan Duncan und Conor Jones, »The truth about customer experience«, *Harvard Business Review* (September 2013)
«Outlaw.com, Open APIs for UK banking: It's happening, people«, *The Register* (10. Februar 2016)

Richmond, Shane, »Smartphones hardly used for calls«, *The Telegraph* (29. Juni 2012)

Return on investments in public health: saving lives and money (Robert Wood Johnson Foundation, 2013)

Internet of things and insurance (Roland Berger / EFMA, 2015)

Sanwal, Anand, »Disrupting European banking: the fintech startups that are unbundling HSBC, Santander, and BNP«, *CB Insights* (17. April 2015)

The millennial disruption index (Scratch, 2013)

Seibel, Karsten, »Bald sagen uns Roboter, wie wir Geld anlegen sollen«, *Die Welt* (8. Januar 2016)

Sinek, Simon, *Start with why* (Penguin, 2009)

Spenner, Patrick und Karen Freeman, »To keep your customers, keep it simple«, *Harvard Business Review* (Mai 2012)

Summers, Nick, »Nike+ has now over 18m members tracking their exercise with a FuelBand, SprortWatch or fitness app«, *thenextweb.com* (21. August 2013)

Tabakovic, Amir, *The prepaid mobile wallet. Taking prepaid into account* (Mobey Forum, 2014)

Tanner, Adam, »Data monitoring saves some people money on car insurance, but some will pay more«, *Forbes* (2. September 2013)

Tice Studeman, Kristin, »Doing It Better: Nike's VP of Digital, Stefan Olander, talks fuel, fashion, and the future«, *Style.com* (23. Oktober 2014)

Tilley, Aaron, »Samsung acquires SmartThings, A fast-growing home automation startup«, *Forbes* (14. August 2014)

Tilley, Aaron, »SmartThings wants to eviscerate the home insurance industry«, *Forbes* (1. August 2014)

Touryalai, Halah, »The real problem at Goldman Sachs? You, The Muppet Client«, *Forbes* (14. März 2012)

Trefis Team, »Here's how valuable the wearables business is to Nike«, *Forbes* (23. Mai 2014)

Internet of things in banking (Verizon, American Banker and SourceMedia Research, 2014)

Vincent, James, »Baidu, the Chinese Google, unveil smart chopsticks' that detect contaminated food«, *The Independent* (4. September 2014)

Waters, Richard und Barney Jopson, »Google makes first foray into credit business«, *Financial Times* (8. Oktober 2012)

Webster, Ian, *The Bank of Things, How the Internet of Things will transform Financial Services* (Accenture, 2014)

Welsing, Roel, *Verbinden is het nieuwe verkopen* (Het Boekenschap, 2015)

Werthner, Hannes, Martin Hepp, Dieter Fensel und Jürgen Dorn, »Semantically-enabled service-oriented architectures: an enabler for Smart Business Networks«, in: Peter Vervest, Eric van Heck und Kenneth Preiss, *Smart Business Networks: a new Business Paradigm* (Smart Business Networks Initiative, Erasmus University Rotterdam, 2008)

West, Darrell, *Improving healthcare through mobile medical devices and sensors* (Center for Technology Innovation at Brookings, 2013)

Wiens, Kyle, »We can't let John Deere destroy the very idea of ownership«, *Wired* (21. April 2015)

Willemsen, Lotte, *Wat antropomorfisme kan betekenen voor jouw merk* (SWOCC, 5. Juli 2016)

Willsher, Kim, »French chef Alexandre Gauthier attempts to put an end to food selfies«, *The Guardian* (16. Februar 2014)

Wisniewski, Mary, »Capital One seeks creative spark with purchase of design firm«, *American Banker* (6. Oktober 2014)

Wisniewski, Mary, »The 350-square-foot bank branch«, *American Banker* (15. Oktober 2014)

Wohlsen, Marcus, »Uber's biggest danger Is Its business model, Not bad PR«, *Wired* (29. August 2014)

Wolf, Michael, »Here come the bluetooth smart locks: August & Danalock to help fuel $3.6 billion market«, *Forbes* (14. Oktober 2012)

Woods, Nick, *If Likes don't matter, what does?*

Yang, Nathan, »2014 connected home trends and what to expect in 2015«, *Silicon Angle* (21. Januar 2015)

Yerak, Becky, »Pop-up' bank branch to open in Chicago«, *Chicago Tribune* (15. Mai 2014)

Zeithaml, Valarie, A. Parasuraman, Leonard Berry, *Delivering quality service: Balancing customer perceptions and expectations* (Simon and Schuster, 1990)

ÜBER DIE AUTOREN

Roger Peverelli, Reggy de Feniks und **Walter Capellmann** sind die Autoren und Coautoren des weltweiten Bestsellers *Wie sich die Finanzbranche neu erfindet: Was Kunden von Finanzdienstleistern wirklich erwarten* (FinanzBuch Verlag, 2012), der in acht Sprachen übersetzt wurde.

Alle drei sind gefragte Experten auf dem Gebiet (digitaler) Customer-Engagement-Strategien. Nahezu wöchentlich besprechen sie in Vorstandssitzungen und Konferenzen auf der ganzen Welt Wege, wie Finanzinstitute am besten auf neue Technologien und verändertes Kundenverhalten reagieren.

Roger ist Partner bei VODW, Reggy ist Partner bei 9senses, und Walter ist Inhaber von Capellmann Consulting. Gemeinsam verfügen sie über eine mehr als fünfundsiebzigjährige Erfolgsbilanz in den Bereichen Strategie und (digitale) Innovation. Sie waren für Bluechip-Finanzdienstleister und die Konsumgüterindustrie in ganz Europa, Nord- und Südamerika sowie Asien tätig. Zu ihren beruflichen Erfahrungen gehören Positionen in Vorstands- und Aufsichtsgremien von Finanzdienstleistungs-Start-ups, Fintechs und Fintech-Investoren.

Im Jahr 2016 starteten die Autoren DIA (Digital Insurance Agenda), die führende globale Community und Konferenzreihe (zum Beispiel DIA Barcelona, DIA Amsterdam und DIA Munich). Auf diesem Weg bringen die Experten Führungskräfte aus der Versicherungsindustrie mit Fintech- und Insurtech-Entrepreneuren zusammen, um Versicherungen innovativer zu gestalten.